长寿命半刚性基层
沥青路面设计

李自华 肖庆一 编著

中国建材工业出版社

图书在版编目（CIP）数据

长寿命半刚性基层沥青路面设计／李自华等编著
．—北京：中国建材工业出版社，2013.7
ISBN 978-7-5160-0490-6

Ⅰ．①长… Ⅱ．①李… Ⅲ．①半刚性基层－沥青路面－路面设计 Ⅳ．①U416.217

中国版本图书馆 CIP 数据核字（2013）第 149986 号

长寿命半刚性基层沥青路面设计

李自华 肖庆一 编著

出版发行：中国建材工业出版社
地　　址：北京市西城区车公庄大街 6 号
邮　　编：100044
经　　销：全国各地新华书店
印　　刷：北京鑫正大印刷有限公司
开　　本：710mm×1000mm　1/16
印　　张：12.25
字　　数：215 千字
版　　次：2013 年 7 月第 1 版
印　　次：2013 年 7 月第 1 次
定　　价：48.00 元

本社网址：www.jccbs.com.cn
本书如出现印装质量问题，由我社发行部负责调换。联系电话：(010) 88386906

前　言

改革开放以来，特别是近10年，我国高速公路建设得到了快速的发展，各省市通车里程飞速增加，截至到2012年底，累计通车里程达到9.6万公里。高速公路的功能在社会经济发展的进程中发挥了极大的推动作用，取得了举世瞩目的成绩。然而随着我国现代化事业的持续发展，高速公路运输发生了新的变化：东中部地区城市化进程加快，导致交通量持续增大；西部地区能源、物资输出、重载车辆比例持续增加。这些新的变化和新的要求对高速公路建设提出了新的挑战，如何建设适应重载交通需求的耐久性高速公路，成为广大公路建设者、科研人员面前一道急需解决的难题。

长寿命半刚性基层沥青路面是一种成本低廉且延长路面寿命的解决方案，符合我国的基本国情和建设集约绿色道路的要求；同时在我国有着非常广泛的应用基础。研究和推广长寿命半刚性基层沥青路面对于我国公路建设的发展具有重大工程价值。

然而，我国对于半刚性基层沥青路面在荷载作用下的力学响应机制分析不够透彻，对于路面的功能划分认识不足，这方面的研究亟待加强。我国现行沥青路面设计规范的结构设计方法，是以路表弯沉值、沥青面层和半刚性基层的层底拉应力作为控制路面结构总体刚度以及沥青层和半刚性层疲劳开裂损坏的设计指标。通过对之前实际工程调查，这样的设计方法与设计指标还存在一定问题。从设计方法上来看，绝大部分沥青路面结构是在交通量远未达到设计年限的情况下已经早期破坏了。从设计指标来看，现行沥青路面结构设计指标基本是以弯沉值作为主要设计指标，而现在许多高速公路刚完工时路面表面的弯沉非常小，可是破坏却很严重，有时候实测弯沉值较大，但路面损害却不一定严重。

随着有关道路工程材料技术的发展，许多新型路面材料开发出来并得到了一定的应用，例如直投式改性高性能沥青混合料技术以及高性能半刚性材料技术等。然而这些技术在应用过程中，仅仅是作为原结构组合设计方案中某种材料对应的替代方案，并没有将新的材料替代后路面的力学响应机制做出相应的分析，或者针对新材料提出新的结构组合设计方案。这样简单替换的直接后果就是很难充分发挥新材料性能优势，造成极大的浪费。

为了满足国内对于长寿命耐久性沥青路面的需求、改变沥青路面结构分析与材料应用"两张皮"的现状，课题组自2011年组织开展有关研究，在现有的半刚性基层沥青路面设计体系下，对沥青路面结构体系进行了非线性与粘弹性力学分析，得出沥青路面结构功能分区（抗疲劳功能层、抗车辙功能层、抗温缩裂缝功能层等）；并吸收有关路面工程材料研究成果，开展新材料的设计方法与性能研究，分析新材料的工程性质（路用性能与力学性能）；基于"材料是结构中的材料，结构是材料构成的结构"的哲学思想，提出了长寿命半刚性基层沥青路面结构与材料一体化设计的理念及其实施方法。

本课题是依托河北省高速公路京秦管理处"基于结构与功能需求的耐久性沥青路面新技术研究"科研课题成果撰写而成的。第一章由李自华、肖庆一完成，由李自华执笔撰写；第二章由李自华完成并执笔撰写；第三章由李自华、肖庆一完成，由肖庆一执笔撰写；第四章由朱敏清完成并执笔撰写；第五章由肖庆一、朱敏清完成，由朱敏清执笔撰写，第六章由李自华、肖庆一完成，由李自华撰写而成。全书由李自华统稿。

作者期望本书的出版能为广大工程技术人员提供一定的帮助，希望结构功能分区、高性能路面工程材料以及材料与结构一体化设计这些先进的设计理念能够为大家所接受。书中参考了有关课题的研究成果，在这里向有关课题的研究人员表示感谢。本书撰写历时较短，同时因作者精力及时间所限，书中难免有不足之处，恳请读者批评指正。

编者
2013年6月

目　　录

第1章　绪论 ………………………………………………………………… 1
1-1　概况 …………………………………………………………………… 1
1-1-1　路面类型 ………………………………………………………… 1
1-1-2　路面结构横断面 ………………………………………………… 4
1-1-3　路面结构组合 …………………………………………………… 5
1-1-4　高等级路面结构设计理论与方法 ……………………………… 8
1-2　我国道路发展历史 …………………………………………………… 8
1-2-1　我国路面发展简介 ……………………………………………… 8
1-2-2　我国半刚性基层与半刚性基层沥青路面主要试验路 ………… 12
1-2-3　我国半刚性基层沥青路面技术发展现状 ……………………… 16
1-2-4　我国半刚性基层沥青路面未来发展趋势 ……………………… 17
第2章　沥青路面结构设计方法 ………………………………………… 21
2-1　经验法 ………………………………………………………………… 21
2-1-1　CBR 法 …………………………………………………………… 21
2-1-2　AASHTO 法 ……………………………………………………… 32
2-2　力学–经验法 ………………………………………………………… 44
2-2-1　壳牌石油公司柔性路面设计（SHELL）法 …………………… 44
2-2-2　美国地沥青协会（AI）法 ……………………………………… 53
2-3　我国现行规范沥青路面设计方法 …………………………………… 57
2-3-1　确定路面等级和路面类型 ……………………………………… 57
2-3-2　累计轴载作用次数计算 ………………………………………… 59
2-3-3　材料设计参数 …………………………………………………… 60
2-3-4　层间接触条件 …………………………………………………… 62
2-3-5　计算弯沉综合修正系数 F 值 …………………………………… 62
2-3-6　厚度计算 ………………………………………………………… 62
第3章　典型半刚性基层沥青路面结构层位功能分析 ………………… 65
3-1　我国半刚性基层沥青路面典型结构 ………………………………… 65

  3-1-1 国内高等级沥青路面结构类型 ………………………………… 65
 3-2 典型结构高温剪应力分析 ……………………………………………… 68
  3-2-1 计算参数 …………………………………………………………… 68
  3-2-2 沥青路面剪应力计算及计算图示 ……………………………… 73
  3-2-3 半刚性基层沥青路面典型结构高温剪应力分布规律 ……… 74
  3-2-4 高温车辙变形特性分析小结 …………………………………… 77
 3-3 典型半刚性基层沥青路面结构疲劳特性分析 ……………………… 77
  3-3-1 沥青路面疲劳裂缝形成机理分析 ……………………………… 78
  3-3-2 路面力学计算参数及疲劳寿命计算方法 ……………………… 78
  3-3-3 路面结构层间状态 ……………………………………………… 81
  3-3-4 典型路面结构水平应力分布规律 ……………………………… 83
  3-3-5 疲劳特性分析小结 ……………………………………………… 85
 3-4 耐久性沥青路面结构层低温开裂特性分析 ………………………… 86
  3-4-1 沥青路面温缩裂缝形成机理 …………………………………… 86
  3-4-2 沥青路面低温收缩应力分布规律研究 ………………………… 87
  3-4-3 低温缩裂分析小结 ……………………………………………… 95

第4章 高性能半刚性基层材料制备技术与性能 ……………………………… 97
 4-1 概述 ………………………………………………………………………… 97
 4-2 振动成型法制备高性能半刚性基层材料 …………………………… 98
  4-2-1 研究方案 …………………………………………………………… 98
  4-2-2 压实功 ……………………………………………………………… 99
  4-2-3 最佳含水量与最大干密度 ……………………………………… 100
  4-2-4 强度特性 ………………………………………………………… 101
  4-2-5 劈裂强度对比分析 ……………………………………………… 103
  4-2-6 抗压回弹模量 …………………………………………………… 105
  4-2-7 干缩性能 ………………………………………………………… 107
  4-2-8 温缩性能对比分析 ……………………………………………… 109
  4-2-9 抗冲刷性能 ……………………………………………………… 111
  4-2-10 高性能半刚性材料性能小结 ………………………………… 113
 4-3 高性能半刚性基层材料的疲劳性能 ………………………………… 113
  4-3-1 疲劳机理 ………………………………………………………… 114
  4-3-2 疲劳寿命数据分布 ……………………………………………… 116

4-3-3　疲劳性能曲线及其表达形式 …………………………… 117
　　4-3-4　疲劳试验方案 ……………………………………………… 118
　　4-3-5　弯拉强度试验结果 ………………………………………… 120
　　4-3-6　疲劳试验结果分析（图4-18）…………………………… 121
　4-4　水泥稳定碎石疲劳性能的影响因素分析 ……………………… 127
　　4-4-1　灰色关联分析的原理 ……………………………………… 127
　　4-4-2　灰色关联度的计算步骤 …………………………………… 127
　　4-4-3　数据的灰色关联分析 ……………………………………… 128
　4-5　关于配制高性能半刚性基层材料的建议 ……………………… 129

第5章　高性能沥青面层材料 …………………………………………… 130
　5-1　概述 ……………………………………………………………… 130
　5-2　沥青混合料直投式改性工艺 …………………………………… 130
　　5-2-1　直投式改性工艺概况 ……………………………………… 130
　　5-2-2　直投式改性工艺特点 ……………………………………… 131
　　5-2-3　直投式改性机理 …………………………………………… 132
　　5-2-4　直投式改性沥青混合料配合比设计 ……………………… 133
　5-3　抗车辙沥青混凝土 ……………………………………………… 142
　　5-3-1　沥青混合料的组成 ………………………………………… 142
　　5-3-2　抗车辙沥青混凝土高温稳定性 …………………………… 143
　　5-3-3　抗车辙沥青混凝土低温抗裂性 …………………………… 147
　　5-3-4　抗车辙沥青混凝土水稳定性 ……………………………… 149
　5-4　高模量沥青混凝土 ……………………………………………… 150
　　5-4-1　高模量沥青混凝土组成 …………………………………… 150
　　5-4-2　高模量沥青混凝土高温稳定性 …………………………… 151
　　5-4-3　高模量沥青混凝土水稳定性 ……………………………… 154
　　5-4-4　高模量沥青混凝土的低温抗裂性 ………………………… 158
　　5-4-5　高模量沥青混凝土静态弹性模量 ………………………… 161
　　5-4-6　高模量沥青混凝土动态弹性模量 ………………………… 165
　　5-4-7　高模量沥青混凝土抗疲劳性能 …………………………… 168
　5-5　关于制备高性能沥青面层材料的建议 ………………………… 171

第6章　长寿命半刚性基层沥青路面材料与结构一体化设计 ………… 172
　6-1　材料与结构一体化设计思路 …………………………………… 172

6-2 半刚性基层沥青路面层位分工成果汇总 …………………… 173
6-3 长寿命半刚性基层沥青路面一体化设计分析 ………………… 174
　6-3-1 路面结构设计 …………………………………………… 174
　6-3-2 高性能沥青路面材料与高性能基层材料 ……………… 176
　6-3-3 高性能路面材料组合设计方案 ………………………… 177
　6-3-4 新旧结构组合设计方案分析 …………………………… 178
　6-3-5 新结构组合设计及其功能再分析 ……………………… 182
参考文献 …………………………………………………………… 183

第1章 绪 论

1-1 概 况

1-1-1 路面类型

公路即连接城市、乡村，主要供汽车行驶的具备一定技术条件和设施的道路。公路是一种带（线）型工程结构物，主要承受汽车荷载的反复作用，并经受水、阳光、温度等自然因素的长期影响。路基和路面是道路的主要工程结构物。路基是在天然地表面按照道路的设计线形（位置）和设计横断面（几何尺寸）的要求开挖或堆填而成的岩土结构物。路面是在路基顶面的行车部分用各种混合料铺筑而成的层状结构物。路基是路面结构的基础，坚强而又稳定的路基为路面结构长期承受汽车荷载提供了重要的保证，而路面结构层的存在又保护了路基，使之避免了直接经受车辆和大气的破坏作用，长期处于稳定状态。路基和路面相辅相成，实际上是不可分离的整体，应综合考虑它们的工程特点、综合解决两者的强度、稳定性等工程技术问题。

通常所提的路面类型可以按照以下两种方法进行划分。

1. 依据路面结构力学特性分类

路面类型可以从不同角度来划分，但是一般都按面层所用的材料划分，如水泥混凝土路面、沥青路面、砂石路面等。但是在工程设计中，主要从路面结构的力学特性和设计方法的相似性出发，将路面划分为柔性路面、刚性路面和半刚性路面三类。

（1）柔性路面

柔性路面结构的整体刚度较小，在车辆荷载作用之下产生较大的竖向弯沉变形，路面结构本身的抗弯拉强度较低，它通过各结构层将车辆荷载传递给土基，使土基承受较大的单位压力。路基路面结构主要靠抗压强度和抗剪强度承受车辆荷载的作用。柔性路面主要包括各种未经处理的粒料基层和各类沥青面层、碎（砾）石面层或块石面层组成的路面结构。

（2）刚性路面

刚性路面主要指用水泥混凝土作面层或基层的路面结构。水泥混凝土的整体强度高，与其他筑路材料比较，它的抗弯拉强度高，并且有较高的弹性模量，故呈现出较大的刚性。在车辆荷载作用下，水泥混凝土结构层处于板体工作状态，竖向弯沉较小，路面结构主要靠水泥混凝土板的抗弯拉强度承受车辆荷载。通过板体的扩散分布作用，传递到基础上的单位压力较柔性路面小得多。

（3）半刚性路面

用水泥、石灰等无机结合料稳定土或碎（砾）石及含有水硬性结合料的工业废渣修筑的基层，在前期具有柔性路面的力学性质，后期的强度和刚度均有较大幅度的增长，但是最终的强度和刚度仍远小于水泥混凝土。由于这种材料的刚性介于柔性路面与刚性路面之间，因此把这种基层和铺筑在它上面的沥青面层统称为半刚性路面。采用这种材料修筑的基层称为半刚性基层。半刚性基层路面是目前我国沥青路面最主要的结构形式。

刚性路面、柔性路面和半刚性路面，这种以力学特性为标准的分类方法主要是为了便于从功能原理和设计方法出发进行区分，并没有绝对的定量分界界限。近年来，复合材料科技的发展正在逐步改变这种属性，如水泥混凝土的增塑研究正在使它的刚性降低而保留的高强度性质，沥青的改性研究使得沥青混凝土随气候而改变的力学性质趋向于稳定，大幅度提高其刚度。

2. 按面层的使用品质分类

通常按路面面层的使用品质、材料组成类型以及结构强度和稳定性，将路面分为四个等级，如表1-1所示。

表1-1　各级路面所具有的面层类型及其适用的公路等级

路面等级	面层类型	适用于公路等级
高级	水泥混凝土、沥青混凝土、厂拌沥青碎石、整齐石块或条石	高速、一级、二级、三级、四级
次高级	沥青贯入碎（砾）石、路拌沥青碎（砾）石、沥青表面处置、半整齐石块	二级、三级、四级
中级	泥结或级配碎（砾）石、水结碎石、不整齐石块、其他粒料	四级
低级	各种粒料或当地材料改善土，如炉渣土、砾石土和沙砾土等	四级

（1）高级路面

高级路面的特点是强度高、刚度大、稳定性好，使用寿命长，能适应较繁重的交通量，路面平整，无尘埃，能保证高速行车。高级路面养护费用少，运输成本低，但初期建设投资高，需要用质量高的材料来修筑。

(2) 次高级路面

次高级路面与高级路面相比，强度和刚度较差，使用寿命较短，所适应的交通量较小，行车速度也较低。次高级路面的初期建设投资虽较高级路面低些，但要求定期修理，养护费用和运输成本也较高。

(3) 中级路面

中级路面的强度和刚度低，稳定性差，使用期限短，平整度差，易扬尘，仅能适应较小的交通量，行车速度低。中级路面的初期建设投资虽然很低，但是养护工作量大，需要经常维修和补充材料，才能延长使用年限，运输成本也高。

(4) 低级路面

低级路面的强度和刚度最低，水稳定性差，路面平整性差，易扬尘，故只能保证低速行车，所适应的交通量最小，在雨季有时不能通车。低级路面的初期建设投资最低，但要求经常养护修理，而且运输成本最高。

表1-1中所列公路等级是根据公路使用任务、性质和适应的交通量，按交通部颁布的《公路工程技术标准》（JTG B01—2003）（以下简称《标准》）划分的。

高速公路具有特别重要的政治、经济意义，专供汽车分向、分车道行驶并全部控制出入的干线公路。根据其适应的交通量不同，可分为下述二种：四车道高速公路一般能适应按各种汽车折合成小客车的远景设计年限，年平均昼夜交通量为25000～55000辆；六车道高速公路一般能适应按各种汽车折合成小客车的远景设计年限，年平均昼夜交通量为45000～80000辆；八车道高速公路一般适应按各种汽车折合成小客车的远景设计年限，年平均昼夜交通量为60000～100000辆。

一级公路为供汽车分向、分车道行驶的公路，一般能适应按各种汽车折合成小客车的远景设计年限，年平均昼夜交通量四车道为15000～30000辆，六车道为25000～55000辆。

双车道二级公路一般能适应按各种车辆折合成中型载重汽车的远景设计年限，年平均昼夜交通量为5000～15000辆。

双车道三级公路一般能适应按各种车辆折合成中型载重汽车的远景设计年限，年平均昼夜交通量为2000～6000辆。

四级公路一般能适应按各种车辆折合成中型载重汽车的远景设计年限，年平均昼夜交通量为双车道2000辆以下，单车道400辆以下。

1-1-2 路面结构横断面

1. 横断面

在路基顶面铺筑的面层结构,沿横断面方向由行车道、硬路肩和土路肩所组成。路面横断面的形式随道路等级的不同,可选择不同的形式,通常分为槽式横断面和全铺式横断面,如图1-1(a)所示。

(1) 槽式横断面

在路基上按路面行车道及硬路肩设计宽度开挖路槽,保留土路肩,形成浅槽,在槽内铺筑路面。也可采用培槽方法,在路基两侧培槽,或采用半填半挖的方法培槽。

(2) 全铺式横断面

在路基全部宽度内都铺筑路面。

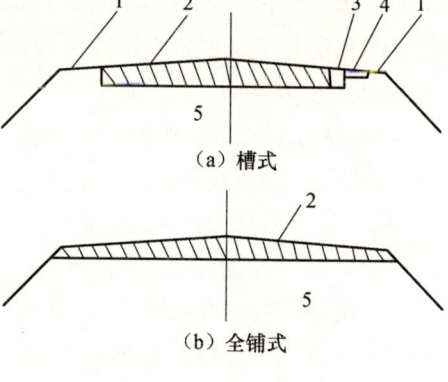

图1-1 路面横断面形式
1—土路肩;2—路面;3—路缘石;
4—加固路肩;5—路基

在高等级公路建设中,有时为了将路面结构内部的水分迅速排出,在全宽范围内铺筑基层材料,保证水分由横向排入边沟。有时考虑到道路交通的迅速增长,为适应扩建的需要,将硬路肩及土路肩的位置全部按行车道标准铺筑面层。在盛产石料的山区或较窄的路基上,全宽铺筑中、低级路面。路面横断面形式如图1-1(b)所示。

2. 路拱横坡度

为了保证路面上雨水及时排出,减少雨水对路面的浸润和渗透而减弱路面结构强度,路面表面应做成直线形或抛物线形的路拱。等级高的路面,平整度和水稳定性较好,透水性也小,通常采用直线形路拱和较小的路拱横坡度。等级低的路面,为了有利于迅速排除路表积水,一般采用抛物线形路拱和较大的路拱横坡度。表1-2列出了各种不同类型路面的路拱平均横坡度。

表1-2 各类路面的路拱平均横坡度

面层类型	路拱平均横坡度(%)
水泥混凝土、沥青混凝土	1~2
厂拌沥青碎石、沥青贯入碎(砾)石、沥青表面处治、整齐石块	1.5~2.5
半整齐石块、不整齐石块	2~3
碎石、砾石等粒料路面	2.5~3.5
炉渣土、砾石土、砂砾土	3~4

选择路拱横坡度，应充分考虑有利于行车平稳和有利于横向排水两方面的要求。在干旱和有积雪、浮冰地区，应采用低值，多雨地区采用高值。当道路纵坡较大或路面较宽，或行车速度较高时，或交通量和车辆载重较大时，或常有拖挂汽车行驶时，应采用平均横坡度的低值；反之则应采用高值。

高速公路和一级公路设有中央分隔带，通常采用两种方式布置路拱横断面。若分隔带未设置排水设施，则做成中间高、两侧低，路面由单向横坡向路肩方向排水。若分隔带设置排水设施，则两侧路面分别单独做成中间高、两边低的路拱，向中间和路肩两个方向排水。

路肩横坡度一般较路面横坡大1%。但是高速公路和一级公路的硬路肩采用与路面行车道相同的结构时，应采用与路面行车道相同的路面横坡度。

1-1-3 路面结构组合

通常，路面结构一般由面层、基层、底基层组成，必要时在土基与基层（或底基层）之间设置垫层。

面层是直接同行车和大气接触的表面层次，它承受较大的行车荷载的垂直力、水平力和冲击力的作用，同时还受到降水的侵蚀和气温变化的影响。因此，同其他层次相比，面层应具有较高的结构强度、抗变形能力，较好的水稳定性和温度稳定性，而且应当耐磨，不透水；其表面还应有良好的抗滑性和平整度。

修筑面层所用的材料主要有：水泥混凝土、沥青混凝土、沥青碎（砾）石混合料、砂砾或碎石掺土和不掺土的混合料以及块料等。

面层有时分两层或三层铺筑，如高速公路沥青面层总厚度15~22cm，可分为上、中、下三层铺筑，并根据各分层的要求采用不同的级配等级。水泥混凝土路面也有时分上下两层铺筑，分别采用不同等级的水泥混凝土材料。水泥混凝土路面上加铺5~6cm以上沥青混凝土这样的复合式结构也是常见的。砂石路面上所铺的2~3cm厚的磨耗层或1cm厚的保护层，以及厚度不超过1cm的简易沥青表面处治，不能作为一个独立的层次，应看做是面层的一部分。

基层主要承受由面层传来的车辆荷载的垂直力，并扩散到下面的垫层和路基中去，实际上基层是路面结构中的承重层，它应具有足够的强度和刚度，并具有良好的扩散应力的能力。基层遭受大气因素的影响虽然比面层小，但是仍然有可能经受地下水和通过面层渗入雨水的侵蚀，所以基层结构应具有足够的水稳定性。基层表面虽不直接供车辆行驶，但仍然要求有较好的平整度，这是保证面层平整度的基本条件。

修筑基层的材料主要有各种结合料（如石灰、水泥或沥青等）稳定土或稳定碎（砾）石、贫水泥混凝土、天然砂砾、各种碎石或砾石、片石、块石或圆石，各种工业废渣（如煤渣、粉煤灰、矿渣、石灰渣等）和土、砂、石所组成的混合料等。

基层厚度太厚时，为保证工程质量可分为两层或三层铺筑。当采用不同材料修筑基层时，基层的最下层称为底基层。对底基层材料质量的要求较低，可使用当地材料来修筑。

底基层是设置在基层之下，并于面层、基层一起承受车轮荷载反复作用，起次要承重作用的层次。底基层材料的强度指标要求可比基层材料略低。

基层、底基层视公路等级或交通量的需要可设置一层或两层。当基层或底基层较厚需分两层施工时，分别称为上基层、下基层，或上底基层、下底基层。

垫层介于土基与基层之间，它的功能是改善土基的湿度和温度状况，以保证面层和基层的强度、刚度和稳定性不受土基湿度状况变化所造成的不良影响，如冰冻地区设置的防冻层。另一方面的功能是将基层传下的车辆荷载应力加以扩散，以减小土基产生的应力和变形。同时也能阻止路基土挤入基层中，影响基层结构的性能。

修筑垫层的材料强度要求不一定高，但水稳定性和隔温性能要好。常用垫层材料分为两类：一类是由松散粒料，如砂、砾石、炉渣等组成的透水性垫层；另一类是用水泥或石灰稳定土等修筑的稳定类垫层。

关于路面结构组合设计，美国沥青协会（APA）近年又提出了永久性路面的设计概念。所谓永久性路面，是指通过在材料选择、混合料设计、性能试验和路面结构设计等方面的努力，可以使道路管理部门通过周期性地更换沥青面层来获得路面结构更长的服务年限（超过50年）。这项技术的核心就是按功能合理设置路面结构层：面层要求具有抗车辙、不透水和抗磨耗的能力；中间层或联结层具有稳定性和耐久性；基层要求具有抵抗交通荷载作用下的抗疲劳和耐久的能力（图1-2）。

按功能来设计每一个结构层，这是一个非常好的想法。按照这个原则，沥青混合料基层主要是承受交通荷载作用下的弯曲疲劳。根据力学分析和试验研究，提高路面抗疲劳寿命，主要有两个途径：一是保证路面结构有足够的厚度，以降低基层底面的拉应变（或拉应力）水平；另一条途径是提高基层本身的抗疲劳开裂能力。大量研究表明，高沥青含量有利于沥青混合料的抗疲劳开裂。另外选用粘度高的沥青，以及改善矿料的级配等，也可以提高沥青混合料的疲劳性能。当然，沥青含量应考虑现场压实度达到最大密实度的96%~98%。沥青的等级应具有与上面层相同的高温特性，以及与中间层相同的低温特性。由于基层施工期间，施工车辆一般是要通行的，所以还应对材料进行车辙性能评价。

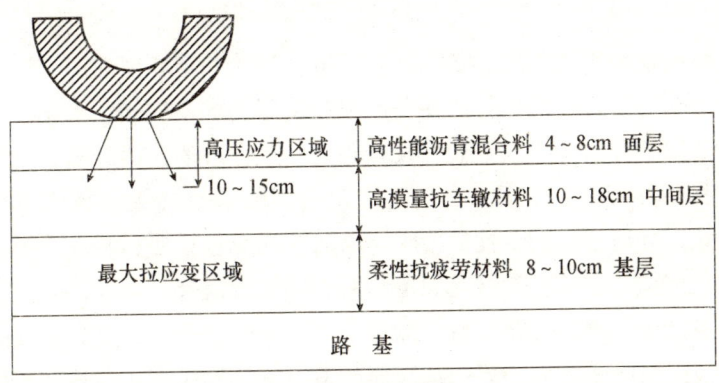

图1-2　永久性路面设计概念

对于路面结构的中间层或联结层必须同时保证稳定性和耐久性。其稳定性可以通过骨架密实型级配和高温稳定性好的胶结料来获得。沥青混合料内摩阻力的获得，主要依靠形成坚实的骨架和采用破碎的集料。关于集料的最大粒径问题，一般认为采用粒径大的集料好些，如 LSM 的抗变形能力较一般沥青混合料要好些，但是也有观点认为过大粒径混合料中的大颗粒在碾压过程中易形成不稳定状态，反而会在运营期间产生较大的变形。中间层的胶结料其高温等级应该与表面层相同，低温等级可以低一级。中间层混合料设计可以按标准 Superpave 方法确定最佳沥青用量，并应进行车辙、水敏感性等性能指标评价试验。

关于面层的设计，由于对车辙、耐久性、透水及耐磨等方面的要求，对于重交通道路通常采用 SMA。但为了保证这种混合料的耐久性，一定要使其现场空隙率控制在 3% ~ 6% 之间。对于中低交通量的道路，一般采用 Superpave 密级配混合料比较合适。但需对混合料进行性能试验，尤其车辙试验是必须做的。对采用的胶结料，PG 等级的高温部分应比工程所在地区常用胶结料至少高一等级，低温部分应保证有 95% ~ 99% 的可靠度。

对照我国目前的路面结构组合设计，普遍认为结构层的功能规定不明确。例如 18cm 的沥青层，上面层、中面层、下面层主要起什么作用？对它们的要求是什么？相应的材料设计、厚度等怎样确定？现在谁也说不太清楚。对于基层除考虑承重层外，对于其抗疲劳性能怎样考虑（现在的半刚性基层其抗疲劳能力是比较差的）等一系列问题，在路面结构层组合设计中都没有很好解决。所以这是导致我们全国东、南、西、北、中，基本上是一个结构组合，甚至连结构层厚度都差不多。这显然是不符合实际的。可以认为这也是引起我国路面产生早期损坏的原因之一。

1-1-4 高等级路面结构设计理论与方法

沥青路面是在柔性基层、半刚性基层上，铺筑一定厚度的沥青混合料作面层的路面结构。沥青路面设计的任务是根据使用要求及气候、水文、土质等自然条件，密切结合当地实践经验，设计确定经济合理的路面结构，使之能承受交通荷载和环境因素的作用，在预定的使用期限满足各级公路相应的承载能力、耐久性、舒适性、安全性的要求。路面设计应包括原材料的选择、混合料配合比设计和设计参数的测试与确定，路面结构层组合与厚度计算，以及路面结构的方案比选等内容。路面设计除行车道部分的路面外，对高速公路、一级公路还应包括路缘带、硬路肩、加减速车道、紧急停车带、收费站和服务区的场面设计以及路面排水系统的设计，对其他各级公路应包括路肩加固、路缘石和路面排水设计。

当前世界各国众多的沥青路面设计方法，可概括分为两类：一类是以经验或试验为依据的经验法；一类是以力学分析为基础，考虑环境、交通条件以及材料特性为依据的理论法。30多年来，有关理论法的研究取得了很大进展，许多国家相继提出较完整的设计体系。目前理论法沥青路面的应力、形变和位移的分析，大多应用弹性层状体系理论，并采用电算的方法。鉴于理论法有着广阔的发展前景，我国沥青路面设计规范规定沥青路面设计理论以弹性层状体系理论为基础。

我国新建公路沥青路面设计采用双圆垂直均布荷载作用下的多层弹性层状体系理论，以设计弯沉值为路面整体刚度的设计指标。对沥青混凝土面层和半刚性材料的基层、底基层应进行层底拉应力的验算。由于汽车在沥青面层上启动、制动常常引起面层表面产生推挤和拥起等剪切破坏，我国城市道路设计规范规定在弯沉和拉应力两项指标之外，增加一项剪应力指标。在进行沥青面层的剪切验算时，要求面层在车轮垂直荷载与水平荷载共同作用下，其破坏面上可能产生的剪应力 τ_a，应不超过材料的容许剪应力 τ_R。

1-2 我国道路发展历史

1-2-1 我国路面发展简介

新中国成立以来，随着国民经济的发展，公路交通量的增长和重载车辆的增加已成必然，为适应交通的快速发展，路面结构包括基层结构也在不断更新和完善。就我国而言，已经经历了如下三个阶段：

(1) 适应中、低交通的碎（砾）石和块料路面

其基层主要采用手摆片石、碎石土、碎砖等当地材料。由于交通量小以及是白色透气路面，能承担当时一定的交通量。

碎石路面是用加工轧制的碎石按嵌挤原理铺压而成的路面。碎石路面按施工方法及所用填充结合料的不同，分为水结碎石、泥结碎石、级配碎石和干压碎石等数种。碎石路面通常用砂、砾石、天然砂石或块石为基层，有时亦可直接铺在路基上。碎石路面的优点是投资不高，可以随交通量的增加分期改善；缺点是平整度差，易扬尘，泥结碎石路面雨天还易泥泞。

碎石路面的强度主要依靠石料的嵌挤作用以及填充结合料的粘结作用。嵌挤力的大小主要取决于石料的内摩阻角。粘结作用（用材料的粘结力表示）的大小主要取决于填充结合料本身的内聚力及其与矿料之间的粘附力大小。

碎石颗粒尺寸大致为 0~75mm，通常按其尺寸大小划分为 6 类，如表 1-3 所示。

表 1-3　各种碎石尺寸与分类

编号	碎石名称	粒径范围（mm）	用途
1	粗碎石	75~50	粗集料
2	中碎石	50~35	
3	细碎石	35~25	
4	石渣	25~15	嵌缝料
5	石屑	15~5	
6	米石	0~5	封面料

用块状石料或混凝土预制块铺筑的路面称为块料路面。根据其使用材料性质、形状、尺寸、修琢程度的不同，分为条石、小方石、拳石、粗琢石及混凝土块料路面。

块料路面的主要优点是坚固耐久，清洁少尘，养护修理方便。由于这种路面易于翻修，因而特别适用于土基不够稳定的桥头高填土路段、铁路交叉口以及有地下管线的城市道路上。又由于它的粗糙度较好，故可在山区急弯、陡坡路段上采用，能提高抗滑能力。

块料路面的主要缺点是用手工铺筑，难以实现机械化施工，块料之间容易出现松动，铺筑进度慢，建筑费用高。

块料路面的构造特点是必须设置整平层，块料之间还需用填缝料嵌填，使

块料满足强度和稳定性的要求。

整平层是用来垫平基础表面及块石底面,以保持块石顶面平整及缓和车辆行驶时的冲击、振动作用。整平层的厚度,视路面等级、块料规格、基层材料性质而异,一般路面为 2~3cm。整平层材料一般采用级配良好、清洁的粗砂或中砂,它具有施工简便、成本低的优点,但稳定性较差。有时采用煤渣或石屑以及水泥砂或沥青砂作整平层。

块料路面的填缝料,主要用来填充块料间缝隙,嵌紧块料,加强路面的整体性,并起着保护块料边角与防止路面水下渗作用。一般采用砂作填缝料,但有时应用水泥砂浆或沥青玛琋脂。水泥砂浆具有良好防水和保护块料边角的作用,但翻修困难。有时每隔 15~20m 还需设置胀缩缝。

块料路面的强度,主要借基础的承载力和石块与石块之间的摩擦力所构成。当此两种力很小,不足以抵抗车轮垂直荷载作用时,就会出现沉陷变形。因此,欲使块料路面坚固,则块石料周界长与土基承载力和传布面积均应尽可能地大。如果摩擦周界面上的摩擦力很小,或土基和基层承载力不足,则路面在车轮荷载作用下,将发生压缩变形。如果压缩变形不一致,则路面高低不平,最后导致块石松动而路面破坏。

(2) 沥青表面处治路面

随着公路里程的快速增长,为改善路面行车质量,采用沥青表面处治路面,而原来的泥结碎石及级配砾石路面改作基层。这种路面结构在推广中,发现含土多、塑性指数大的泥结碎石及级配砾石基层,越来越明显地暴露出它们水稳性不好的弱点。针对这种现象,当时用掺灰的方法对基层做了一定的处理,收到了一定的效果。

沥青表面处治是用沥青和细粒料按层铺或拌和方法施工,厚度一般为 1.5~3cm 的薄层路面面层。由于处治层很薄,一般不起提高强度作用,其主要作用是抵抗行车的磨耗和大气作用,增强防水性,提高平整度,改善路面的行车条件。主要用于城市道路支路、县镇道路、各级公路施工便道以及在旧沥青面层上加铺罩面层或者磨损层。

沥青表面处治路面,是用沥青和集料按层铺或拌和法施工,其厚度不大于 3cm 的一种薄层面层。表面处治按浇洒沥青和撒布集料的遍数不同,分为单层式、双层式、三层式。表面处治路面的使用寿命不及贯入式路面,设计时一般不考虑其承重强度,其作用主要是对非沥青承重层起保护和防磨耗作用,而对旧沥青路面,则是一种日常维护的常用措施。一般用于三、四级公路,也可用作沥青路面的磨耗层、防滑层。

(3) 半刚性基层沥青路面

我国自20世纪50年代起便开始在道路建设中应用石灰土作为路面基层，而且在其后的几十年中石灰稳定类半刚性材料一直是我国高等级公路的主要基层类型。70年代中期我国开始使用水泥稳定材料作基层。90年代至今以水泥稳定材料和石灰、粉煤灰稳定材料为代表的半刚性材料占各等级公路路面基层材料用量的95%以上。

进入20世纪80年代以来，随着我国经济的迅速发展，高等级公路的里程不断增加。为适应高等级公路重交通、重载对道路的要求，一种以无机结合料稳定粒料（土）类为基层、沥青混凝土为面层的所谓"半刚性路面"被大量用于高等级公路路面。国家于"七五"科技攻关项目中专门立项进行研究，并已取得大量成果。由于缺乏高速公路的设计和施工经验，所以这一阶段的高速公路的设计主要参考国外的一些路面结构进行设计。

在粉碎的或原状松散的土中掺入一定量的无机结合料（水泥、石灰或工业废渣等）和水，拌和后经压实与养生，其抗压强度符合规定要求的材料称为无机结合料稳定材料。由于无机结合料稳定材料的刚度介于柔性路面材料和刚性路面材料之间，故常称此为半刚性材料，以此修筑的基层（底基层）亦称为半刚性基层（底基层），在此基础上修筑的沥青路面称为半刚性基层沥青路面。

进入20世纪90年代以后，沥青混凝土为面层的半刚性基层路面被广泛地应用于国内二级以上公路（含高速公路）。半刚性基层材料在国外一般都用水泥稳定，称为CTB（Cement Treated Base），最早应用于对软弱地基的处理，随后发展并应用于基层和底基层路面结构设计。与传统的全柔性路面基层（级配碎石、级配砾石、填隙碎石等）相比，石灰、水泥、粉煤灰等结合料都具有很高（或一定）的活性，与水及土、砂、石等筑路材料拌和后，产生一系列的理化反应，经摊铺压实养生后形成的路面基层，具有较高的强度、刚度及好的板体性、水稳性，并具有一定的抗冻性，大大提高了路面的承载能力。半刚性基层材料还具有一定的抗弯拉强度、抗压强度以及抗压回弹模量，它们都具有随龄期而不断增长的特性，因此半刚性沥青路面通常具有较小的弯沉和较强的荷载分散能力。我国大多数高速公路路面结构在使用期内不同时期的代表弯沉值均在 0~2mm 以内，甚至在 0~1mm 内。已有试验路证明：半刚性基层沥青路面的承载能力完全可由半刚性基层予以满足，沥青面层可仅起功能层的作用。再加上半刚性基层较大的刚度使得其上沥青面层弯拉应力值较小（一般 <0.17MPa），从而提高了沥青面层抵抗行车疲劳破坏的能力，这就使得设

计者可以考虑去减薄面层，降低工程造价。鉴于半刚性基层沥青路面强度、平整度及抗行车疲劳性能较好这一特点，再加上半刚性基层板体性好，利于施工机械化且工程造价低，因此它实际上已成为目前我国高等级公路路面结构的主要形式。半刚性基层厚度一般在15~40cm之间，对于厚度较大的基层工程多采取两层施工，分为上基层和下基层，下基层的下面是底基层，厚度一般为15~25cm。

1-2-2　我国半刚性基层与半刚性基层沥青路面主要试验路

1. 20世纪60~70年代石灰土试验路段

1953年交通部公路科学研究所与河北省交通厅合作，首次在国内铺筑石灰土基层中级路面试验路并取得成功。随后，国内不同地区都开始推广应用石灰土。

60年代初，为解决哈尔滨市二十道街沥青路面春季翻浆破坏的严重问题，利用石灰土、石灰炉渣土等材料铺筑解决翻浆问题，使二十道街成为我国城市内第一条重载交通长寿命沥青路面。通车45年后，2006年再次观测二十道街时，原试验路路面未产生结构性破坏，仅7cm厚沥青面层进行了多次维修和重铺。

60年代中石灰土基层渣油表面处治：石灰土基层与渣油（石油经初步提炼后剩余的较稀的残渣）表面处治面层是20世纪60年代推广应用的主要路面结构。

70年代用石灰改善原黏性土做结合料的中级路面的水稳定性：我国主要公路上的路面是用黏性土做结合料的泥结碎石和级配砂砾。这类中级路面在当时的行车荷载作用下未发生破坏。然而这些路面的显著缺点是晴天扬灰和雨天泥泞，通行环境非常恶劣。为克服其缺点，同时提高行车舒适性，在原路面上铺设渣油表面处治。渣油处治表面铺设后不久，由于表面处治渣油层阻止了路面下地基及土基中水气的蒸发，气态水分滞留在路表以下15cm硬土层范围内积聚形成液态水，使路面土层强度降低，导致路面很快产生结构性破坏。因此在70年代后又发展了先用石灰处治原路面，之后再铺渣油表面处治，产生了泥灰结碎石和泥灰结砂砾等半刚性基层。

2. 四条试验路

（1）玉林试验路

20世纪70年年末，交通部北京公路科学研究所与广西壮族自治区合作完成的玉林石南至大江口路段试验路，是在桥头填土高达2m的路堤上铺筑的。

用沿线的残积黏性土填筑路堤,路堤分10层施工,共检测压实度160多个点,平均压实度达93%重型压实标准。用后轴重100kN,轮胎充气压力0.7MPa的黄河牌货车和贝克曼梁测得土基顶面的平均弯沉值为0.77mm,加两倍标准差的代表弯沉值(具有97.7%的概率)为1.03mm;用直径304mm的钢承载板测得的土基表面圆弹模量值大于120MPa。采用的路面结构为:20cm石灰土底基层,15cm水泥砂砾或水泥坡积碎石土(7d龄期无侧限抗压强度3.0MPa)基层,2cm厚混合式双层表面处治(下层用喷洒法施工,表层用热拌沥青混合料,以避免通车后表面跑料)。由于已备做石灰土的素土遭雨淋变得潮湿,路拌石灰土时,未拌和到底,20cm石灰土的下部10cm厚仍为潮湿的素土层。通车5年后,虽然交通量不大,但路面产生了结构性破坏。每次解放牌货车通过,路面都产生严重弹簧现象。沥青面层裂成一块块面积$0.5\sim0.6m^2$的小块。由于啃边,小块面层间的缝宽约4cm。挖的探坑显示,基层中的裂缝与面层裂缝对应。但裂缝很细,由于雨水透入,能看清楚缝里有水痕。石灰土底基层表面用直径304mm承载板测得的圆弹模量值甚至还小于土基的回弹模量值。此试验路的教训是,用路拌法施工半刚性材料层时,一定要拌和到底,不能留有素土夹层。

(2)门头沟试验路

1980年6月竣工的北京门头沟试验路是将原菜地下挖后铺筑的,所以土基强度相差大,土基代表弯沉值l_r小者仅2mm,土基顶面下为砂砾(第1段和第2段);弯沉值大者为$4.22\sim5.04mm$,见表1-4。用重100kN三轮压路机碾压时有弹簧现象,只得人工将土基挖开,并将湿土晾晒后再碾压密实;局部面积甚至先用石灰处治后再碾压稳定。各段基层都是在同年6月完成的,基层上仅浇注了3.5cm厚的多蜡沥青混合料面层。表1-4中路面的弯沉值都是在面层顶面测得的,并具有97.7%概率。

表1-4 1980年北京门头沟试验路实测弯沉值

路段号	半刚性材料 h (cm)	弯沉测试时间						土基 l_r
		1981.03	1982.03	1983.03	1986.03	1990.03	1992	
1	水泥砂砾,40	23	20	18	23	28	0.3	246
2	二灰砂砾,40	26	22	30	22	20	0.47	293
3	二灰砂砾,28	32	27	31	32	26	0.31	356
4	石灰土砂砾,40	25	23	23	24	26	0.24	457
5	石灰土,37.5	39	33	31	36	26	0.26	422
6	二灰土,37.5	44	42	37	42	26	0.38	504

分析表 1-4 的结果可以看到：

①从 1982 年 3 月～1990 年 3 月（即试验路竣工后九年），各段路面的代表弯沉值基本稳定在一个水平，无明显增大，仅水泥砂砾基层沥青面层的代表弯沉值有较多增大。其原因应是，水泥砂砾基层分三层（每层 12cm）施工，用铧犁和旋耕犁配合就地拌和，由于旋耕犁的最大拌和深度只有 12cm，所以每层底部都有约 1cm 素砂砾层，当时考虑砂砾中不含土，素砂砾层不会造成多大危害。因此，40cm 厚水泥砂砾分成了三层，使用 9 年时结构强度有所下降。其他几种半刚性材料基层是在前面路段上人工拌和均匀后，运到预定路段上摊铺和压实的，所以没有素土夹层，9 年期间，其代表弯沉值有所减小或基本稳定在 0.26mm。

②即使在代表弯沉值高达 4.22mm 和 5.04mm 的土基上，铺筑 37.5cm 厚的石灰土和二灰土，都能在 9 年后保持路面的代表弯沉值为 0.26mm。

此试验路采用了整层半刚性材料基层（无底基层）。半刚性材料有采级配砂砾、石灰粉煤灰（常简称二灰）级配砂砾、石灰粉煤灰碎砾石砂（先将有大颗粒的砂砾用碎石机破碎）、石灰土砂砾、石灰土和二灰土。基层最薄的是 28cm 二灰砂砾，最厚的是接近 40cm 的水泥砂砾和二灰砂砾，石灰土和二灰土都厚 37.5cm，将上述人工拌和后的二灰砂砾运到预定路段铺筑的场外拌和方法。1992 年被济青高速公路青州段采用，也取得了很好的效果。门头沟试验路表明了在弱土基上，铺筑近 40cm 半刚性基层可使路面的承载能力大幅度上升，使表面的代表弯沉值降到约 0.4mm 以内，也就是说在弱土基上的厚半刚性基层能显著提高路面的承载能力。

③随交通量增大和气候变化，表面弯沉值也有所增大。1991 的交通量比前几年显著增大，60kN 轴载车辆 24000 辆/d，1992 年的表面弯沉值，仅石灰土砂砾和石灰土两段仍保持代表弯沉值不变。厚 28cm 的二灰砂砾和二灰土两段，由于其长度增长时间长，后期强度大，所以代表弯值恢复到前 6 年的水平。

④试验路表明，绝大多数沥青面层表面的裂缝与基层无关。例如，两个二灰砂砾路段，由于挖坑做分层回弹模量试验后，再用路面材料回填补坑，每个坑的四个角向外都产生放射形的裂缝，两段（25m×12m）裂缝的总长分别为 106m 和 108m。但将面层全部铲除后，基层顶面都分别只有一条 12m 长的裂缝。要说反射裂缝，最多也只有 12m 长，占裂缝总长的 11% 多，它为随后半刚性基层的推广应用起了重要作用。

（3）肇东试验路

1981 年夏完成的黑龙江省肇东试验路的观测表明，在气温低于 -35℃，

第1章 绪　论

半刚性基层为收缩性最大的石灰土和水泥土，即使最薄的沥青面层只有4cm厚，一个冬季后其表面的横向裂缝仅比面层厚20～22cm的路段多约1倍。根据黑龙江省交通科学研究所的经验，在该地区如沥青面层的厚度大于20cm时，半刚性路面过一个冬季，面层不会产生收缩裂缝。也就是在三个最不利条件（$-35℃$，收缩性最大的石灰土和水泥土基层，仅4cm厚的多蜡沥青面层）下，反射裂缝仅占全部裂缝的52%。除黑龙江北部的高速公路最低气温低于$-35℃$外，国内其他高速公路的沥青路面结构都不存在其中的任何一个不利条件。因此，沥青面层上的横向裂缝主要是沥青面层本身的低温收缩裂缝和温度疲劳裂缝，而不是主要由半刚性基层引起的反射裂缝或对应裂缝。

（4）广深二级公路试验路

1981年秋，雨季前完成的广深二级公路上的试验路，半刚性基层和半刚性底基层采用了两种不同强度的材料，但其总厚度约为50cm。它的经验证明，虽然雨季后土基强度约降低40%以上，在基层顶面的代表弯沉值却仍小于基层竣工时的代表弯沉值。它表明半刚性材料层的强度随龄期增长。其增长对顶面弯沉值或整体承载能力的正面影响甚至还超过了土基回弹模量下降40%对顶面弯沉值的负面影响。

3. 京津塘高速公路半刚性路面设计方案

1984年4月，为了解决公路建设制约国民经济发展的瓶颈问题，国务院批准利用世界银行贷款建设京津塘高速公路，标志着我国公路建设开始进入一个崭新的历史时期。为了有充分的依据提出路面设计方案，交通部公路科学研究所与北京市公路局设计研究所合作，组织成立大型中心试验室，人员最多时共40名技术人员。分路基组、半刚性材料组、沥青和沥青混合料组和路面结构设计组。前三个组分别从原材料到混合料都做了必要的物理力学性质试验。路面设计组研究提出了路面容许弯沉值设计公式和具有90%概率的弯沉综合修正系数F的计算公式，这是经过材料试验研究得出相应计算参数和广泛收集研究已有国内外资料后，提出的厚度设计和综合修正系数公式。路面设计组随后还提出了路面设计方案的范例。该设计方案是按强基薄面理论设计的，根据设计单位提供的分段交通量预估值，将全线分成四个交通等级。设计半刚性基层和半刚性底基层的厚度时，采用了通车20年后的累计当量标准轴次。设计沥青面层厚度时，参考了1977年的壳牌沥青路面设计手册。该手册总结国际间在水泥稳定基层上，随减少反射裂缝的要求程度而异，采用的沥青面层厚度变化在15～25cm之间。为减少进口沥青所需要的外汇，设计方案建议，根据交通等级的大小，采用沥青面层厚15cm、18cm和20cm三种。但在软土路基路段（天津—塘沽）沥青面层至少保留5cm待以后需要时再铺。水泥砂砾或石灰粉煤灰砂砾半刚性基层厚30cm，石灰土、水泥土或水泥石灰土底基层厚30~36cm，软土地段另加30cm土基改善层。该高速公路的路面设计方案对随后其他高速公路的半刚性路面的设计产生了很大影响。实际该高速公路的竣工面层厚度有18cm、20cm和23cm三种。

1986年，交通部公路科学研究所既参考了国外的有关规范，又结合我国的研究成果和实践经验，编著的《公路路面基层施工技术规范》纳入了水泥稳定土、石灰稳定土和石灰粉煤灰稳定土三种半刚性基层和底基层。例如，水泥稳定级配集料的级配范围虽比一些国家的级配范围缩小了很多，但对拌和厂和现场配料要求太低，导致半刚性基层竣工后容易产生横向收缩裂缝，它会增加沥青面层上横缝的数量。曝晒时间长后，横缝的间距常是6~10m。

1-2-3 我国半刚性基层沥青路面技术发展现状

采用半刚性路面的国家不少，但我国使用最多。上述国内四条试验路、京津唐高速公路路面设计方案的研究，以及"七五"和"八五"国家重点科技攻关课题等，都同时验证了半刚性路面的实际使用性能，并研究提出了多种半刚性材料的设计参数回弹模量值，均具有90%的保证率。

1986年，国家设立"七五"国家重点科技攻关项目"高等级公路半刚性基层沥青路面结构设计和抗滑表层。1991年，又设立了"八五"国家重点科技攻关项目"高等级公路半刚性路面典型结构的研究"以及交通部设立"半刚性基层沥青路面的可靠性研究"。这三个课题的研究成果将我国半刚性基层沥青路面的技术水平显著提高到了国际先进水平。

在此期间，我国半刚性基层沥青路面的主要创新成果有：

（1）厚约40cm的半刚性基层能大幅度提高弱土基上半刚性路面的承载能力。

（2）半刚性基层沥青面层的承载能力由半刚性材料层承担，沥青面层仅起功能作用。

（3）沥青面层的横向裂缝主要是面层本身的低温收缩裂缝和温度疲劳裂缝。裂缝起始于表面，自上而下传播。用蜡含量少于3%的优质重交沥青可以显著减少和延缓温度裂缝。

（4）由基层先开裂后导致面层产生的自下而上的反射裂缝，仅发生在薄沥青面层（约8cm以下）的情况。京石高速公路正定试验路证明，如果面层厚度超过8cm，在面层表面仅产生由表面开始的对应裂缝。

（5）沥青面层的合理厚度是 12cm，其表面的温度裂缝最少，厚 15cm 面层的表面温度裂缝最多，9cm 厚面层的温度裂缝介于 12cm 厚和 15cm 厚面层之间。

（6）试验成功并推广应用了具有我国自主知识产权的创新研究成果多碎石沥青混凝土 SAC-16，并将其用于表面层。

（7）在华北轻冰冻地区用 SBS 改性沥青表面层的温度收缩裂缝多于优质非改性沥青面层的裂缝。

（8）在半刚性基层上和 4cm 厚表面层之间率先使用了应力吸收膜中间层 SAMI，通车 10 年证明 SAMI 并没有起到减少反射裂缝的作用，但却使 4cm 厚面层 SAC-16 和 OGFC 既无水破坏坑洞，又无泛油现象。

上述成果与 20 世纪 80 年代初的研究成果一起，形成了我国高速公路路面的建设初期的模式，即重型压实标准、半刚性基层和底基层、沥青混凝土面层量其特点是"强基薄面"。这种结构可就地取材，为国家节约投资，同时更能适应现代重型交通的需要。

进入 21 世纪，为了对半刚性路面进行更加深入的研究，使它能适应中国特色和超重载交通的需要，交通部安排西部交通建设项目开展了"重载交通长寿命沥青路面关键技术研究"，取得以下几点成果：

（1）土基下 1.5m 处采用水平沥青膜隔断层和底基层两侧向下设置土工膜垂直防水墙，以保持土基强度稳定，贯彻了"稳定土基"的设计理念。

（2）粗集料断级配新 SAC 系列矿料级配的设计理论和检验方法。新水泥碎石基层粗集料断级配 CBG-25 的级配设计和密实性检验方法。

（3）提出了水泥混合料与沥青混合料拌和厂的设备配置和改造措施：研制出适用于各种矿料级配的粗集料单一粒级专业筛分机将粗集料筛分为四个单一粒级，冷料仓增加到 6 个，冷料仓下安装称量误差小于 ±0.5% 的电子秤，保证了冷料级配的可靠性和生产效率。

（4）采用凸块型压路机（即新型羊足碾）碾压，增强土基与底基层与基层之间的粘结。

综上所述，中国广大公路工作者通过 30 年的研究，攀登了一个又一个新台阶，使当前我国对半刚性路面的研究和实践的技术水平处于国际领先位置。

1-2-4　我国半刚性基层沥青路面未来发展趋势

根据现实的情况为今后我国高速公路的发展设计出合适的沥青路面结构，以极大的延长路面的使用寿命，节约寿命周期成本，减少因维修而导致交通阻塞的时间，显得极为紧迫。国外长寿命路面的设计刚好给了新的启发。国外新兴的长寿命沥青路面，它的使用寿命可以达到40年，甚至50年，在使用期内只需要周期性地更换沥青层就可以了。

国外的长寿命沥青路面其路面结构总厚度比半刚性基层路面薄，路面裂缝减少，疲劳破坏、车辙等病害较少并且限制在沥青面层顶部，维护修复方便快捷，能够为道路使用者提供优良持续的服务。长寿命路面结构设计理念是按功能合理设置路面结构层，即上面层设计主要考虑抗车辙能力和抗磨耗能力；中间层设计主要考虑抗车辙能力；基层设计主要考虑抗疲劳能力。路面通过定期更换磨耗层达到路面的长期寿命，路面的破坏形式主要为由上而下的开裂和表面层的磨耗，基层不出现破坏。为了提高路面的使用寿命，长寿命沥青路面采用较厚的沥青层，以降低传统的沥青层底开裂和避免结构性车辙，使路面的损坏仅限于表层，因此只需要定期的表面铣刨、罩面修复，在使用年限内不需要大的结构性重建。路面设计时，将上面层设计成功能层，将中下面层、基层设计为结构的承重层。长寿命沥青路面从路基顶面向上由HMA基层、HMA中间层和磨耗层三部分组成。

以美国典型长寿命沥青路面结构为例分析其特点，结构见表1-5：

表1-5 美国典型长寿命沥青路面结构

道路名称	结构	道路名称	结构
I-5	5cm AC 磨耗层 25cm AM	I-695	5cmSMA 磨耗层 7.5cm AC 联结层 30cm AM 15cm 级配碎石
I-35	7.5cmSMA 磨耗层 7.5cm AC 联结层 20cm AM 5cmAC 抗疲劳层 20cm 石灰稳定土	I-710	2.5cmSMA 磨耗层 15cm AC 联结层 30cm AM 15cm 级配碎石

表1-5中列举了美国四条高速公路的典型长寿命沥青路面结构，其面层厚度为5～17.5cm，沥青稳定碎石基层厚度为25～30cm。长寿命沥青路面在结构上与普通沥青路面的重要差别表现为其基层沥青稳定粒料的厚度要厚一些。磨耗层厚度约为2.5～7.5cm，一般采用SMA等高性能沥青材料，以保证为车辆提供良好的行驶界面；联结层厚度约为7.5～15cm，因为荷载在该层产生的剪应力较高，多采用高模量的沥青混凝土材料以防止车辙的发生。基层多采用

沥青稳定碎石材料，这也是国外长寿命沥青路面的主要特点。

与国外厚沥青基层长寿命沥青路面相比，我国使用较薄沥青层的半刚性基层沥青路面存在一定的劣势。一是薄沥青层无法防止各种途径的水进入，又不能迅速地排水，尤其是在严重的超限超载车辆通行路段，超载和水的共同作用使沥青路面在短时间内发生较严重的破坏，且导致基层的损坏。二是薄沥青层会使得半刚性基层承受更大的弯拉应力。这两个方面将导致半刚性基层出现开裂，进而引发反射裂缝，进行路面维修时不得不开挖基层，损失巨大。然而我们并不能完全的去照搬国外这种长寿命路面设计的模式，从初期投资来说，这种沥青层厚达40～50cm的路面结构费用巨大，无论是从经济角度，还是我国的产业结构都很难接受；从施工方面来说，我国的施工工艺水平已经有了较大的提高，但是在生产管理水平和综合人员素质方面还和发达国家有一定差距；从荷载角度来考虑，国外的这种长寿命路面的设计荷载是80kN，而我国的设计荷载是100kN，而且超载严重，经过初步计算，要使我国沥青路面像国外一样实现长寿命，沥青层厚度应该在50cm与60cm之间，这更加难以被国内相关单位接受。因此，必须结合国内的交通及环境实际状况，借鉴学习国外长寿命路面设计的理念，通过系统的理论及实体工程研究，才能推出适合国情的长寿命路面结构。

近年来，随着科技的进步，不断出现了一些新的路面新技术与新材料，主要体现在路面结构分析以及新材料技术方面。为实现路面的耐久性和长寿命提供了必要的技术手段，这些新技术新材料有些是根据原有技术进行改良的，有些是革新性的创新技术。

路面结构分析方面：沥青路面材料属于典型的粘弹性材料，而路基属于典型的非线性材料，而在传统的路基路面力学分析中，这些材料的性质仅仅作为弹性、各向同性的理想材料处理，由于这些假设致使我们对半刚性基层沥青路面各层的结构使用性能没有完全掌握。随着非线性分析及有限元技术的发展，已经使得半刚性基层沥青路面各层结构使用性能的规律基本掌握，形成了相关的研究成果——半刚性基层沥青路面的功能分区。

路面新材料方面：如高性能半刚性基层材料技术就是基于传统的半刚性基层材料技术，在配合比设计成型方法上由原来的重型击实改换为振动成型工艺，这种技术措施的采用更好地模拟了现场压实成型的过程，而且充分发挥了这种材料的内在优势，在不明显改变材料的组成前提下，半刚性基层材料的物理力学性质得到了显著的改良和提高。高模量沥青混凝土技术则属于一种具有革新性的创新技术，该技术于1982年在法国发明，主要用于路面结构中的粘结层和磨耗层（除了使用超硬沥青配置高模量沥青混凝土外，也可以使用粒化聚合物添加剂或者高浓度聚合物改性沥青配制高模量沥青混凝土），这种具有较高的动态模量、良好的抗车辙性能、水稳定性、抗疲劳性等优势，是一种性能优良的新型筑路材料。

  作者期待通过对有关路面新技术成果的分析阐述，使读者系统地了解路面新材料新技术，认识到半刚性基层沥青路面功能分区的巨大作用，掌握材料与结构设计的一体化设计流程，形成较系统的长寿命半刚性基层沥青路面的设计思路。

第 2 章　沥青路面结构设计方法

沥青路面是在柔性基层、半刚性基层上铺筑一定厚度的沥青混合料作为面层的路面结构。以沥青路面为主的柔性路面设计理论与方法研究已有近百年的历史，其发展历程经历了古典法、经验法和力学－经验法三个阶段。当前世界各国众多的沥青路面设计方法大体为后面两种，即以工程使用经验或试验为依据的经验法和以力学分析为基础，考虑环境、交通条件以及材料特性为依据的力学－经验法。本章简要介绍目前国内外几种典型的设计方法：经验法的代表方法：CBR 法和 AASHTO 法；力学－经验法的典型代表：AI 法和 SHELL 法；我国加以规范（报批稿）采用的设计方法，并作简单评价。

2-1　经验法

经验法主要通过对试验路或使用道路的实验观测，建立路面结构、荷载和路面性能三者间的经验关系。最为著名的经验设计方法有美国加州承载比（CBR）法和美国国家高速公路和运输工作者协会（AASHTO）柔性路面设计法。

2-1-1　CBR 法

2-1-1-1　CBR 试验法

CBR（California Bearing Ratio）全称加州承载比，为测定土基和粒料基层材料相对强度的室内试验法，是美国加利福尼亚州道路局于 1928～1929 年进行道路调查时最先采用。CBR 标准压实筒内径 15.24cm（6in），高 17.78cm（7in），其中垫块高 6.147cm（2.416in），试样高 11.64cm（4.584in），其目的是保持试样体积为 2124cm^3（3/40ft）。

制样时，如按轻型击实标准，则用锤重 2.5kg（5.51b）、落高 30.5cm（12in），分三层击实，每层 55 击；如用重型击实标准，则用锤重 4.55kg（101b），落高 45.7cm（18in），分五层击实，每层 55 击；当最大粒径大于 25mm 且小于 38mm 时可分三层击实，每层 92 击。

试样经过浸水 4d 后进行试验，采用面积为 19.35cm（3in）、4.96cm

（1.95in）的标准贯入柱，以 1.27mm/min 的速度贯入试样中心，每 2.54mm（0.1in）的贯入量记录其加载数，直到 12.7mm（0.5in）为止。将每一级的加载值与标准值对比，以百分率表示，即为 CBR 值。一般 2.54mm（0.1in）时的 CBR 值为准，但如贯入量为 5.08mm（0.2in）时 CBR 值较前者为大时，则取后者的 CBR 值为准。

标准值是采用高质量机轧碎石材料作以上的同样试验而得。由于碎石材料强度既不受湿度影响，也与温度、龄期无关，故被选作标准材料。经过大量试验，取其平均值作为标准值，列于表 2-1，并规定其 CBR 值为 100%。

表 2-1　CBR 标准值

贯入量 l		加载强度		
mm	in	MPa	kgf/cm²	ibf/in²
2.52	0.1	7	70	1000
5.08	0.2	10.5	105	1500
7.62	0.3	13.3	133	1900
10.16	0.4	16.1	161	2300
12.7	0.5	18.2	182	2600

所以，试样的 $CBR = \dfrac{试样加载强度}{标准加载强度} \times 100\%$。

2-1-1-2　CBR 设计曲线

1. CBR 设计曲线的由来

美国加州道路局于 1928～1929 年进行道路破坏状况调查，认为路面的损坏主要原因是：（1）由于路面渗水而使路基土侧向移动；（2）基层承载力不均造成的不均匀下沉；（3）路基土与基层承载力不足而造成过大的变形。

O.J. 波特认为这些都与土基和路面各层材料压实度和抗剪强度不足有关，为了表示其强度的大小，他们开创了 CER 试验法。以后连续进行了十多年的路面调查，提出了土基 CBR 值与路面（面层与基层之和）需要厚度间的关系，如图 2-1 所示。

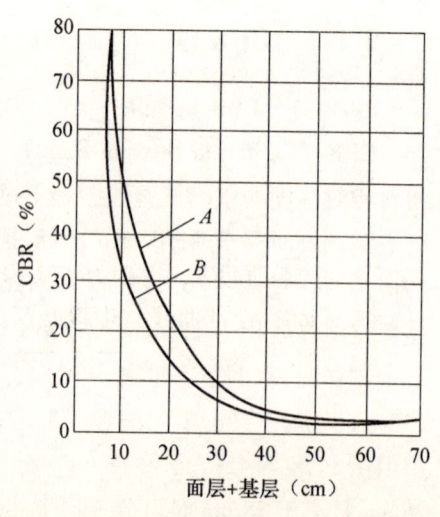

图 2-1　CBR 值与路面总厚度之间的关系

图 2-1 中 B 线表示初期的观测结果，A 线表示相当于当时交通轮载为 41kN 的结果，当然，这里并未解决轮载大小与交通量多少的关系，它只是根据 1942 年实际应用的资料，认为能适应当时的平均交通状况。

以此为基础，加州道路局把 A 线作为中交通，另外推荐了轻交通（相当轮载 32kN）和重交通（相当轮载 54kN）两根设计曲线。如图 2-2 所示。这就是加州原来的 CBR 设计曲线。

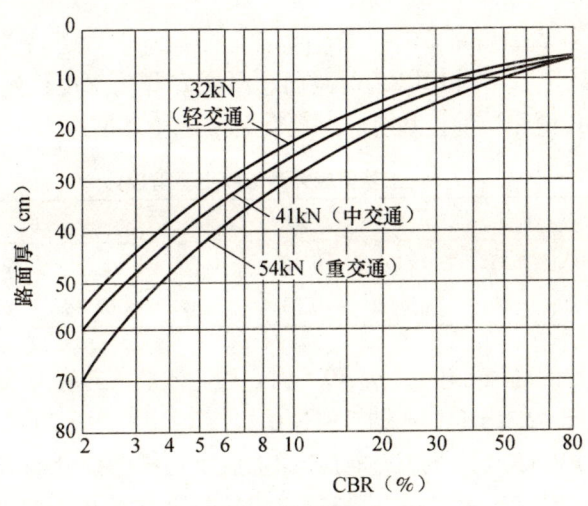

图 2-2　加州初期的设计曲线

2. CBR 设计法的发展

初期的结果提出后，在加州并没有被采用。加州在 20 世纪 40 年代开始就放弃了 CBR 设计法而采用维姆设计法，所以后来所说的 CBR 设计法并不是指加州路面设计法。但 CBR 设计法却被美国陆军工兵部队（USAGE）所认可，并予以发展。

美国陆军工兵部队认为既然路面的损坏是由于土基抗剪强度不足所造成，那么就可以 A 线为基础，利用布辛氏均匀体剪力公式计算在不同路面厚度时土基面上的抗剪强度 τ，得到 H 与 CBR 值的关系，并据此推算其他轮载 P 及轮压 p 时的 CBR 设计曲线，步骤如下：

（1）从 A 线知在土基不同 CBR 值时，路面总厚度 H 见表 2-2。

表 2-2　土基 CBR 值与路面总厚度关系

CBR（%）	3	5	7	10	20	30	50	80
H（cm）	52	38.5	32	26	17.5	15	11.5	8.5

(2) A线相当于轮载41kN、轮压0.42MPa,利用本节附录所推导的布辛氏剪应力公式,当泊松比 $\mu=0.5$ 时,公式如下:

$$\frac{\tau_z}{p} = \frac{3}{4} \frac{\frac{3}{4}}{\left[1+\left(\frac{z}{a}\right)^2\right]^{2/3}} \tag{2-1}$$

式中 a——轮载当量圆半径,cm;
z——土基表面离路表的深度,cm。

(3) 以A线土基不同CBR值时路面总厚度H作为深度;代入上式,得到与土基不同CBR值相当的土基剪应力系数 τ_z/p 和土基剪应力 τ_z 见表2-3。

表2-3 土基剪应力系数和土基剪应力

CBR（%）	3	5	7	10	20	30	50	80
τ_z/p	0.073	0.118	0.153	0.195	0.266	0.281	0.288	0.264
τ_z	0.0307	0.0495	0.0641	0.082	0.112	0.118	0.121	0.111

从式(2-1)的过程可知,当 $\mu=0.5$ 时,均匀体最大剪应力系数 τ_z/p 的极值为0.289,当 $p=0.42$MPa 时, τ_z 的极值是0.121,说明 CBR=50 时,剪应力 τ_z 已达极值,所以CBR>50后,对其他轮压已不能用此法推出CBR与H的关系。

(4) 据此,即可按式(2-1)计算不同轮载P和轮压p时CBR与H的关系,如图2-3所示(此即CBR法的道路路面厚度设计曲线)。

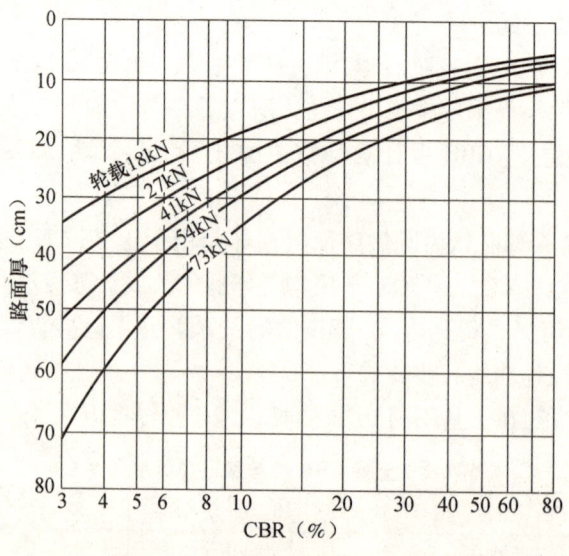

图2-3 CBR法道路路面设计曲线

承受竖向应力 σ_z 时相应的 CBR 值为 $[CBR]_z$，即面层材料的 $[CBR]_0$ 与轮压 p 相应，土基处的 $[CBR]_z$ 与 σ 相应，则：

$$\frac{[CBR]_z}{[CBR]_0} = \frac{\sigma_z}{p} = \frac{1}{1+\left(\frac{z}{a}\right)^2} \tag{2-6}$$

据此：

$$\frac{\sigma_z}{[CBR]_z} = \frac{p}{[CBR]_0} = k \tag{2-7}$$

根据近似公式：

$$\left(\frac{z}{a}\right)^2 = \frac{p}{\sigma_z} - 1 = \frac{p}{k[CBR]_z} - 1 ; \frac{z}{a} = \sqrt{\frac{p}{kCBR} - 1} \tag{2-8}$$

因采用的是布辛氏均匀体公式，故 $z = H$

$$H = a\sqrt{\frac{p}{kCBR} - 1} = \sqrt{A} \cdot \sqrt{\frac{p}{\pi kCBR} - \frac{1}{\pi}} \tag{2-9}$$

如要此式与式（2-2）等效，对比结果 $\pi k = 0.054$ 则简式为：

$$\frac{H}{a_i\sqrt{A}} = \sqrt{\frac{p}{0.054CBR} - \frac{1}{\pi}} \tag{2-10}$$

如使其与机场道面原始曲线等效，则 $\pi k = 0.057$（以英制为单位时，$\pi k = 8.1$），则简式为：

$$\frac{H}{a_i\sqrt{A}} = \sqrt{\frac{p}{0.057CBR} - \frac{1}{\pi}} \tag{2-11}$$

当 $a=1$ 时，简式（2-10）、式（2-11）在 CBR < 10 时与原统计式还比较接近，CBR = 20 以后已相差甚大，CBR 更大时，简式已无法计算。几种计算式的比较见表 2-4。

表 2-4 统计式（2-2）与简式（2-10）、（2-11）比较

CBR (%)		3	5	7	10	20	30	50
$\dfrac{H}{a_i\sqrt{A}}$	10~23	1.508	1.143	0.953	0.782	0.505	0.36	0.135
	10~31	1.508	1.113	0.891	0.678	0.266		
	10~32	1.462	1.462	1.075	0.857	0.225		

同样应注意，此式是适用于机场道面的设计，如果根据美国陆军工兵部队原来分析的用于道路上 $P=41$kN 的路面结构，与机场道 $P=54.4$kN（12000lbf）的结构相当的结论，则按当量单轮荷载的定义，可得汽车轮压为 $5.44/41 \times p = 1.33p$ 时，相当的飞机轮压为 $1.33p$，按此代入式（2-2），整理

后可得适用于道路路面厚度与轮载及轮压的关系式如下：

$$\frac{H}{\sqrt{A}} = 4.9543 - 5.607\lg\frac{CBR}{p} + 2.5937\left(\lg\frac{CBR}{p}\right)^2 - 0.473\left(\lg\frac{CBR}{p}\right)^3 \tag{2-12}$$

同样，根据等效原则，可推得简式如下：

$$\frac{H}{\sqrt{A}} = \sqrt{\frac{p}{0.041CBR} - \frac{1}{\pi}} \tag{2-13}$$

如与原始道路设计曲线图 2-1 基本等效，则：

$$\frac{H}{\sqrt{A}} = \sqrt{\frac{p}{0.045CBR} - \frac{1}{\pi}} \tag{2-14}$$

这样，对于道路的路面厚度设计应采用式（2-12）或式（2-13）、(2-14)。结果比较时以轮载 $P = 41kN$，轮压 $p = 0.42MPa$ 为例，则 $\sqrt{A} = 31.24cm$，$a = 17.6cm$。简式都只能在 CBR<10 时基本可用，CBR 大时则不能使用。同时证明新的统计式（2-12）在 CBR<10 时，厚度较图 2-3 结果略大，而式（2-14）与图 2-3 结果相当。

后来，又假定此类公式的计算结果相当于累计交通量 $N = 10$，因此在不同交通量时，同样可在公式（2-12）、(2-13)、(2-14) 中乘以路面设计厚度增减系数 $0.15\lg4.5N$。这样，同样也可在更大范围内使用。例如若把式 (2-14) 乘以交通量影响系数后，则为：

$$H = 0.15\lg4.5N \cdot \sqrt{A} \cdot \sqrt{\frac{p}{0.045CBR} - \frac{1}{\pi}} \tag{2-15}$$

2. 贝尔梯（R. Pettier）公式

贝尔梯也根据与图 2-3 设计曲线的比较，提出以下公式：

$$H = \frac{100 + 474\sqrt{p}}{CBR + 5} \tag{2-16}$$

式中　P——轮载，kN；

　　　H——路面总厚度，cm。

3. 日本竹下公式

竹下于 1954 年在美国陆军工兵部队式（2-14）基础上，以设计轮载 P 行驶 10^6 次为界限，提出了以下公式：

$$H = 14.8\sqrt{\frac{P}{CBR}} - (1 + 5\lg CBR) \tag{2-17}$$

式中　P——轮载（kN）。

再考虑累计交通量对路面损坏的影响,引进了交通量系数后得:

$$H = 2.47\sqrt{\frac{P}{\text{CBR}}\lg N} - (1 + 5\lg\text{CBR}) \tag{2-18}$$

此式与式(2-15)的计算结果基本接近。

1965年竹下又直接把图2-3的原曲线改绘在双对数坐标纸上,发现近似于成平行的直线族,得下式:

$$H = \frac{23.3P^{0.4}}{\text{CBR}^{0.6}} \tag{2-19}$$

此式以后成为日本沥青路面规范的基本公式之一,并进一步得到发展。

2-1-1-4 评论

1. 关于CBR试验法

(1)为建立CBR设计法而开创的CBR试验法,作为土和粒料材料相对强度的室内试验法,至今仍是室内试验的有效方法之一。特别是由于世界各国按此法进行过广泛的试验,积累了大量的资料,因此后来的其他试验方法往往与它作对比,建立关系式,甚至在当代理论分析法中,对土基刚度指标(模量)必要时也要借助与CBR的关系,这是应予肯定的。

(2)CBR试验法终究还是室内小型试验,由于贯入柱直径d只接近5cm,荷载有效深度至多为$2.5d = 12.5$cm(试样高才11.6cm),因此如在野外作CBR试验,代表的土层厚度至多15cm,而野外承载板试验,板的标准直径为30cm,有效作用深度也以2.5倍计,可达75cm。因此,如在野外作CBR试验需分五层测定,然后把其结果综合成平均值,这就成了相当复杂的工作,因为不管是挖坑分层取样作室内试验,还是分层在野外测定,其困难程度都要超过承载板试验,这是不足之处。

(3)CBR试验法中规定浸水4d,也是按最困难的条件进行测定,如仅作为统一的试验方法,以便对各种土基和材料作相对强度的比较,也未尝不可,但却不能正确反映实际的环境因素,因此有的国家主张不一定浸水4d,而规定按路段可能的不利状态进行测定。这样就需要根据各地的经验修订CBR设计曲线,这就是为什么现在国际上的CBR设计曲线多达数十种,而且差别较大的原因。但如采用图2-3的标准设计曲线,由于它是经验关系,所以CBR试验时还应当按规定浸水4d,以便与原来总结的成果相当。

至于CBR试验结果应取多大的保证率,各国规定不一,低者75%,高者95%,一般多用90%。当然这可根据道路重要性的不同而异,作为相对比较,建议以90%为宜。

2. 关于 CBR 设计曲线

（1）从 CBR 设计曲线建立的过程可知，其理论基础充其量也不过是引用了布辛氏均匀体的应力公式，而且还是采用泊松比 $\mu = 0.5$，当 μ 为其他值时，剪应力 τ_z 还有相当的差别。更严重的是：路面结构本是面层强土基弱的层状体系，今把它作用均匀体，所计算的土基剪应力 τ_z 或竖向应力 σ_z 肯定大于层状体系。由此可见 CBR 设计法的理论基础是保守的，而且是很勉强的，与当代的弹性层状体系理论不能相提并论。按均匀体公式，当 $\mu = 0.5$ 时，最大剪应力系数 $\tau_z/p = 0.289$，当 $p = 0.42 \text{MPa}$ 时，$\tau_z = 0.121 \text{MPa}$，此时 $z/a = 0.707$，面层厚 $H = 12 \text{cm}$，所以 CBR >20 以后 τ_z 已接近极值，CBR 与 H 间的关系已不明朗。

（2）在建立 CBR 设计曲线过程中，没有反映交通量大小的概念，不同的轮载到底代表什么样的交通量，尽管曾提出过中等交通量相当于轮载 $P = 41 \text{kN}$，重交通时相当于 $P = 54 \text{kN}$，轻交通量相当 $P = 32 \text{kN}$，但没有量的概念，因为重、中、轻只是相对而言，它不仅与数量有关，而且与行驶的车型有关，对此 CBR 设计曲线难以解决。

（3）在建立 CBR 设计曲线过程，对轮压的大小未予重视，从表 2-3 可知，轮压基本都采用 0.42MPa 推算，这是不合理的。例如，同样的轮载 $P = 50 \text{kN}$，而轮压 p 分别为 0.42MPa 和 0.7MPa 时，当量半径各为 19.47cm 和 15.08cm。

（4）该法既无使用标准，也无损坏标准，只是土基的 CBR 值与当时路面结构总厚度关系的经验法。

3. 关于 CBR 设计法的计算公式

（1）美国陆军工兵部队公式是根据后期使用情况的实践总结，所以统计式（2-12）应当比原来的设计曲线更接近实际，是有所进步的。但简式（2-13）由于采用了垂直应力 σ_z 的近似公式偏离实际太远，这个 σ_z 的近似式还不如前苏联雅库宁近似公式，因此最多只能在 CBR <10 情况下使用。如把式（2-12）以双对数形式表示，就必须会得出更合理的简式，而与竹下公式类似。

（2）贝尔梯公式是根据原设计曲线统计而得，一般也只能在 CBR $= 3 \sim 10$ 时与原曲线接近，用到 CBR $= 20$ 已较勉强，而且在轮载（P）轻时所得厚度偏大，轮载重时所得厚度偏小。

（3）日本竹下 1964 年公式与以上两式相似，但竹下 1965 年公式即以后作为日本沥青路面规范的公式，虽然不用什么理论假定，只是把原曲线以双对数坐标表示，却能基本与原曲线全面接近，是所有公式中适用范围最广的公式。

（4）美国陆军工兵部队公式和竹下公式都引进了与累计交通量 N 的关系，这是公式化后的一个重大进步，这样就摆脱了原始曲线的束缚，但他们首先都

第2章 沥青路面结构设计方法

假定 CBR 原设计曲线相当于累计交通量 $N=10$,这是依据不足的,何况以当量荷载方法反映车型间关系也不科学,如果在此引进 AASHTO 车辆换算关系,可能会得出较为合理的结果。

4. 结构组合问题

该法对结构组合的设想是好的,这一可以使路面构结层形成从下而上逐渐加强的体系,以免出现不合理结构。但严格地说,这并没有真正解决问题,因为这个层位的 CBR 值并不等于它和它以下各层的综合 CBR 值,而综合 CBR 值于该层及其以下各层的厚度和 CBR 值及土基 CBR 值有关,而且这样的规定对于采用无机结合料稳定类基层时,就不能正确反映。看来结构组合问题,只有靠理论分析法,才能得到合理的解决。

2-1-1-5 CBR 设计新法

美国陆军工兵部队鉴于 CBR 设计方法中存在的缺点,力图解决不同道路的使用标准,交通类型及数量的关系等问题,最近提出一个新法。

1. 简介

根据道路等级、交通种类、交通量等综合成交通指数,建立不同交通指数时路面总厚度 N 与土基 CBR 值的关系,如图 2-4 所示。

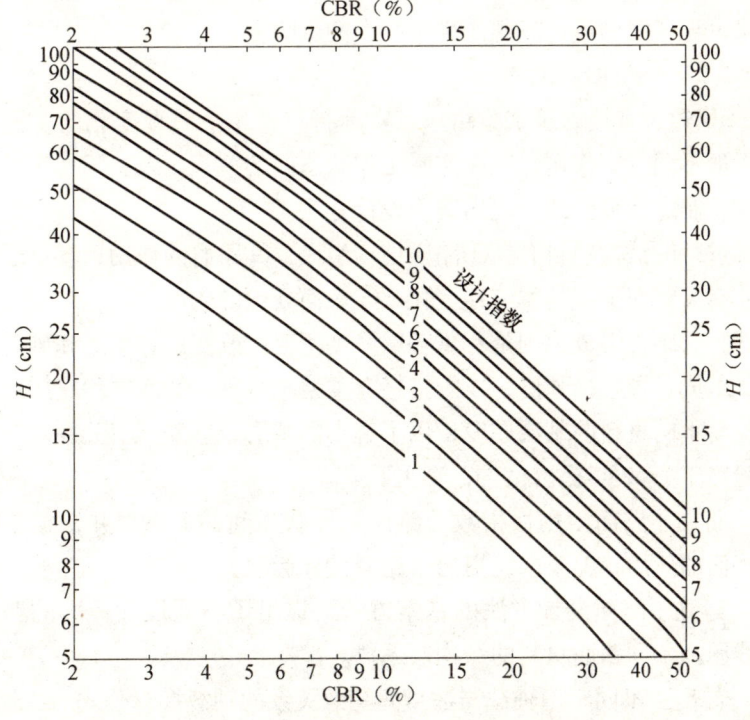

图 2-4 道路用的 CBR 设计新法计算图

2. 交通指数的确定方法

把汽车分为三类，第一类为轿车和轻型货车，第二类为双轴货车，第三类为三轴、四轴和五轴货车。然后根据其组成分为Ⅰ、Ⅱ、Ⅲ、Ⅳ四种，履带车和铲车则根据其荷载分Ⅴ、Ⅵ、Ⅶ三种。根据道路等级和交通种类定交通指数，履带车则根据它在交通流中占有的数量定交通指数。新法只能说有所改正，但反而成为无法灵活应用的纯经验方法，所以并未根本解决问题。

2-1-2 AASHTO 法

AASHTO 法是在 1958～1962 年间 AASHO 试验路的基础上建立的。整理试验路的试验观测数据，得到了路面结构－轴载－使用性能三者间的经验关系式。路面结构中的路基土采用回弹模量表征其性质，路面结构层按各层材料性质的不同转换为用一个结构数（SN）表征。

AASHTO 方法提出了现时服务能力指数〔PSI〕的概念，以反映路面的服务质量。PSI 是一个由评分小组进行主观评定后得到的指标，它与路面实际状况（坡度变化、裂缝面积、车辙深度、修补面积）之间建立经验关系式，提出了轴载换算的概念和公式，考虑了结构的可靠度和排水条件的影响，这些思想对后来世界各国的设计思想产生了很大的影响。

2-1-2-1 AASHO 试验路

AASHO 通过直接修筑试验路，以实际行车作用下路况变化的实测资料为依据。弄清不同行车作用与路面实际工作状态间的关系，以实际行车的使用性能为标准，制定计算公式，提出路面设计方法。

主要进行的试验项目有：①路面结构组成；②路肩的作用；③基层的等值关系；④有关路面强度的季节性变化；⑤表面处治的作用。

为此，其结构组成原则是：①基层厚度不变而改变沥青面层和砂砾料底基层厚度，组成各种结构强度，以安排轻、重型车行驶；②面层和底层厚度基本不变而改变不同材料的基层厚度，以了解不同基层厚度的等值关系。

试验路于 1962 年提出报告，其主要成果有：

（1）得出了路面耐用性指数与路面工作状态间的关系，并根据不同道路等级对路面的使用状况要求，提出了路面设计标准。

（2）建立了路面设计方法的基本方程，提出了不同设计标准的路面厚度计算列线图和不同路面材料的结构层系数。

（3）导出了不同车型轴载与数量间等效关系的轴载换算公式。

第2章 沥青路面结构设计方法

2-1-2-2 耐久性指数与路面设计标准

道路是供车辆行驶的,因此使用要求应是主要标准。不同的道路等级由于行车速度的不同,要求的设计标准也应不同。为此,引用了在此之前已经由美国公路研究委员会(HRB)的卡雷(Carey)和伊利克(Irick)所开创的路面现有耐用性指数 PSI 的成果。

现有路面耐用性指数 PSI(Present Serviceability Index)是根据路面使用性能,对路面作出定量评价的方法。该法分两步着手:一是路面状况观测评级。这是一种定性的观测,它不去判断路面现有状况造成的原因,仅仅根据使用的要求对当时的路况给予评级,所以称为路面现有耐用性评级 PSR(Present Servireahility Rating)是路面质量评定。这是一种定量的评定,其目的是要确定路面结构的适宜程度,并判定所以产生该类路况的原因,因此要对路面作一定物理量的量测,把各路段物理量的测定结果与 PSR 相比较,通过统计分析,使两者结合,得出路面评价标准——路面耐用性指数。因测定的是当时的状况,故称之为路面现有耐用性指数 PSI。

1. 现有耐用性评级 PSR 的确定方法

由包括从事道路建设、维修的工程人员、汽车运输工作者、车辆制造者、道路教育工作者的代表组成的小组,驱车行驶在选定的路段上,按 5 分制进行评级。卡片中除分优、良、中、差、劣评级外,并要求提供你认为的影响因素和是否合格的评语,并以其平均值作为小组的 PSR 值,容许误差为 0.5 分,评级小组应有 8 人,一般小组人数以 5~10 人为宜。

2. 现有耐用性指数 PSI 的确定方法

根据路面各种状况的物理性量测值,经过分析研究,提出以路面不平整度、裂缝与修补面积、车辙量三者作为对路面使用性能影响的主要因素。

接着把各路面状况测定的物理量—不平整度 F_1、裂缝及修补面积 F_2、车辙量 F_3 为一方,以 PSR 的评级为另一方,按以下公式进行回归统计。

$$\text{PSR} = A_0 + A_1(F_1)^{b_1} + A_2(F_2)^{b_2} + A_3(F_3)^{b_3} \tag{2-20}$$

式中 A_0、A_1、A_2、A_3、b_1、b_2、b_3 为回归分析后得到的系数与指数。

经过大量结果的回归分析,消除了路面评级 PSR 中的人为主观因素,得出比较客观的评价。因此经过回归分析后的结果已不是原来的现有耐用性评级 PSR,为了有所区别,称之为现耐用性指数 PSI。

当然,PSI 公式的确定,与测定物理量的仪器和方法有关,因此首先应确定使用的仪器和方法。

(1)路面不平整度测定法:不平整度与 PSI 的关系如图 2-5 所示。

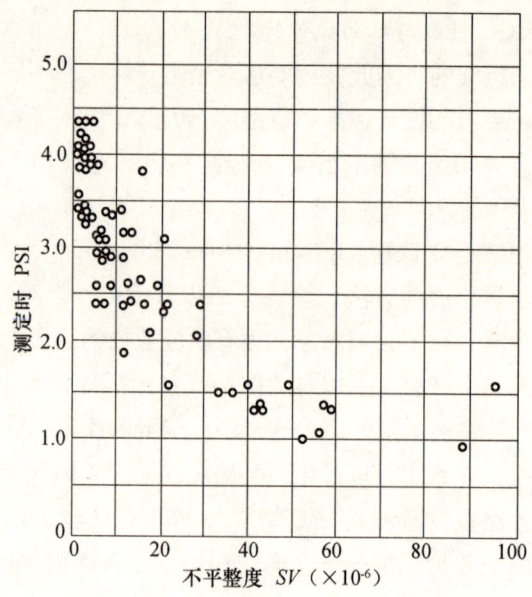

图2-5 不平整度与PSI之间的关系

AASHO用他们研制的斜率纵断面仪测定不平整度。每1ft测1点,即测得每1ft两点间的高差y,以高差除以距离,用斜率表示,单位为‰,测定速度为3~5mile/h,沿路面上两条汽车轮迹带上测量,然后按下式统计得斜率方差SV(即标准差的平方):

$$SV = \frac{\sum y_i^2 - \frac{1}{n}(\sum y_i)^2}{n-1} \qquad (2-21)$$

式中　n——全部测点数;

　　　y_i——第a号测点斜率(‰)。

(2)裂缝与修补面积

二者均直接在路面上量得,裂缝包括龟裂、碎裂等,均以面积表示。如裂缝为条形,则以裂缝长度代表面积,实际上是指以裂缝为中心的1ft范围内作为损坏的面积,以ft/1000ft表示,称为裂缝度c。修补面积包括已修补和等待修补的面积,表面修补与补坑都在内,也以ft/100ft表示,称为修补度f。

(3)车辙深度

以4ft(120cm)长的直尺在两个车轮轮迹带上量得车辙深度,每1000ft内取40~50个等距离的断面量测,其平均值表示,单位为in,称为车辙深度RD。

根据测定结果,经统计回归后,得到现时耐用性指数PSI公式如下:

$$\mathrm{PSI} = 5.03 - 1.91\lg(1+SV) - 0.01\sqrt{c+f} - 1.38\overline{RD^2} \qquad (2-22)$$

如采用公制单位，SV 是斜率方差对公式没有影响；RD 以 cm 为单位，其系数 1.38 应改变 0.21，c 和 f 用裂缝率及修补率，即 m/100m，则系数 0.01 应改为 0.032，并应注意遇到条形裂缝，应把裂缝长度乘以 0.3m（相当于 1ft）作为裂缝面积。这样公式（2-22）变为下式：

$$PSI = 5.03 - 1.91\lg(1+SV) - 0.032\sqrt{c+f} - 0.21\overline{RD^2} \quad (2-23)$$

式中 $c+f$——为裂缝率和修补率（%）；

RD——车辙深度（cm）；

SV——同前（‰）。

裂缝率和修补率及车辙深度与 PSI 的关系如图 2-6 及图 2-7。

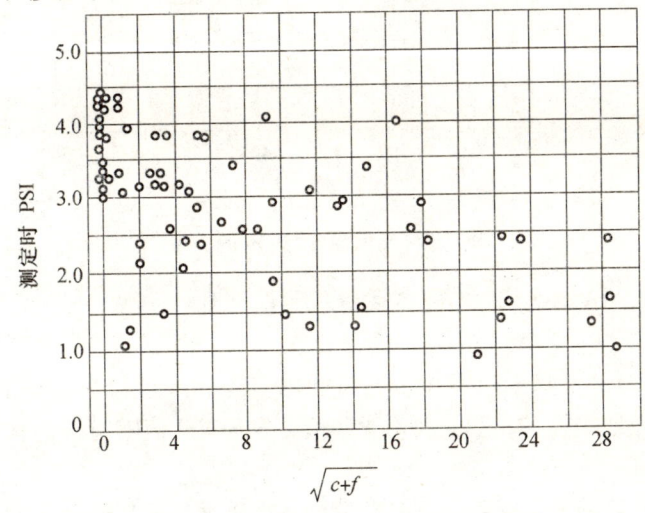

图 2-6　$\sqrt{c+f}$ 与 PSI 的关系

3. 不同道路等级设计标准的确定

道路在使用过程中，路面的耐用性指数逐步下降，究竟 PSI 降到何值，路面还可以满足要求而属于合格的标准，降到何值应进行维修，降到何值为损坏，应予翻修，这是首先应予确定的。对此各家见解也不尽一致，最后综合各家的意见，得出以下的统一标准。

对主要公路，例如州际公路 PSI≥2.5；对次要道路，例如一般公路，PSI≥2.0 时，属于合格的路面，可以正常行车；当 PSI>1.5 时作为损坏标准，应予翻修；在这两者之间应及时维修或罩面。

为此，AASHO 设计法规定以 20 年为设计年限，在设计期间经过车辆行驶后，最终耐用性指数 PSI=2.5 作为主要公路的设计标准，PSI=2.0 作为次要公路的设计标准。

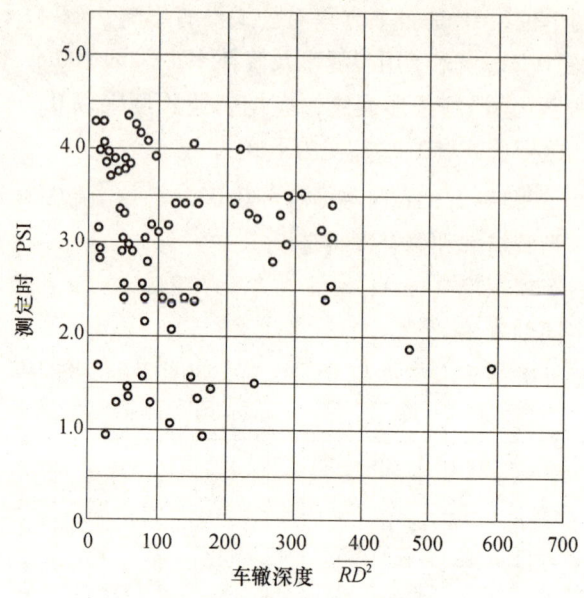

图 2-7 车辙深度与 PSI 的关系

2-1-2-3 AASHO 试验路基本方程及其诺漠图

1. 基本方程

在 AASHO 道路试验过程中，在试验路完工和经过行车试验的各个阶段，把测定的物理量按式（2-22）计算 PSI 值，发现 PSI 值随行车的作用次数而逐渐下降。

根据试验路的大量资料，把各路段的各个路面结构所经受不同车型的荷载作用次数 N 与 PSI 的损失值的关系进行整理，得到以下公式：

$$\frac{C_0 - p_t}{C_0 - 1.5} = \left(\frac{N}{\rho}\right)^\beta \tag{2-24}$$

式中 C_0——试验路完工时的路面耐用性指数，该试验路测得的平均值为 4.2。

P_t——经过车辆行驶 N 次后，达到的最终耐用性指数 PSI。

ρ——该路段最终耐用性指数降至 1.5，即路面达到损坏标准时轴载的作用次数。

β——斜率。

该公式表示，耐用性指数损失值的比值与荷载作用次数的比值，成双对数的直线关系，即：

$$G = \lg\frac{C_0 - p_t}{C_0 - 1.5} = \beta(\lg N - \lg \rho) \tag{2-25}$$

这就是 AASHO 试验路的基本方程。

式中 G——任何阶段耐用性指数的损失 $C_0 - P_t$，与耐用性指数达到损坏标准即 $P_t = 1.5$ 时的总损失 $C_0 - 1.5$ 之比的对数值。如 $C_0 = 4.2$，则设计标准 $P_t = 2.5、2.0、1.5$ 时，G 值分别为 $-0.2009、-0.0889、0$；

β——双对数直线的斜率，它表明耐用性指数损失的性质，与路面结构的强弱，荷载的轻、重有关，结构强或荷载轻则损失得慢，β 值小；反之，耐用性指数损失得快，β 值大。

N 及 ρ——加权轴数，是不同季节的轴载作用次数乘以季节性加权数的总和。这是因为在春融季节一次轴载作用相当于正常季节的若干次，而在冬季一次荷载只相当于正常季节的若干分之一。AASHO 建议的季节加权数 k 见表 2-5。

表 2-5 季节加权数 k

土基条件	k
冬季：土基深度 > 12.5	0.2 ~ 1
夏秋：土基干燥	0.3 ~ 1.5
春融季：土基潮湿	4 ~ 5

如不同季节的加权数分别为 k_1、k_2、k_3，而相应的交通量为 n_1、n_2、n_3，则加权轴数 N 为：

$$N = k_1 n_1 + k_2 n_2 + k_3 n_3 \tag{2-26}$$

2. β、ρ 与路面结构及轴载的关系

根据试验路资料，当 N 与 ρ 以加权轴数表示，β 与 ρ 与路面结构数 SN、荷载变量 L，L 间有下关系：

$$\beta = 0.4 + \frac{0.081(L + L_0)^{3.23}}{(SN + 1)^{5.19} L_0^{3.23}} \tag{2-27}$$

$$\rho = \frac{10^{5.93}(SN + 1)^{9.36} L_0^{4.33}}{(L + L_0)^{4.79}} \tag{2-28}$$

式中 L——单轴荷载或一组双轴荷载上的荷载以千磅计；

L_0——轴数，单后轴为 1，双后轴为 2；

SN——表示路面结构强弱的代表数，称路面结构数。

$$SN = a_1 D_1 + a_2 D_2 + a_3 D_3 \tag{2-29}$$

其中：D_1、D_2、D_3——分别为面层、基层、底基层的厚度，以英寸计；

a_1、a_2、a_3——分别为面层、基层、底基层的结构层系数。

结构层系数主要靠变化不同基层厚度的试验得到。以环道 5 为例，该结沥青面层为7.6cm(3in)和底基层10cm(4in)不变,基层分别为沥青稳定砾石、水泥稳定砾石、碎石三种,其厚度均从7.5~44cm(3in~16in),当不同车型行驶1114000次后,最终耐用性指数p降至2.5时,可得不同材料基层厚度间的等值关系。

结果可知,当轴载L = 82kN(18klbf)时,沥青稳定砾石15cm(6in),水泥稳定砾石20cm(8in),碎石33cm(13in),三者等效,当时以in为单位,故每in的相对价值是1/6、1/8、1/13;当轴载L = 100kN(22klbf)时,三者等效的厚度是17.5cm(7in),35cm(20in)和每种在各材料的结构层系数为1/7、1/10、1/16。可见它与轴载大小有所不同,如分别乘以各自承担的轴载(以10klb计),则L = 82kN时,三者的结构层系数分别为0.3、0.225、0.138;L = 100kN时分别为0.314、0.22、0.138,即沥青稳定砾石的结构层系数是0.3~0.314平均0.3,水泥稳定碎石是0.225~0.22平均0.22,碎石则为0.14,当然面层与底基层厚度变化也会影响这个系数,最后根据各环道全部测定资料,包括面层沥青混合料和底基层砂砾料强度的对比,按离散法加权分析,得出表2-6的平均值。

表2-6 AASHO结构数SN的结构层系数

层位	材料组成	a_1	a_2	a_3
面层	沥青混合料	0.44		
基层	沥青稳定碎石		0.3	
基层	水泥稳定碎石		0.23	
基层	碎石		0.14	
基层	砂砾		0.07	
底基层	砂砾料			0.11

这样就可把各个环道不同的结构通过等值关系统一换算为结构数SN,以便进一步对行车作用进行分析。

为了对β与ρ有个直观的认识,先举例计算如下:

如轴载为单后轴100kN(22klbf),则$L=22$, $L_0=1$

$$\beta_{22} = 0.4 + \frac{0.081(18+L_0)^{3.23}}{(SN+1)^{5.19}L_0^{3.23}} = 0.4 + \frac{1094}{(SN+1)^{5.19}}$$

$$\rho_{22} = \frac{10^{5.93}(SN+1)^{9.36}L_0^{4.33}}{(22+1)^{4.79}} = 0.255(SN+1)^{9.36}$$

如轴载为单后轴100kN(198klbf),则$L=18$, $L_0=1$

第2章 沥青路面结构设计方法

$$\beta_{22} = 0.4 + \frac{0.081(18+L_0)^{3.23}}{(SN+1)^{5.19}L_0^{3.23}} = 0.4 + \frac{1094}{(SN+1)^{5.19}}$$

$$\rho_{22} = \frac{10^{5.93}(SN+1)^{9.36}L_0^{4.33}}{(18+1)^{4.79}} = 0.638(SN+1)^{9.36}$$

计算结果见表2-7。

表2-7 计算结果

SN	1	2	3	4	5	6	7
β_{22}	55.93	7.17	1.92	1.92	0.585	0.483	0.442
β_{18}	30.37	4.05	4.05	1.22	0.5	0.445	0.422
ρ_{22}	168	7462	0.11×10^6	0.89×10^6	4.9×10^6	20.8×10^6	72.4×10^6
ρ_{18}	419	18648	0.27×10^6	22.2×10^6	12.25×10^6	51.87×10^6	181×10^6

由此可见结构强,β 就小,即耐用性指数损失得慢;反之快,同时证明在同一结构时,轴载大,β 则大,即耐用性指数损失得快。由表中还可看出结构的强弱和轴载的轻重对造成路面损坏的轴载次数影响巨大。

将 β 与 ρ 的关系代入式 (2-25),则

$$\lg N = 9.36\lg(SN+1) + 5.93 - 4.78\lg(L+L_0) + 4.33\lg L_0 + \frac{G}{0.4 + \frac{0.081(L+L_0)^{3.23}}{(SN+1)^{5.19}L_0^{3.23}}} \tag{2-30}$$

对轴载为100kN 的单后轴,则:

$$\lg N = 9.36 LG(SN+1) + 0.593 + \frac{G}{0.4 + \frac{2027}{(SN+1)^{5.19}}} \tag{2-31}$$

由此公式,利用 p_t 求得 G 值,即可求得 N 与 SN 的对应关系。

2-1-2-4　AASHO 设计法

AASHO 设计法是指 AASHO 设计委员会根据 AASHO 道路试验的基本方程,以82kN(18klbf)为标准轴载,引用轴载换算公式后制定的路面设计指南。这样可以把不同轴载换算为标准轴载使设计工作简化,该法并进一步考虑不同土基的支承值 s 与地区修正系数 R,以扩大应用范围。

不同土基条件与不同地区气候状况下的设计列线图:

(1) 土基条件的修订

在 AASHO 试验路基本方程及其诺模图中,土基只有一种类型。他们把该试验路的土基强度定为支承值 $s=3$,因而不能适用于其他类型的土基。为此,

AASHO 设计法作了这样的假定：如果碎石基层很厚，土基的影响几乎可以忽视时，该路段的使用情况则决定于基层。经分析，在这样坚实的基层上，如果修筑 4.5in 的厂拌沥青混凝土面层，大致可以经受 18klbf 单轴荷载每天平均 1000 次的作用，经 20 年而最终耐用性指数 p_t，不至于降到 2.0，这种碎石基层的支承值 $s=10$。

这就是说，如土基支承值 $s=10$，路面结构数 $SN=4.5\times0.44=1.98\approx2.0$ 时，承受 18klbf 轴载通过累计数 $1000\times20\times365=7.3\times10^6$ 后，最终耐用性指数 $p_t=2.0$，此时的轴载通过次数以 $N_{s=10}$ 表示。

但根据基本方程，即土基支承值 $s=3$ 时，如 $SN=1.98$ 最终耐用性指数同样达到 2.0 时，可承受 18klbf 的轴载通过次数 N 为：

$$\lg N = 9.36\lg(SN+1) + 5.93 - 4.78\lg(L-1) - \frac{0.089}{0.4 + \frac{0.081(L+1)^{3.23}}{(SN+1)^{5.19}}}$$

$$= 9.36\lg 2.98 - 0.195 - \frac{0.089}{0.4 + \frac{1094}{(2.98)^{5.19}}}$$

$N = 17440$

假定支承值，$s=3\sim10$ 与各自可承受的轴载通过次数之间的关系成半对数线性关系。路面结构相同时，不同土基支承值 s_i 可承受的轴载通过次数 N_s，与 $s=3$ 时可承受的轴载通过次数之间关系为：

$$\lg\frac{N_s}{N} = K(s_i - 1) \tag{2-32}$$

把以上计算结果代入，得：

$$\lg\frac{N_{s=10}}{N} = \lg\frac{7.36\times10^6}{17440} = 2.62 = K(10-1) \tag{2-33}$$

得：$K=0.374$

由于轴载间有固定的等效关系，故以 100kN 为标准轴载时，以上关系同样成立。

由此可见，当轴载通过次数 N 相同时，$s=10$ 的路面结构数 SN 要远小于 $s=3$ 的路面结构数，所以轴载通过次数相同而土基支承值不同时，可根据以上关系对基本方程作出补充，以扩大其使用范围。例如以 100kN 为标准轴载时，路面结构的设计公式为：

$$\lg N_s = 9.36\lg(SN+1) - 0.593 + \frac{G}{0.4 + \frac{2027}{(SN+1)^{5.19}}} + 0.374(s-3)$$

$$\tag{2-34}$$

第2章 沥青路面结构设计方法

据此，即可计算土基支承值为其他值时轴载通过次数 N_s 与路面结构数 SN 间的关系。

在 AASHO 设计法中，土基支承值并没有测定方法，因此只好依靠当时比较成熟的土基强度测定方法，例如以 CRR 测定值等与土基支承值取得联系，作为决定值的依据。AASHO 设计委员会一般推荐美国犹他州公路局提出的 CBR 与 s 值的关系。可近似以下式表示：

$$\lg CBR = 0.227s - 0.204 \tag{2-35}$$

这样，有了土基 CBR 值，即可确定 s 值，求得不同 p_t 时 N_s 与 SN 的关系。

(2) 地区系数的修订

AASHO 试验路公式中的 N 是加权轴数，因此设计时应先把当地的实际轴载通过次数 N_R 乘以地区系数 R。所谓地区系数即一个年度循环中季节加权系数的总平均值。例如冬季为 3 个月，季节加权系数 k 为 0.3，夏、秋两季共 8 个月，季节加权系数为 1.0，春融期为 1 个月，季节加权系数为 4，则地区系数 R 为：

$$R = \frac{3 \times 0.3 + 8 \times 1.0 + 1 \times 4}{12} = 1.075$$

设计时应把实际的设计轴载通过次数的累计数 N_R 乘以地区系数 R 得到相当于该路土基支承值的加权轴数 N_s，进而再作土基 s 的修正。

$$\lg N_R = \lg \frac{N_s}{R} = \lg N_s + \lg \frac{1}{R} = \lg N + 0.374(s-3) + \lg \frac{1}{R} \tag{2-36}$$

如标准轴载为 100kN，则：

$$\lg N_R = 9.36\lg(SN+1) - 0.593 + \frac{G}{0.4 + \dfrac{2027}{(SN+1)^{5.19}}} + 0.374(s-3) + \lg \frac{1}{R}$$

$$\tag{2-37}$$

这才是适用于不同地区、不同土基支承值所得实际轴载通过次数累计数 N 与结构数 SN 的关系式。

2-1-2-5 评论

1. 主要成就

(1) 首次将耐用性指数引进路面设计方法，而且提出了不同道路等级应有不同的设计标准，使路面设计与使用要求形成密切的关系。

(2) 建立了不同轴载间的等效关系，使轴载轻、重与交通量多寡对路面的作用建立了合理的关系，解决了过去设计方法中一直未能解决的交通荷载问题。特别是单后轴间的轴载换算关系也被许多国家的设计法所采用。

(3) 提出了路面结构数 SN 与加权轴载通过次数 N 之间关系的基本方程，此结果是 AASHO 方法的精华。

(4) 初步确定了不同路面层材料的结构层系数，还引进了地区系数的概念，给以后的设计法以有益的启发。

2. 存在问题

(1) 土基支承值 s

AASHO 试验路的报告全部是建立在当地一种类型土基上的分析结果，把它用到路面设计时，土基支承值却没有测定的方法，甚至可以说是看不见摸不着的，就以原试验路假定的土基支承值 $s=3$ 而论，这个"3"究竟表示多大的强度，实际也不清楚。例如美国犹他州公路局认为，$s=3$ 相当于动力击实法试验的 CBR=3，或静力压实法试验的 CBR=2.8，而美国公路研究协作计划第 128 项的报告，却认为 $s=3$ 接近于肯塔基州的 CBR 值为 2（以 4.5kg 锤落高 45cm，分五层每层 10 击制样，其击实功较轻型压实标准还小），或模量为 21MPa。至于 $s=3$ 时与其他强度指标关系如何，也是各有看法。这样，作为试验路基础的土基条件究竟代表什么强度都不清楚，进而推论至其他土基状况更难使人信服。

其次，对碎石基层，他们假设 $s=10$，这个 10 又代表什么样的强度，犹他州认为这大约相当于 CBR>100，而美国公路研究协会的报告却认为大约相当于肯塔基州 CBR 值为 85 或模量为 280MPa，也是不能一致。

这样，作为支承值的两个基点 $s=3$ 和 $s=10$ 所代表的强度都不明确，更不用说，$s=3\sim10$ 之间的其他支承值问题了。而且支承 s 与 $\lg N$ 间是否成线性关系也没任何依据，纯属假想。

所以，支承值 s 的无法确定是 AASHO 设计法的致命缺点。如果说经验法中各种方法十分注意土基强度的确定，那么 AASHO 设计法则过分轻视土基强度的确定了，这就妨碍了它的普遍性。

过去权宜办法是以其他标准测定法所得的指标与支承值 s 取得联系，但这样一来就使 AASHO 设计法失去了独立性。因此，AASHO 设计法 1986 年版已决定放弃支承值而直接采用土基回弹模量值。

(2) 路面各层材料的结构层系数问题

AASHO 试验路面面层材料采用高稳定性的厂拌沥青混凝土，底基层用的是砂砾料，基层则用四种基本材料：碎石、砾石、水泥稳定砾石、沥青稳定砾石。经过研究提出结构数 SN 的结构层系数，后来 AASHO 设计委员会又推广

第2章 沥青路面结构设计方法

到其他材料，提出建议值。

路面各层材料的结构层系数反映各层材料的相对强度。因此，它首先决定于各层材料本身的材质、组成及施工工艺。例如，以沥青混合料而言，各种配比组成、集料及沥青性质、施工方法等，所得到的效果并不相同，水泥稳定砾石等随其剂量、配比、强度的大小相差较大，粒料材料也因材质、配比而异，所以一种材料用一个结构层系数是无法反映的。为此，美国公路研究协会以各州的研究成果和多层弹性理论的综合分析，提出结构层系数 a 的变化图。例如，对沥青混凝土认为当马歇尔稳定度为 4500～9500N（1000～2000lbf）或相应模量为 1400～3200MPa 时，$a=0.3\sim 0.44$；沥青稳定砾石，当马歇尔稳定度为 3500～7000N（800～1600lbf）或模量为 1100～2500MPa 时，系数 $a=0.2\sim 0.3$；水泥稳定砾石 7d 抗压强度为 2.8～7.0MPa 或模量为 4200～6600MPa 时系数 $a=0.15\sim 0.24$；碎石基层 CBR=30～80 或模量为 140～210MPa 时，系数 $a=0.1\sim 0.14$；粒料底基层 CBE=20～50 或模量为 80～120MPa 时，系数 $a=0.9\sim 0.12$ 等。显然结构层系数是不固定的。对此，该法 1986 年版又作了修订。

对此问题，AASHO 试验路报告提出 12 年后的 1974 年，原研究者对路面材料性质作再度评价时，认为具有沥青稳定砾石基层的厚层沥青混凝土路面，实际情况比原来估计的要好得多，建议结构层系数 a 可改用 0.57，而沥青稳定砾石的 a 可改用 0.44，至于粒料基层的路面，其耐用性比原估计的略好，水泥稳定基层的路面与原评价接近。这说明仅靠试验路，也难得到正确的结论。这样，结构层系数 a 也和土基支承值 s 一样成了要依靠材料的其他强度测定指标予以评估，不能不说也是一个弱点。

尽管如此，以结构层系数反映路面材料的相对性质，比只设计一个总厚度要高明得多，因此其原则也为许多国家的设计法所接受。但新的结构层系数概念既不是马克里奥法那样以未筛碎石为 1，也不是 AASHO 法那样相对于结构数 SN 而言，而是以厂拌沥青混凝土层为 1，即各层均以沥青混凝土作代表的厚度，称为 T。

这样，具体设计时，求得 SN 后乘以 5.77 即成为以 cm 为单位的沥青混凝土代表厚度 T，然后再根据拟定的路面结构按不同层次材料的结构层系数 b，得到各结构层厚度的 cm 数。

AASHO 设计法的结构层系数概念，虽有其不足之处，但给后人以有益的启发、使人们认识到这个问题与材料强度关系重大，且与该材料在路面结构中所处的层位有关，当然，这个问题的正确解决要靠理论分析法去完成。

（3）耐用性指数问题

AASHO 设计法主要依靠耐用性指数 PSI 作为标准，但从 PSI 的公式(2-22)可知，它主要只反映不平整度的大小，其他两个物理量影响不大，如把式（2-22）予以分解。

可见裂缝与修补面积即使达到 100%，PSI 只损失 0.32，车辙量即使达到高速公路修缮标准的 10mm，PSI 才损失 0.21，达到一般道路修缮标准的 30mm 才损失 1.89。而 SV 只要为 2h 即损失 0.91，SV 达到 20 即标准差为 4.5h 即损失 2.53，相当严格。

从原调查结果的离散图 2-6、图 2-7 及公式 2-34 可知，裂缝与修补度及车辙量与 PSI 关系都不明显，只有不平整度与 PSI 有较好关系，这是因为该试验路行车反复次数共只 1114000 次即大约 100 万次，以此推论更大的交通状况，可靠性还值得考虑，何况每天在环道上的连续反复行车 15h 以上，与路上实际情况也有所差别。

（4）地区系数 R 难以确定，也给设计工作造成困难

总之 AASHO 试验路的大量资料使人们大大提高了认识，也给后来的理论分析法提供了依据，其功绩是不可忽视的。尽管 AASHO 设计法由于缺乏理论的指导，使其只能停留在经验法的范围内，但它也给各国其他经验法以深刻的影响，成为新的一代经验法的代表。

2-2　力学－经验法

力学－经验法首先分析路面结构在荷载和环境作用下的力学响应（应力、应变、位移），利用在力学响应与路面性能（各种损坏模式）之间建立的性能模型，按设计要求设计路面结构。最著名的是美国沥青协会（AI）法和壳牌石油公司柔性路面设计（SHELL）法。

2-2-1　壳牌石油公司柔性路面设计（SHELL）法

壳牌沥青路面设计方法是由壳牌公司于 1963 年提出的基于弹性层状理论的路面设计方法，其功能包括沥青及沥青混合料力学性能预测、路面结构应力应变分析、新建路面沥青层厚度的确定、路面车辙深度的预测以及旧路罩面设计。该设计方法经历了由图表化向计算机程序化的转变，所开发的沥青路面设计智能软件包（SPDM-PC）已得到了广泛的应用。

第 2 章 沥青路面结构设计方法

壳牌石油公司于1963年出版了一套沥青路面设计图表，它是通过理论分析并结合AASHTO试验路及室内试验数据而提出的。在1987年，这一设计方法被扩展为壳牌路面设计手册（SPDM-Shell Pavement Design Manual），它充分考虑了温度及交通量对路面的影响，并将沥青混合料的路用性能用劲度及疲劳特性来表征。在1985年，根据以前几年的使用经验进行了修订，增补了附录并引入了安全系数和置信水平指标。尽管路面结构的应力与应变是由计算机进行分析的，但是设计方法却是以图表的形式出现，因而有效地避免了工程师要依靠在当时尚十分复杂的计算机来进行设计。

当今计算机已成为工程师必备的工具，为此，壳牌开发了沥青路面设计智能软件包（SPDM-PC），此计算机程序化的设计取代了图表化设计，因而大大提高了设计的精度、灵活性和效率。

在该设计方法中，路面结构分为三层，即路基、基层和沥青层，各层的特性用弹性模量、泊松比及厚度来反映。交通荷载以标准双轮轴载次数为代表，设计年限内的累计轴次即为设计寿命。临界荷位的应力和应变由计算机程序BISAR（Bitumen Stress Analysis in Road）计算，主要设计标准为沥青层的容许拉应变和路基顶面的容许压应变，前者控制开裂，后者控制路面的变形。

2-2-1-1 路面模型

（1）把路面层体系，面层材料、土基以弹性模量E和泊松比μ表征，除土基μ用0.35外，各层材料均用0.25，材料性质假定为均质的、各向同性的，各层水平方向为无穷大，土基在向下的深度方向也为无限，但一般以三层连续体系为基础。

（2）荷载图式采用一个圆或几个圆上作用着垂直和水平的均布荷载，一般情况用标准的双轮荷载，即"双圆图式"，并以80kN为标准轴载，即每轮轮载为20kN。这就从根本上改变了过去所有设计方法都把双轮当作当量的单圆的不合理规定，使荷载图式开始接近实际。

2-2-1-2 计算机计算

1968年开发的BISTOR程序可计算多层连续体系单轴或双轴垂直荷载下任一点的应力、应变和位移，包括主应力、主应变及其作用方向。

1973年开发的BISAR程序扩大到可计算，层垂直荷载和水平荷载或综合荷载，层间接触条件也扩展到完全连续、完全滑动或部分连续部分滑动三种状况。

对沥青面层处于高温状态时，试验证明当处于短促荷载时间及出现较小的变形时，即使温度高达60℃，如果沥青面层的性质以劲度模量表示，则按弹性层状体系理论计算结果与用非线性弹性或粘弹性理论所得结果并无差别。

2-2-1-3 设计标准

1. 主要标准及临界点位置

（1）路基表面荷载轴线处的垂直压应变 ε_z。以此控制路基的永久变形，防止车辙。

（2）沥青面层层内水平拉应变 ε_r。以此控制沥青类面层的开裂，如图2-8所示。

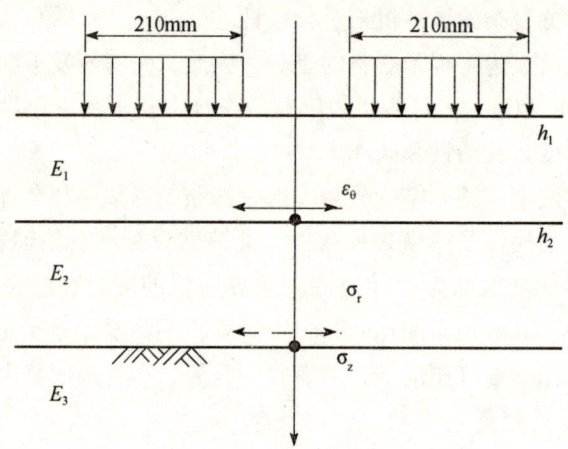

图2-8 双圆荷载三层体系 ε_r、ε_z

这两种应变最大值的临界点一般若不在某一个荷载中心的垂直轴上，就在两荷载面之间的垂直对称轴上，不过，有时当基层与沥青面层之间具有较高的模量比，即 E_2/E_1 较大时，沥青面层的最大水平拉应变可能不在层底面而是在沥青面层之内，根据大量计算，发现此时沥青面层出现最大水平拉应变位置决定于系数 A_0。

$$A_0 = h_1 \frac{E_2}{E_1} \tag{2-38}$$

当 $A_0 > 13.3$ cm 时，沥青层最大拉应变不在层底，此时又分两种情况：

当 $h_1 < 20$ cm 时，位于沥青面层厚度 h_1 的下半部；

当 $h_1 > 20$ cm 时，位于 h_1 的上半部。

2. 次要标准

（1）其他有机或无机结合料稳定基层的容许水平拉应变 $[\varepsilon_r]$ 或拉应力 $[\sigma_r]$。

（2）路面表面总变形。这是由于行车反复作用下，每一层层内累积变形所引起。

3. 再次要标准

（1）沥青层低温缩裂。在温度急剧变化地区，由于温度应力超过沥青层抗拉强度而引起，它与荷载无关，故属于沥青类的选择与沥青类面层材料组成设计问题。

（2）基层或底基层粒料材料最小模量值的要求。

2-2-1-4 容许值的确定

1. 土基表面容许压应变 $[\varepsilon_z]$

土基容许压应变是根据 AASHO 试验路的结果，当最终耐用性指数 $p=2.5$ 且土基 $\mu=0.35$ 时获得：

$$[\varepsilon_z] = 2.8 \times 10^{-2} N^{-0.25} \quad (2-39)$$

2. 沥青面层容许水平拉应变 $[\varepsilon_r]$

考虑到沥青面层材料性质不同，1978 年版方法的容许拉应变不是用固定的公式计算，而是根据沥青面层材料在室内反复弯拉疲劳试验结果并经实际行车状况的修正后确定，它不仅与反复次数有关，而且与沥青混合料类型及其劲度模量 S_m 有关，如下式：

$$[\varepsilon_r] = A_1 N^{-0.25} \quad (2-40)$$

A_1 随沥青混合料种类及模量 S_m 而异，其值从大到小的次序是：沥青混凝土＞贫沥青砂＞密沥青碎石＞沥青砾石＞贫沥青碎石。即剩余空隙率越大或沥青含量越少，容许拉应变越小。

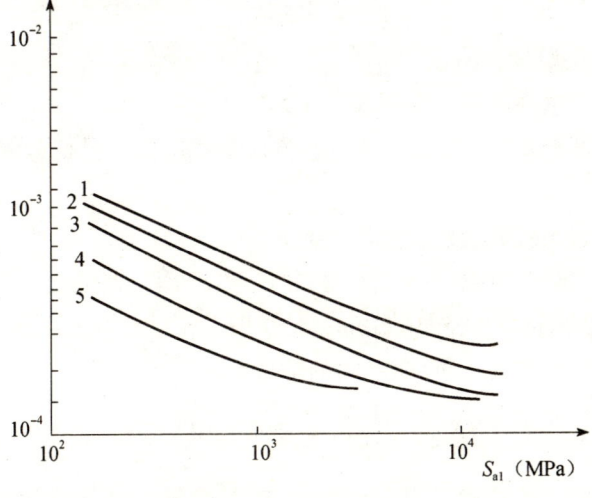

图 2-9 不同沥青类面层容许拉应力（$N = 10^6$）

但室内试验的反复次数 N_f 要修正为实际行车的轴载通过次数累计数 N，这是因为：（1）室内试验是双向受力，而路上是三向受力；（2）室内是连续反复加载，而路上行车却是间歇性的；（3）路上行车在车道上形成横向分布，而室内试验是固定于一个点；（4）室内以试件发生发丝裂缝为破坏标准，而路上从拉应变临界点开始发现裂缝发展到路面看到裂缝才认为是损坏，更何况路上的裂纹还有自愈现象。所有这些，都使路上实际可以经受的行车次数 N 要比室内试验的反复次数大得多。

3. 水泥稳定砾石类基层的容许拉应力 $[\sigma_r]$

它由室内反复疲劳试验规律一定，与材料类型、组成、水泥剂量及龄期有关。经整理后，表示：

$$[\sigma_r = \sigma_s(1 - 0.075\lg N)] \tag{2-41}$$

式中：σ_s 为一次荷载下的极限弯拉强度，MPa。

4. 路面车辙容许值 RD

路面容许的永久变形，以车辙量 RD 表示，规定：高速公路为 10mm，一般道路为 30mm。

5. 其他

（1）粒料材料的模量最小值，决定于路基的模量 E 和粒料基层厚度 h，即：

$$E_2 = K_2 E_3 \tag{2-42}$$

式中 K_2——系数，一般在 2～4 间。

$$K_2 = 0.56 h_2^{0.45} \tag{2-43}$$

其中 h_2 粒料基层厚度，cm。

（2）水平力单独研究，未列入设计方法中。

（3）乳化沥青基层、隔离层等的容许应变或应力，另行考虑。

2-2-1-5　设计因素

1. 设计轴载与轴载通过次数累计数 N

（1）设计轴载以 80kN 为标准，每轮轮载 20kN，接地压力 0.6MPa，每轮当量半径 $\delta=10.5$cm，直径 $d=21$cm。

（2）轴载换算按 AASHO 试验路的轴载等效简化公式：

$$F_i = \left[\frac{L_i}{80}\right]^4 = 2.4 \times 10^{-8} L_i^4 \tag{2-44}$$

式中　L_i——被换算轴载（以 kN 计），对双后轴，则把它当作两个单后轴考虑。

(3) 荷载时间以货车 50~60km/h 速度的平均加载时间 0.02s 计。

(4) 不考虑冲击系数,因设计要求路面平整,具有良好的行车质量。

(5) 轮迹横向分布系数,已在容许拉应变值从室内试验转化为路面行车的修正系数中考虑。

2. 环境条件

(1) 温度:对粒料材料的模量没有明显影响,但对沥青混合料影响甚大,因此制定了以年或月的平均气温与不同厚度的沥青面层内有效温度联系的办法。

(2) 湿度:降水量与地下水位变化影响土基模量和泊松比,故以不利季节含水状况的土基模量作为设计值。如每个季节的土基模量变化甚大,则按不同时期的模量与交通量进行设计,而取最厚的结构,按迈因纳(Miner)假说计算其损坏积累。

(3) 材料参数

①土基:土基的应力应变并非线性关系,因此其参数应在实际受力状态下取值,可在现场以动态弯沉仪测定或波传播法测定(测震仪频率 1~30Hz),也可以动载三轴仪测定。没有直接测定值时,可按 $E=10CBR$ 确定。

②粒状材料基层:理论分析一与实际调查证明,粒状材料基层的模量受应力影响很大,故应按式(2-41)计算。

③水泥稳定类材料基层:用小梁动态弯拉试验确定其模量值。一般水泥稳定砂砾动态模量为 $5 \times 10^5 \sim 10^5 MPa$,此值与波传播法测定结果一致。

④沥青混合料:沥青混合料系粘弹性材料,其模量受环境温度与加载速度影响甚大,故应以反映温度 T 与速度 v 的劲度模量 $S_{T,v}$ 表示。它决定于沥青含量、沥青劲度和混合料的空隙,其值变化范围广,常温时在 100~50000MPa,高温时为 1~100MPa,而且还与集料的特性和级配、拌和和压实方法等有关。

2-2-1-6 设计步骤

(1) 沥青面层拉应变、土基表面压应变、水泥稳定基层拉应力:利用 BISAR 电算程序,对拟定的土基、基层、面层的模量和厚度,计算在标准轮载作用双圆中心下及双圆间隙中心的对称轴上,沥青面层层底的径向拉应变、土基表面压应变,如有水泥稳定类基层时,还要计算基层层底拉应力。

当沥青面层模量 $E=1000MPa$ 左右时,可能 E_2/E_1 较大,则还要计算 $h/3$,$2h/3$ 处的 ε_r 最后取其最大值为临界值。

(2) 为保证土基表面实际产生的压应变 ε_z 小于或等于容许压应变 $[\varepsilon_z]$,可直接以 $[\varepsilon_z]=2.8 \times 10^{-2} N^{-0.25}$ 代入计算程序,求得沥青面层厚度 h_1 和粒料

基层厚度 h_2。但由于粒料基层模量 E_2 与基层厚度 h_2 有关,故如计算结果与假定的 E_2 值差别较大时,应重新计算至基本相符为止。

(3) 为控制沥青面层的拉应变,应保证沥青层实际产生的最大拉应变 ε_r 小于或等于容许拉应变 $[\varepsilon_r]$,可把容许拉应变阵 $[\varepsilon_r]$ 代入电算程序求沥青面层厚度 h_1 及基层厚度 h_2。由于容许拉应变 $[\varepsilon_r]$ 与沥青混合料劲度模量有关,而混合料劲度模量又与该层的有效温度有关,而有效温度还与沥青面层厚度 h_1 有关,因此需要用迭代法反复计算。当然计算结果还要检验粒料基层模量的假定是否与按 h_2 计算的模量基本相符。

以上两项为主要设计标准,两者的计算结果取其大者的厚度。

(4) 如基层为水泥稳定类材料时,为保证其实际产生的拉应力 σ 小于或等于容许拉应力 σ_r 直接以 $[\sigma_r] = \sigma_s(1 - 0.075\lg N) = \sigma_r$ 代入电算程序,求 h_1、h_2。

但根据实践,此时沥青类面层的最小厚度不是由沥青面层拉应变或水泥稳定基层拉应力控制,而是由防止反射性裂缝要求的需要而定,一般 h_1 需 15~25cm。

2-2-1-7 车辙深度的计算

由于交通渠化的发展,仅仅控制土基表面压应变还不足以防止车辙深度超出容许范围。因为路面结构各个层次的总永久变形积累才造成车辙的深度。因此,壳牌方法把车辙深度作为控制面层永久变形的标准,以检验根据土基表面压应变为标准设计的路面,其车辙深度是否超过使用期内的容许值,即高速道路 10mm,一般道路 30mm。

在车辙预估模型中,车辙是沥青层厚度、沥青层平均应力、沥青混合料劲度模量的函数。沥青混合料的特性由静态试验求得,为此引进了动态修正系数以反映交通荷载的动态效应。

确定沥青层永久变形的步骤为:
(1) 将沥青层分为几个亚层,各层的温度及混合料的类型可能不同;
(2) 交通荷载数据的换算(不同于路面结构设计中的换算方法);
(3) 确定沥青混合料的劲度模量;
(4) 确定应力分布系数以求得平均应力;
(5) 确定沥青层的永久变形。

1. 沥青层亚层的划分

沥青层可进一步划分为三个亚层即 $h_{1-1} = 40\text{mm}$、$h_{1-2} = 40\text{mm}$、$h_{1-3} = h_1 - 80\text{mm}$。由于顶层温度变化较大且往往采用不同的混合料类型,因此亚层划分得较薄,而底层的温度变化不大而且混合料的类型相似,所以不需再进一步划分。此外,在程序中也可以根据沥青层的实际厚度组合划分亚层。

2. 有效黏度

沥青层的车辙取决于沥青劲度模量 S_{bit} 中的粘性部分,根据 Heukelom 的理论:

$$\frac{1}{(S_{bit})_y} = \frac{t}{3\eta} \tag{2-45}$$

式中 t——加载时间;

η——黏度。

利用图 2-10 及 MMAT 可以求得亚层 h_{1-i} 的月有效温度 $(T_{meff})_{1-i}$,通过查读 Van der poel 诺模图,在长加载时间时根据式(2-45)可求得该亚层的月有效黏度 $(VISC_{meff})_{1-i}$。再通过取 12 个月有效黏度的倒数,便可求得该亚层的年有效黏度 $(VISC_{yeff})_{1-i}$ 即:

$$\frac{12}{(VISC_{yeff})_{1-i}} \sum_{j=1}^{12} \frac{1}{[(VISC_{meff})_{1-i}]_j}$$

$$C'_1 = 1 + 2(m-1)$$

$$\sigma_R = \sigma_S/K_S$$

$$\lg\eta = 9.648 - 0.189T \tag{2-46}$$

再根据 Van der Poel 诺模图,便可以由 $(VISC_{yeff})_{1-i}$ 求得相应的年有效温度 $(MAAT_{yeff})_{1-i}$。

3. 沥青混合料的特性

沥青及沥青混合料劲度模量的关系见图 2-11,这种关系是以静态试验结果得出的,曲线的位置及斜率的大小反映了沥青混合料的抗车辙能力。

4. 交通荷载

车辆轴载次数都换算为标准轴次 W,换算系数取决于图 2-11 中曲线的斜率并通过查表得出。

5. 混合料劲度模量

根据温度、沥青的黏度及荷载作用时间可以求出沥青混合料各亚层的有效劲度模量。如已知沥青的有效黏度 $(VISC_{yeff})_{1-i}$、标准当量轴次 W 以及轴载每次对路面的作用时间 t(取 0.02s),则可以由式(2-47)求得沥青的有效劲度模量 $(S_{bit,visc})_{1-i}$。

$$(S_{bit,visc})_{1-i} = \frac{3 \times (VISC_{yeff})_{1-i}}{0.02 \times W} \tag{2-47}$$

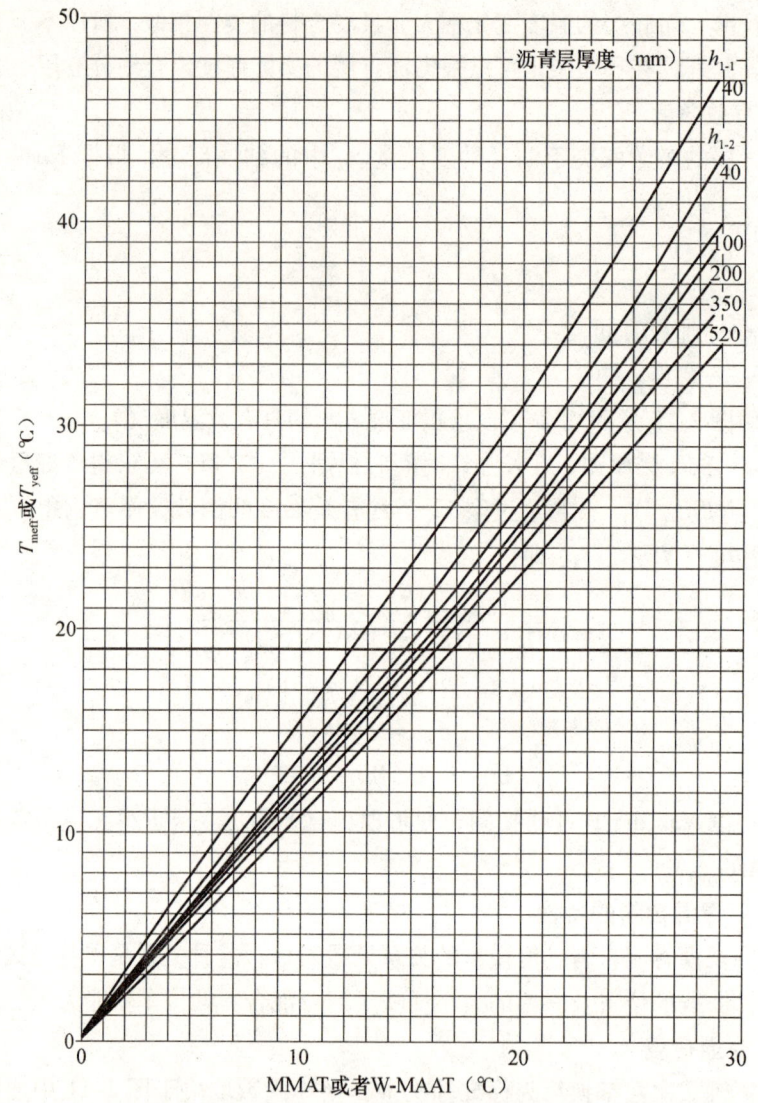

图 2-10　沥青层的月有效温度或年有效温度同 MMAT 或 MMAT$_{eff}$

由沥青及沥青混合料的蠕变曲线关系图,根据 $(S_{bit,visc})_{1-i}$ 可以相应地求得沥青混合料的有效劲度模量 $(S_{max,visc})_{1-i}$。根据混合料的有效劲度模量 $(S_{max,visc})_{1-i}$、有效温度 $(T_{yeff})_{1-i}$ 及加载时间每次 0.02s,利用 BISAR 计算程序可以确定各亚层内的荷载应力与应变,并进而求得应力分布系数 Z,系数 Z 为亚层应变 $\Delta h_{1-i}/h_{1-i}$。与 δ_0/E 的比值,δ_0 及 E 为单轴蠕变试验中的应力及弹性模量。系数 Z 反映的是单轴应变与路面结构中应变的差异,它对于大部分的永久变形计算非常重要。

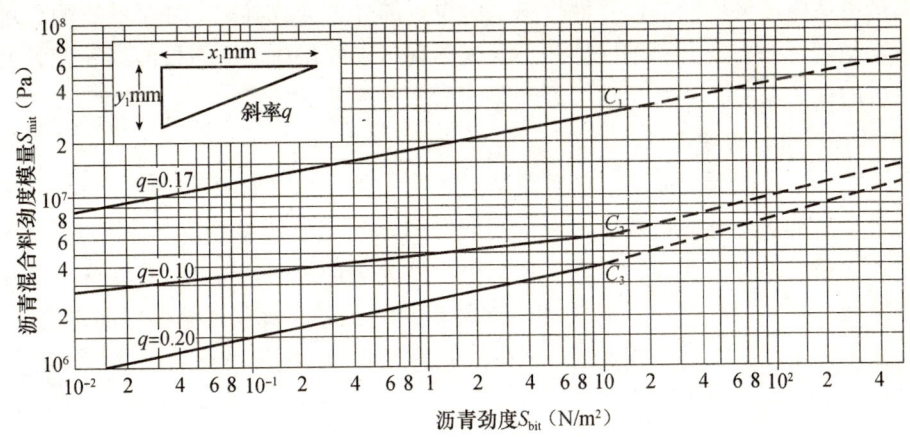

图 2-11　沥青及混合料劲度的关系

6. 沥青层永久变形

沥青层的永久变形见式（2-48）：

$$\Delta h_{1-i} = C_m \times h_{1-i} \times \frac{Z \times \delta_0}{S_{m-i}} \tag{2-48}$$

式中　Z——应力分布系数；

　　　δ_0——轴载压应力，标准轴载 80kN 的 δ_0 为 $6 \times 10^5 \text{Pa}$；

　　　S_{m-i}——i 为亚层沥青混合料的单轴静态蠕变劲度模量；

　　　C_m——动态修正系数，反映动态轮辙试验及静态蠕变试验的差异，同混合料类型有关。

将各亚层的永久变形相加即为沥青层的永久变形，沥青层永久变形同基层与路基变形之和即为车辙。通常当沥青层较强时，基层与路基的永久变形较小，车辙主要来源于沥青层，对于半刚性路面更是如此。车辙模块用于新建路面或罩面设计的最后一步，用于排除在使用年限内会产生过量车辙的结构设计。

2-2-2　美国地沥青协会（AI）法

AI 设计法也把路面看成多层弹性体系，材料特性主要包括土基、粒料基层和沥青层的回弹模量和泊松比。路基土的泊松比假设为 0.45，其他材料的泊松比假设为 0.35。路基土的回弹模量的确定可由室内重复三轴抗压试验确定，或根据其与 CBR（或 R）的关系式估计而得；粒料材料的回弹模量与应力水平相关，其值可根据多变量回归的预测方程计算；热拌沥青混合料的动态模量由室内多种不同的沥青混合料试验得到的计算公式确定。环境的影响通过面层温度对沥青混合料劲度值的影响来体现,以面层厚1/3深处的温度作为沥青层的设计温度,由月平均气温和路面温度的关系式计算得到。

2-2-2-1 力学图式

对于沥青混凝土面层、沥青混凝土或乳化沥青基层采用三层弹性层状连续体系;当其下还有粒料基层时,采用四层弹性层状连续体系。如图2-12荷载图式为双圆垂直荷载,不考虑水平荷载,以80kN单轴荷载为标准轴载,单圆当量圆半径$\delta = 11.43$cm,两轮中心间距为3δ,力学计算须计算各层沥青层底、路基土顶面以下单圆中心点1、单圆内侧边缘2、双圆间隙中心点3三个点的最大应力、应变值。

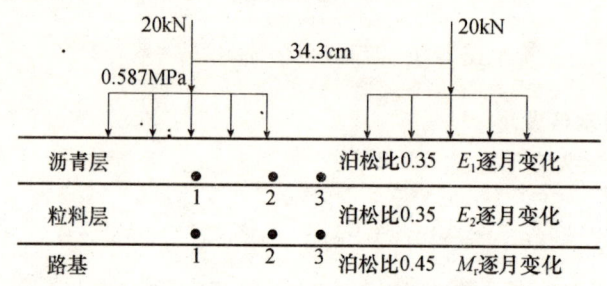

图 2-12 AI 力学图式

2-2-2-2 设计标准

AI法采用的设计标准与SHELL相同,即控制疲劳开裂的沥青层底部的水平拉应变ε_θ和控制永久变形的土基表面的竖向压应变ε_z。

1. 疲劳准则

AI法建立了标准混合料(沥青体积为11%,空隙率为5%)的疲劳方程,该方程考虑了实验室与野外条件的差异。

$$N_f = 0.00115(\varepsilon_\theta)^{-3.291} |E^*|^{-0.854} \qquad (2\text{-}49)$$

式中:N_f为控制疲劳开裂的允许荷载重复作用次数;

$|E^*|$为沥青混合料的动模量,MPa。

AASHO道路试验所选路段的观察表明,应用上式所得到的疲劳开裂占总面积的20%。对于非标准混合料,根据试验室的疲劳试验结果,上式可表示为:

$$N_f = 0.00115(\varepsilon_\theta)^{-3.291} |E^*|^{-0.854} C \qquad (2\text{-}50)$$

式中,C是沥青混合料空隙率V_a和沥青体积率V_b的函数。

$$C = 10^M$$

第2章 沥青路面结构设计方法

$$M = 4.84[V_b/(V_a + V_b) - 0.6875] \tag{2-51}$$

2. 永久变形准则

根据 AASHO 试验数据整理结果得出，控制永久变形的允许荷载重复作用次数可用 $N_d = 1.365 \times 10^{-9}(\varepsilon_z)^{4.471}$ 计算。

2-2-2-3 交通荷载

仍以一个设计车道轴载通过数为设计交通量和后轴 80kN 为标准轴载，但放弃在经验法时期的轴载换算公式而采用 AASHO 试验路 $P_t = 2.5$、$SN = 5$ 时的轴载等效系数。

2-2-2-4 材料参数

1. 土基模量 E_n

以回弹模量表示，$E_n = 10\text{CBR}(\text{MPa})$。

2. 粒料基层模量 E_3

因粒料基层回弹模量受应力大小的影响，故以下式表示：

$$E_3 = K_1 \theta^{K_2} \tag{2-52}$$

式中 θ——第一应力不变量，$\theta = (\sigma_1 + \sigma_2 + \sigma_3)/3$；

K_1、K_2——经验系数，$K_1 = 0.5$，$K_2 = 6.7 \times 10^2 \sim 10^3$。

粒料基层模量一般采用 100~350MPa，但如同壳牌法一样，控制基层模量与路基模量之比在 2~4 之间。

3. 沥青混凝土的模量

沥青混合料以动态模量表示，并以沥青层深度 1/3 处的温度作为沥青层的代表温度，按编入 DAMA 程序中的下列回归方程确定动态模量 $|E^*|$：

$$|E^*| = f(P_{200}, f, v, \eta^0, T, v_L) \tag{2-53}$$

式中 P_{200}——通过200号筛的集料百分数，%，一般用 5%；

f——加载频率，Hz，一般用 10Hz；

v——混合料剩余空隙率，%，面层 4%，基层 7%；

η^0——70°F 即 21℃ 时沥青的初始绝对粘度，MPa·s；

T——温度，℃；

v_L——沥青体积，%，对于面层和基层均用 11%。

在寒冷地区，月平均温度≤7℃时，为防止因温度应力而产生路面的横向开裂，建议用较软沥青，例如 AC-5（$\eta^0 = 0.3$MPa·s）、AC-10（$\eta^0 = 1.3$MPa·s）。

在炎热地区，月平均温度≥24℃时，为改善沥青混合料的疲劳性质和防止永久变形，采用软硬沥青，例如 AC-20（$\eta^0 = 2.5$MPa·s）、AC-40（$\eta^0 = 5.0$MPa·s）。

不同沥青混合料的劲度模量 $|E^*|$ 如图2-13，在15℃时，AC-40 的 $|E^*|$ = 10MPa，AC-5 的 $|E^*|$ = 4×10MPa。

4. 乳化沥青混合料

Ⅰ类混合料，采用经加工的厂拌密级配混合料，质量类似沥青混凝土，在 23~38℃范围 $|E^*| = 4\times10^3 \sim 2\times10^2$MPa。

Ⅱ类混合料，采用半加工统货碎石、未筛碎石等的混合料，在 23~38℃ 范围内，$|E^*| = 2.5\times10^3 \sim 6\times10^2$MPa。

Ⅲ类混合料，采用砂或粉砂的混合料，在 23~38℃范围内，$|E^*| = 10^3 \sim 3\times10^2$MPa，如图 2-13 中直线所示，以便与正规沥青混合料比较。

以上数据是完全硬化后的模量值，在还未完全硬化前的模量值要按下式折减：

$$E_{T,t} = E_{T,f} - (E_{T,f} - E_{T,i})(RF)_T \quad (2\text{-}54)$$

式中　$E_{T,t}$——在温度为 T、硬化时间为 t 时的模量，MPa；

　　　$E_{T,f}$——在温度为 T、并已完全硬化时的模量（以 6 个月为完全硬化期），MPa；

　　　$E_{T,i}$——在温度 T，但还未硬化的初期模量，MPa；

　　　$(RF)_T$——折减系数，如图 2-14 所示。

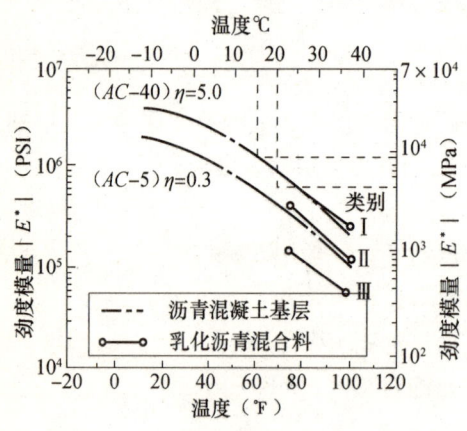

图 2-13　不同沥青混合料的劲度模量

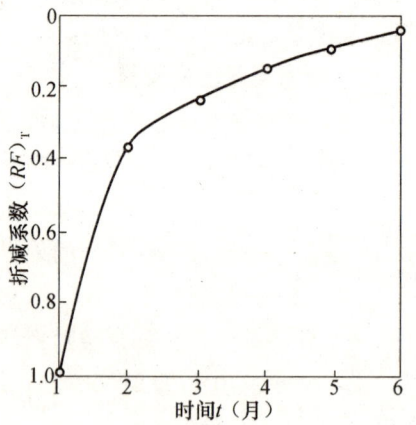

图 2-14　乳化沥青混合料硬化折减系数

2-2-2-5　设计方法

路面结构各层厚度可利用 DAMA 计算机计算程序在满足 ε_r 与 ε_z 设计标准条件下得到，并取其大值。根据交通量、路基回弹模量、面层和基层的典型材料确定的模量值，已按 DAMA 程序算得的结果绘成设计图供工程设计使用。

SHELL 和 AI 设计法是公认的力学-经验法的典型代表，很多国家都借鉴了

SHELL 法和 AI 法的研究成果。如澳大利亚的沥青混合料疲劳方程采用的就是 SHELL 于 1978 年提出的室内疲劳试验关系式，预估野外疲劳寿命时，乘以修正系数 5；日本的疲劳破坏标准采用的是 AI 的破坏标准。但这两种方法都没有考虑湿度对路面设计的影响，也没有考虑低温断裂问题。世界上很多国家（如澳大利亚、日本、南非、法国等）的路面设计都有自己的力学-经验法，且大部分的力学-经验法都是以裂缝和永久变形作为设计标准的。现在 AASHTO 正在研究制定的采用力学-经验法的新设计指南 ME-PDG 将考虑疲劳开裂、永久变形、低温断裂和不平整度四种损坏模型。其中沥青混合料的疲劳方程是在 AI 疲劳方程的基础上根据不同开裂方式（自上向下和自下向上开裂）进行修正得到的。永久变形是分别考虑各结构层永久变形的总和而得到路表面的永久变形（车辙），这将使以后的路面设计更加完善。

2-3 我国现行规范沥青路面设计方法

我国沥青路面设计方法的研究历史并不长，在 1949 年新中国成立以前，我国路面类型等级较低，沥青路面设计规范经历了基本上是按经验法 CBR 法决定路面厚度。新中国成立以后，我国 1958 年版、1961 年版、1978 年版、1987 年版、1997 年版和 2006 年版等六个版本，是一个逐步完善发展的过程。现行的规范是《公路沥青路面设计规范》（JTJ 014—06）。

《公路沥青路面设计规范》主要包括车辆换算公式、路面设计弯沉值、沥青混合料疲劳规律、半刚性材料疲劳规律、材料设计参数、弯沉综合修正系数、设计方法的验证、防冻层设计、沥青路面加铺层设计等九方面的内容。现将其主要步骤进行简单的阐述。

2-3-1 确定路面等级和路面类型

结构组合设计要根据当地的气候、水文、材料供应、交通特征确定沥青路面各层材料的种类、基本要求，以满足路面使用性能的要求。

1. 沥青面层的厚度及材料组成

《公路沥青路面设计规范》根据我国公路沥青路面的使用实际和建设经验，提出了沥青路面面层的建议厚度，见表 2-8。沥青面层的厚度主要与路面的承载力、不同降温条件下路面可能产生的温度开裂、不同材料基层材料及降温条件下路面的反射裂缝、不同温度和交通组成条件下路面产生的车辙有关。

同时，沥青面层的材料组成设计应根据当地的气候、降雨、交通组成等特点认真优选。表面层应考虑抗滑性、密水性和耐久性,对雨量充沛的地区必须首先考虑路面的密水性。中面层或下面层材料同样应考虑密水性和耐久性,同时考虑沥青层的压实特性。目前的研究表明:沥青路面的上面层材料的公称最大粒径应小于厚度的 1/3,中面层或下面层的公称最大粒径应为厚度的 $1/(2.5 \sim 3)$。

表 2-8 推荐沥青层厚度

公路等级	沥青层推荐厚度	公路等级	沥青层推荐厚度
高速公路	12～18	三级公路	2～4
一级公路	10～15	四级公路	1～2.5
二级公路	5～10		

2. 底基层

在过去的多年中,底基层材料种类较多,已经广泛应用于公路建设,并有一定技术基础。随着公路科技水平的提高,人们对各种材料的特性的认识也在逐步加深。

石灰土与二灰土、水泥土和二灰相比较,石灰土材料收缩系数较大、抗弯拉强度较低、水稳定性较差、表层较二灰土(二灰:土 = 30:70～90:10)和水泥更容易受水的侵入而软化,可能产生出现冲刷与唧泥;二灰(石灰:粉煤灰 = 1:2～1:4)土虽然初期强度低、成型较难,但强度随龄期的增长较大,后期强度较高、水稳定性好。因此,施工时应注意养护和封闭交通;水泥土的初期强度较高,水稳定性也好,但是收缩系数较大。这些主要的底基层材料品种各有缺点,必须进行认真的技术经济比较和材料级配组成设计,确定底基层的材料类型。

3. 基层

基层材料主要有二灰稳定碎石和水泥稳定碎石。二灰碎石具有良好的力学性能、板体性、水稳定性和抗冻性,已经作为主要的路面基层材料,但其初期强度较低;水泥稳定粒料比二灰碎石初期强度较高,但由于其收缩系数较大,施工要求较高。二灰碎石根据其级配组成分悬浮式和密实式。由于悬浮式二灰碎石的收缩性较大,容易产生干缩裂缝,抗冲刷性能也差。而密实式二灰碎石,由于粒料在混合料中形成密实骨架,石灰粉煤灰起填充和胶结作用,有利于减少干缩裂缝,并具有较好的抗冲刷能力。一般二灰与碎石的比例在 20:80～15:85 的范围内。水泥稳定粒料水泥的剂量一般为 4.5%～6%。二灰碎石与水泥稳定的级配建议范围见表 2-9 和表 2-10。因此,二灰碎石与水泥稳定碎石相比较各有优点,必须通过材料来源调查、材料基本性能试验、技术经济比较,最终确定基层材料类型。

表 2-9 水泥稳定碎石（砂砾）的颗粒组成范围

级配	通过下列筛孔（mm）的质量百分率（%）							液限（%）	塑性指标
	31.5	19	9.5	4.75	2.36	0.6	0.075		
范围	100	88~99	57~77	29~49	17~35	8~22	0~7	<28	<9
中值	100	93.5	67	39	26	15	3.5		

表 2-10 二灰稳定粒料级配范围、级配中值

使用范围	级配	31.5	19	9.5	4.75	2.36	0.6	0.074	液限（%）	塑性指数
基层	范围	100	81~98	52~70	30~50	18~38	6~20	0~7	<28	<9
	中值	100	89.5	61	40	28	13	3.5		
底基层	范围	100	58~88	35~60	30~40	18~38	6~20	0~6	<28	<9
	中值	100	78	47.5	35	28	13	3		

2-3-2 累计轴载作用次数计算

标准轴载——沥青路面设计是以双轮组单轴载 100kN 为标准轴载，用 BZZ-100 表示，路面作用的其他各种不同类型的轴载按照以下方法换算为标准轴载。

以弯沉为指标的轴载换算方法为：凡轴载大于 2.5kN 的各级轴载（包括车轮的前、后轴）P_i 的作用次数 n_i、均应按式（2-55）换算成标准轴载作用次数。

$$N = \sum_{i=1}^{K} C_1 C_2 n_i \left(\frac{P_i}{P}\right)^{4.35} \quad (2\text{-}55)$$

式中 N——以弯沉为指标的标准轴载的当量轴次，次/日；

n_i——被换算车型的各级轴载作用次数，次/日；

P——标准轴载，kN；

P_i——被换算车型的各级轴载，kN；

C_1——轴数系数；

C_2——轮组系数，单轮组 6.4，双轮组 1，四轮组 0.38。

当轴间距大于 3m 时，应按单独的一个轴载进行计算，此时轴数为 $m=1$；当轴间距小于 3m 时，按双轴或多轴进行计算，轴数系数为

$$C_1 = 1 + 1.2(m-1) \quad (2\text{-}56)$$

式中 m——为轴数。

以弯拉应力为控制指标的轴载换算方法为：凡轴载大于 50kN 的各级轴载（包括车轮的前、后轴）P_i 的作用次数 n_i 均应按下式换算成标准轴载作用次数；

$$N' = \sum_{i=1}^{K} C_1 C_2 n_i \left(\frac{P_i}{P}\right)^8 \qquad (2\text{-}57)$$

式中 N'——以弯拉应力为指标的标准轴载的当量轴次,次/日;

n_i——被换算车型的各级轴载作用次数,次/日;

P——标准轴载,kN;

P_i——被换算车型的各级轴载,kN;

C_1——轴数系数;

C_2——轮组系数,单轮组18.5,双轮组1,四轮组0.09。

当轴间距大于3m时,应按单独的一个轴载进行计算,此时轴数为 $m=1$;当轴间距小于3m时,按双轴或多轴进行计算,轴数系数为:

$$C_1' = 1 + 2(m-1) \qquad (2\text{-}58)$$

累计交通荷载的计算公式为:

$$N_e = \frac{365 N_1 [(1+\gamma)^t - 1]}{\gamma} \eta \qquad (2\text{-}59)$$

式中 N_e——设计年限内一个车道上的累计交通轴次,次;

t——设计年限,年;

N_1——路面竣工后第一年双向日平均当量轴次,次/日;

γ——设计年限内的交通量平均年增长率,%;

η——车道系数,见表2-11。

表2-11 车道系数

车道特征		车道系数	车道特征	车道系数
单车道		1	四车道	0.4~0.6
双车道	有分隔	0.5	六车道	0.3~0.4
	无分隔	0.6~0.7		

2-3-3 材料设计参数

材料模量值是表征材料刚度特性的指标,不同测试方法得出不同数值。常用的压缩、劈裂、弯拉试验都可作为测定材料模量和强度的一种方法。设计方法中采用何种模量值,应考虑下列因素:①测试方法简便,测试结果比较稳定;②测得的模量值和强度值能较好地反映各种路面材料的真实力学特性;③模量值和强度运用于厚度计算中,材料设计参数与设计方法相匹配,计算厚度与实际使用经验相吻合。

试验证明,沥青混合料和各种半刚性基层材料的劈裂强度与弯拉强度具有

第 2 章 沥青路面结构设计方法

一定的相关关系,而劈裂试验比梁的弯拉试验具有简单、方便,且更接近路面结构受力状态,因此建议以劈裂强度代替梁试件的弯拉强度。因此,现规范采用抗压模量和劈裂强度进行设计计算。同时,规定沥青混合料的弯沉计算时取抗压回弹模量试验温度为 20℃,弯拉计算时取抗压回弹模量试验温度为 15℃,劈裂强度试验温度也为 15℃。材料模量与强度的推荐值见表 2-12 和表 2-13。

表 2-12 沥青混合料建议参数

材料名称	沥青针入度	抗压回弹模量		劈裂强度 15℃（MPa）
		20℃	15℃	
细粒式密级配沥青混凝土	≤90	1200~1600	1800~2200	1.2~1.6
中粒式密级配沥青混凝土	≤90	1000~1400	1600~2000	0.8~1.2
中粒式开级配沥青混凝土	≤90	800~1200	1200~1600	0.6~1.0
粗粒式密级配沥青混凝土	≤90	800~1200	1200~1600	0.6~1.0
沥青碎石混合料	≤90	600~800	—	—
沥青贯入式	—	400~600	400~600	

表 2-13 基层及底基层材料建议参数

材料名称	配合比或规格要求	抗压模量（MPa）	劈裂强度（MPa）
二灰砂砾	7:13:80	1300~1700	0.6~0.8
二灰碎石	8:17:75	1300~1700	0.5~0.8
水泥砂砾	5~6%	1300~1700	0.4~0.5
水泥碎石	5~6%	1300~1700	0.4~0.6
石灰水泥粉煤灰砂砾	6:3:16:75	1200~1600	0.4~0.6
石灰水泥碎石	5:3:92	1000~1400	0.35~0.5
石灰土碎石	粒料含量大于60%	700~1100	0.3~0.4
碎石灰土	粒料含量大于40%~50%	600~900	0.25~0.35
二灰土	10:30:60	600~900	0.2~0.3
石灰土	8%~12%	400~700	0.2~0.25
石灰土	4%~7%		用于处理路基

半刚性基层材料室内制件与现场制件的设计参数比值随材料不同及施工条件而异。一般情况下,现场制件的模量与强度均比室内制件低,其降低的幅度不等,抗压强度降低幅度较小 10%~20%,抗压模量下降 30%~40% 劈裂强度下降 20%~60%,劈裂模量下降 50% 左右。由代表值提出推荐值时,应该考虑现场大规模施工,质量变化较大的情况,将代表值给予适当的折减。推荐的参数值应代表一般专业队伍,机械化施工水平,故不宜选用过大的折减系数,半刚性基层材料抗压、劈裂设计参数推荐值是将代表值乘以 0.8 的折减系数之后,视材料具体情况,经典型结构厚度计算验证后,提出抗压模量和劈裂强度推荐值。

2-3-4 层间接触条件

路况调查发现，半刚性基层上浇洒透层油或作沥青封层进行处理，钻孔取样时，沥青层与半刚性基层结合很紧密，面层与基层无脱离现象；若在半刚性基层上不洒透层油、粘层油，或不作封层时，往往出现上下层结合不好而分离的现象。这说明通过采取技术措施，精心施工，可以使沥青层与沥青层或沥青层与半刚性基层之间结合紧密形成一个整体，以减小沥青层底部拉应力，从而减薄路面厚度。因此，为了使弯沉指标和弯拉指标在计算体系上统一，现规范要求两个指标均采用层间完全连续的接触条件进行计算。

2-3-5 计算弯沉综合修正系数 F 值

早在 20 世纪 70 年代，我国在研究双圆荷载作用下双层弹性体系理论运用时，发现用整层确定的材料模量或分层反算模量方法确定的材料模量进行计算得到的理论弯沉值与实测弯沉值不相吻合。因此，在制定 1976 年《公路柔性路面设计规范》时，引入弯沉综合修正系数，它为实测弯沉值 l_s、与理论弯沉值 l_L 之比。现规范仍然用弯沉综合修正系数修正实测弯沉值 l_s 与理论弯沉值 l_L 之间由于理论模型、材料参数等引起的差异。弯沉综合修正系数是根据试验路的资料，经统计回归确定。现规范中确定的弯沉综合修正系数公式为：

$$F = 1.63 \left(\frac{l_s}{2\delta}\right)^{0.38} \left(\frac{E_0}{p}\right)^{0.36} = \frac{l_s}{l} \tag{2-60}$$

式中 $l = \frac{2p\delta}{E_0} a_L, a_L = f\left(\frac{h_1}{\delta}, \cdots \frac{h_{n-1}}{\delta}, \frac{E_2}{E_1}, \frac{E_3}{E_2}, \cdots \frac{E_0}{E_{n-1}}\right)$ 为弯沉系数；

p——荷载的单位压力，MPa；

δ——荷载圆的半径，cm；

E_0——土基模量，MPa

2-3-6 厚度计算

设计标准是以 2004 规范规定的设计弯沉和层底拉应力为设计标准。设计弯沉是表征路面整体刚度大小的指标，是路面厚度计算的主要依据。

路面设计弯沉值是指路面竣工后第一年不利季节时，在标准轴载作用下路面温度为 20℃ 的最大回弹弯沉，它与交通量、公路等级、面层和基层类型有关。其计算式为：

$$l_d = 600 N_e^{-0.2} A_s A_b A_e \tag{2-61}$$

式中 l_d——路面设计弯沉值，0.01mm；

N_e——设计年限内一个车道上累计当量轴次;

A_e——公路等级系数,高速公路和一级公路为1.0;二级公路为1.1;三、四级公路为1.2。

A_s——面层类型系数,沥青混凝土面层为1.0;热拌沥青碎石、乳化沥青碎石、上拌下贯或贯入式路面为1.1;沥青表面处治为1.2;中、低级路面为1.3。

A_b——基层类型系数,对半刚性基层、底基层总厚度等于或大于20cm时取1.0;若面层与半刚性基层间设置等于或小于15cm级配碎石层、沥青贯入碎石、沥青碎石的半刚性基层结构时取1.0;基层和底基层都为柔性基层或者柔性基层厚度大于15cm而半刚性底基层为下卧层时取1.6。

规范同时规定,高速公路、一级公路、二级公路的沥青混凝土面层或半刚性材料基层、底基层,在进行层底拉应力验算时,路面结构层容许拉应力σ_R是指路面结构在行车荷载重复作用下达到疲劳临界状态时容许的最大拉应力。其计算式为:

$$\sigma_R = \sigma_s/K_s \tag{2-62}$$

其中,σ_s为沥青混凝土或半刚性材料在规定条件下(沥青混凝土:15℃;水泥稳定类材料:90d龄期;二灰稳定类、石灰稳定类材料:180d龄期)的极限抗拉强度,MPa;K_s为抗拉强度结构系数,沥青混凝土面层$K_s = 0.09 N_e^{0.1}/A_c$;无机结合料稳定集料类$K_s = 0.35 N_e^{0.11}/A_c$;无机结合料稳定细粒土类$K_s = 0.45 N_e^{0.11}/A_c$。对于季节性冰冻地区的高级和次高级路面,还应进行防冻层厚度验算。

我国路面设计方法虽然比以前有了很大的改进,但仍存在不足:

(1) 设计指标单一。尽管沥青路面结构设计中包含弯沉和弯拉应力验算指标,但实际在沥青路面结构设计中,弯沉成为路面结构设计的唯一指标,也就是说按照现有规范方法,在路面设计弯沉满足的条件下,弯拉应力验算肯定是通过的,使得设计弯沉指标成为唯一结构厚度设计指标。

(2) 设计指标不可控制。设计指标应该是路面结构可能产生损坏的控制指标,即设计模型与路面结构损坏模型应该一致。但实际情况是弯沉指标无法与多种破坏类型和破坏标准相统一、协调。现有沥青路面的损坏与设计模式大不相同,设计指标形同虚设。路面设计的宗旨是防止在设计年限内总交通量反复荷载作用引起路面疲劳破坏,实际上绝大部分路面是在交通量远未达到设计交通量的早期已经发生了破坏。

（3）理论验算假定条件不准确。按照现有公路沥青路面设计规范，在进行沥青路面结构弯拉应力验算时，假定层间接触条件是连续接触，在这种条件下进行应力验算，半刚性基层顶面的沥青面层处于受压状态，所以沥青面层不会发生弯拉疲劳破坏。实际上，很难做到沥青层与半刚性基层的连续，即使是沥青的上、中、下面层之间，因此路面结构设计时的假定条件是不准确的，在这种情况下，理论验算结果的准确性可想而知。

（4）路面材料设计参数与实际路用性能缺乏关联性。路面设计采用理论计算方法，看似很先进，实际上材料设计参数一般只是通过室内试验确定。国外很多研究表明，路面材料在实际使用过程中，其室内性能与路用性能之间的关系并没有很好的相关性，而设计人员在路面结构设计过程中，一般使用规范推荐的材料参数中值的简单办法进行设计，更谈不上去建立路面材料室内力学性能与野外路用性能的关系，所以其设计过程实际上只是个形式。

（5）实际交通荷载与设计荷载出入较大。根据交通荷载情况的调查，目前我国汽车后轴轴重一般在 60~150kN，胎压一般在 0.6~1.1MPa；而设计标准轴载为单轴双轮胎 100kN，胎压一般不超过 0.8MPa。近几年重载车、超载车大量增长，有的标定 30t 的车辆，实际达到 150t 以上，尽管有关部门进行了超限超载治理，车辆超载的现象还是时有发生，造成了路面早期损坏，使路面使用寿命大大缩短。

第3章 典型半刚性基层沥青路面结构层位功能分析

3-1 我国半刚性基层沥青路面典型结构

20世纪90年代末上海至嘉定高速公路建成通车，结束了我国大陆没有高速公路的历史。我国高速公路仅仅用17年时间就创造了令世界瞩目的成绩，公路里程跃居世界前列。我国高等级公路的迅速发展也为我国积累了设计、施工、监理和运营等建设和管理全过程的经验，路面使用过程中也暴露出一系列问题。"前事不忘，后事之师"。调查我国路面结构形式，总结分析我国高等级沥青路面在使用过程当中的问题对于开展半刚性基层沥青路面的功能分区以及研究适合我国的长寿命沥青路面具有重要意义。

3-1-1 国内高等级沥青路面结构类型

国内高等级沥青路面结构调查，我国部分地区代表性沥青路面结构汇总见表3-1。

表3-1 我国各地区典型高等级沥青路面结构

公路名称	面层结构	基层结构	结构层厚（cm）
青黄高速	4cm 中粒式 SAC 5cm 粗粒式 AC	20cm 水泥稳定碎石 25cm 水泥稳定碎石	54
济青高速（淄川段）	4cm 中粒式 SAC 5cm 粗粒式 AC 6cm 粗粒式 AC	34cm 二灰砂砾 20cm 二灰土	69
沪杭高速	4cm 中粒式 AC 6cm 粗粒式 AC 7cm 粗粒式 AC	37cm 二灰碎石 20cm 水泥碎石土	74
新郑高速	4cm AC-16I 5cm AC-19I 6cm AC-25I	38cm 水泥稳定碎石 20cm 水泥石灰土	73
石太高速	4cm AC 5cm 粗粒式 AC 6cm AM	18cm 二灰碎石 22cm 二灰碎石 20cm 石灰土	75

长寿命半刚性基层沥青路面设计

续表

公路名称	面层结构	基层结构	结构层厚（cm）
京沈高速	4cm 中粒式 SAC 5cm 粗粒式 AC 6cm 粗粒式 AC	20cm 二灰稳定碎石 20cm 二灰稳定碎石 20 cm 石灰稳定土	75
京哈一级路	6cm 中粒式 AC 5cm 粗粒式 AM	36cm 二灰砂砾 18cm 石灰土 15cm 石灰土	80
沈大高速	5cm 中粒式 AC 5cm 粗粒式 AC 5cm AM	20～25cm 水泥砂砾 15～20cm 砂砾或矿渣	50～60
沈铁高速	3cm 中粒式 AC 5cm 粗粒式 AC 7cm AM	35cm 水泥砂砾 22cm 砂砾	72
长春——四平高速	4cm 中粒式 AC 5cm 粗粒式 AC 6cm 粗粒式 AC	25cm 水泥砂砾 30cm 砂砾	70
湖南临长高速	4cm SMA16 6cm AC 6cm AC	20cm 6% 水泥稳定碎石 20cm 4% 水泥稳定碎石 15cm 级配碎石	71
广深高速	4cm AC 磨耗层 6cm AC 6cm AM 6cm AM 联结层	20cm 6% 水泥稳定碎石 25cm 级配碎石 22～32cm 未筛分碎石	89～99
深圳——汕头高速	4cm AK 6cm 中粒式 AC 6cm 中粒式 AC	20cm 水泥石屑 32cm 级配碎石	68
泉州——厦门高速	4cm AK-16A 5cm AC-30I 6cm AC-30II	30cm 6% 水泥碎石 28cm 4% 水泥碎石	73
海南东干线	4cm 中粒式 AC 4cm 粗粒式 AC 4cm AM	20cm 水泥碎石 20cm 水泥碎石	52
成渝高速（一期）	5cm 中粒式 AC 7cm 粗粒式 AC	20cm 级配碎石 28～36cm 石灰稳定砂砾	60～68
成绵高速	6cm 中粒式 AC 9cm 粗粒式 AC	25～30cm 二灰砂砾 20～28cm 级配砂砾	60～73
广邻高速（一期）	4cm AK-16A 5cm 中粒式 AC-16I 6cm 粗粒式 AC-25II	20cm 二灰稳定碎石 30cm 二灰稳定碎石	65
西三（一级路）	5cm 中粒式 AC 7cm 粗粒式 AC	26cm 二灰稳定砂砾 20cm 二灰土	58

第3章 典型半刚性基层沥青路面结构层位功能分析

表3-1中列举了我国不同地区高等级沥青路面的不同的路面结构组合类型，具有一定代表性。对表3-1中数据进行分析，可以看出我国各地区典型的路面结构和材料有以下特点。

分析汇总我国高等级沥青路面类型及各层厚度范围如图3-1所示：

面层两层+基层两层	
表面层	5~6cm
底面层	5~9cm
基层	20~30cm
底基层	28~36cm
路面结构厚度	65~67cm

面层三层+基层两层	
表面层	3~6cm
中面层	4~6cm
底面层	4~7cm
基层	20~38cm
底基层	20~36cm
路面结构厚度	52~73cm

面层三层+基层三层	
表面层	4~6cm
中面层	4~6cm
底面层	4~6cm
基层	15~30cm
基层	15~20cm
底基层	15~32cm
路面结构厚度	57~100cm

图3-1 我国高等级沥青路面类型及各层厚度范围汇总

1. 面层结构和材料

面层按照层数可分为两种，面层两层的结构形式所取路面结构分别为1995年、1997年在我国西南地区铺筑的高速公路。目前在我国高速公路中较少使用。面层为三层的结构其面层厚度为12~17cm，1997年以后修筑的面层厚度以15~16cm居多。面层的材料包括普通沥青混凝土、SMA以及抗滑性沥青混凝土。

2. 基层结构和材料

由表3-1可知，我国高等级公路路面基层厚度在40~69cm，若除去底基层，厚度基本在20~40cm之间。我国高等级沥青路面基层材料与国外有较大差异，见表3-2。

表3-2 国内外基层使用状况比较

国家	基层类型			
	贫混凝土	无机结合料稳定粒料	沥青（稳定）碎石	级配碎石（砂砾）
中国	较少	绝大多数	很少	少量用于底基层或基、面层间的过渡层
美国	较少	很少	较多	多用于底基层
德国	较多	很少	较多	多用于底基层
英国	较多	很少	较多	用于底基层
澳大利亚	较少	较少	较多	多用于底基层
日本	较少	较少	较多	多用于底基层
南非	较少	较多	较少	多用于底基层或基、面层间的过渡层

说明：半刚性基层我国多采用二灰稳定粒料和水泥稳定粒料作为半刚性基层材料，而国外采用的半刚性基层材料一般为水泥稳定类粒料。

从我国各地典型的沥青路面结构可知，高等级沥青路面基层所用材料中水泥稳定粒料和二灰稳定粒料等半刚性材料占绝大多数。从基层材料使用状况来看，为避免远运材料提高造价，一般就地取材，靠近河流地区多选用砂砾作为集料使用，靠近山区则多选用碎石。底基层所用材料一般为石灰（二灰）土或级配碎石（砂砾）。级配碎石作为底基层使用多出现在南方多雨地区，如湖南临长高速、广深高速、深汕高速、成绵高速等，主要是利用级配碎石较好的排水性能。

从结构层厚分析，面层厚度与基层材料和基层的厚度没有直接的关系。这与国外的路面结构有很大区别，说明我国沥青路面设计过程当中结构设计与材料设计未能密切联系缺乏统一性。

面层三层+基层三层结构整体较厚，总厚度在57~100cm之间，其中面层12~18cm，半刚性基层45~82cm。考虑长寿命沥青路面的整体厚度较一般高速公路的结构厚度厚一些，因此面层厚度为18cm，基层厚度54cm。沥青面层主要选择是沥青混凝土，基层选择疲劳性能相对较好的水泥稳定碎石和水泥砂砾，如图3-2所示。

面层三层+基层三层		
表面层	4cm	AC-13
中面层	6cm	AC-20
底面层	8cm	AC-25
基层	18cm	水泥碎石
基层	18cm	水泥碎石
底基层	18cm	水泥碎石
路面结构厚度	72cm	

图3-2　功能分区分析典型路面结构

3-2　典型结构高温剪应力分析

根据廊沧半刚性基层沥青路面计算图式，对半刚性基层沥青路面进行力学研究。通过高温压缩蠕变试验和试验数据处理计算机程序，确定高温条件下半刚性基层沥青路面面层材料的Burgers粘弹性模型参数E_{11}、E_{21}、η_{11}和η_{21}，并采用粘弹性层状体系理论和计算机程序，分析在荷载作用下，半刚性基层沥青路面的面层内部高温剪应力沿路面竖向的分布规律。最后研究确定半刚性基层沥青路面的面层内部高温剪应力峰值分布区域和主抗车辙区。

3-2-1　计算参数

3-2-1-1　试验温度

（1）收集项目当地天气气候数据及路面结构设计资料

收集项目所在地的气温资料，每天中的1:00、5:00、9:00、13:00，

第3章 典型半刚性基层沥青路面结构层位功能分析

17:00、21:00 六个时间点的气温,时间跨度至少一年,用于沥青结构层各个亚层年有效温度计算;收集项目沥青路面设计资料,包括结构组合设计、结构厚度设计、各层材料的配合比设计,用于车辙模型计算。

(2) 根据沥青路面年有效气温,反算各个亚层的年有效温度

在壳牌设计方法的研究中,已得出在计算车辙的有效范围内,沥青层的有效温度与沥青的软化点温度无关,沥青的针入度指数的影响也是可忽视的结论,即在计算沥青层有效温度可以不考虑沥青性质。

$$\lg \eta = 9.648 - 0.189T \tag{3-1}$$

式中 T——平均气温,℃,可以是日平均气温 T_{air},月平均气温 MMAT,年有效气温 $MAAT_{eff}$;

η——与 T 对应的有效粘滞度,Pa·s,可以是日有效粘滞度 η_{deff},月有效粘滞度 η_{meff},年有效粘滞度 η_{yeff}。

η_{deff} 是根据气候为某平均气温 T_{air} 的一天中在 1:00、5:00、9:00、13:00、17:00、21:00,6 次测得的沥青层温度 T_i,把 6 个时刻的温度输入式(3-1)中,得出不同时刻粘滞度,带入式(3-2),

$$\eta_{eff}^{-1} = \frac{1}{n} \sum_{1}^{n} \frac{1}{\eta_i} \tag{3-2}$$

得到某一天的有效粘滞度;重复以上计算过程,可获得一个月中每一天的有效粘滞度,代入式(3-2)求出月平均有效粘滞度,再代入式(3-1)可获得月有效温度;重复以上过程,可获得 12 个月的有效温度,再带入式(3-2)算出年有效粘滞度,再带回式(3-1)从而得到年有效温度。通过以上过程可以发现,粘滞度参数对年有效温度计算结果无影响,只是一个中间过程变量。

有了年有效温度 $MAAT_{eff}$ 后,各个亚层的有效温度可通过以下公式计算得出:

当 $MAAT_{eff} > 20℃$ 时,

$$T_{eff} = (2.63 - 0.5\lg h) \cdot MAAT_{eff} + 4\lg h - 12.6 \tag{3-3}$$

当 $MAAT_{eff} < 20℃$ 时,

$$T_{eff} = (2.10 - 0.33\lg h) \cdot MAAT_{eff} - 1.1 \tag{3-4}$$

式中,h 为各亚层沥青层层底至路表的厚度(mm)。

针对华北地区某地的气候特征,收集当地 30 年的温度资料,采用式(3-3)沥青路面有效温度预估公式计算出项目所在地区公路沥青路面最高有效温度。在满足结构计算精度要求的前提下,为了简便计算,在确定沥青路面粘弹性材料的 Burgers 模型参数时,沥青面层的有效温度采用同一温度。根据我国现有高速公路沥青面层大量现场观测结果,一般来说中面层发生高温剪切

变形占总车辙变形的比例最大，因此采用中面层年有效温度作为沥青面层温度是具有一定的代表性的，同时也是偏安全的。典型路面结构面层由上、中、下三层构成，厚度为4cm、6cm、12cm，因此选择表面层的下卧层温度作为沥青面层的高温车辙分析的有效温度，且该层厚度设定为7cm。通过计算得出，典型沥青层年有效温度为T_{eff}为34.6℃。

3-2-1-2 沥青面层材料模量及其粘弹性材料参数

沥青混合料是典型的粘弹性材料，其性质与荷载作用时间有关，用粘弹性理论分析层状体系是很正常的。常用的方法是根据弹性-粘弹性相似原理，应用拉普拉斯（Laplace）变换，消除时间变量t，采用转换变量p，这就将粘弹性问题变成相关的弹性问题。再将相关的弹性问题作拉普拉斯反演，变量p又转换成时间变量t，最终得到粘弹性解。本课题对沥青路面材料分析主要采用粘弹性解的简易配置法。

有两种常用方法表征粘弹性材料：一个是力学模型，另一个是蠕变柔量曲线。后者使用较为简单、原理清晰，为本课题所采用。

沥青路面剪应力分析采用基于非线性理论的 Kenpave 路面力学分析软件。该软件除了需要输入路面结构设计厚度、荷载、计算点位外，还需要输入各层结构材料的材料参数。由于采用的是线弹性材料模型，因此需要输入各层材料的弹性模量和泊松比。将沥青混合料回弹模量试验温度设定为34.6℃，进行回弹模量试验，结果见表3-3。

表3-3 沥青混合料抗压回弹模量

沥青混合料类型	抗压模量（MPa）	泊松比	备注
细粒式密级配沥青混凝土	1211	0.3	AC-10，AC-13
中粒式沥青混凝土	1056	0.3	AC-16，AC-20
粗粒式密级配沥青混凝土	854	0.3	AC-25，ATB-30

Kenpave 计算需要输入大量参数，根据各层的材料模型不同，所输入的模型参数也不同：路基土采用非线性模型表征，由于这些材料性能变化随温度变化很小，因此其材料参数的选择与疲劳分析一章相关部分一致；半刚性基层材料参数参考有关技术规范计算弯沉时所对应的20℃的模量；沥青混合料模型采用与疲劳分析一章相同的粘弹性分析模型——伯格斯模型，通过蠕变试验获得材料参数，然后反算不同加载速度下的柔量输入软件，这部分试验和分析与疲劳章节部分的沥青混合料粘弹参数获得过程一样，在这里不再重复，具体参看之前相关内容。

根据伯格斯方程，采用非线性最小二乘法中的 Levenberg-Marguardt 方法对

第3章 典型半刚性基层沥青路面结构层位功能分析

动态弯曲蠕变数据进行回归分析,确定 AC-13 C 型沥青混合料在 34.54℃ 条件下的粘弹性参数 E_0、E_1、η_1、η_2,计算结果见表3-4 和表3-5。

表3-4 沥青混合料粘弹性参数

沥青混合料类型	E_0 (kPa)	E_1 (kPa)	η_1 (kPa)	H_2 (kPa)
AC-13 型	164221	670000	18641874	58097210

表3-5 沥青混合料在不同荷载作用时间下的柔量

荷载作用时间(s)	蠕变柔量 (1/kPa)
0.001	3.42×10^{-6}
0.003	3.42×10^{-6}
0.01	3.42×10^{-6}
0.03	3.42×10^{-6}
0.1	3.42×10^{-6}
0.3	3.43×10^{-6}
1	3.39×10^{-6}
3	3.58×10^{-6}
10	3.93×10^{-6}

根据柔度公式,将伯格斯模型参数输入,求出松弛时间 T,将荷载不同作用时间 t_i 带入柔度公式,即可得到蠕变柔量。

荷载作用时间为 0.1s,相等于时速 64km/hr。

3-2-1-3 半刚性基层材料模量

二灰碎石、水泥碎石、二灰土、石灰土以及石灰土处理路基计算拉应力用的抗压模量均为 400~4200MPa,由于半刚性基层材与级配碎石、路基土相比较小非线性力学相应特征非常不明显,因此可认为半刚性基层材料是理想弹性材料。根据现行沥青路面设计规范,取值见表3-6。

表3-6 半刚性材料的模量

半刚性材料类型	弯沉计算用抗压模量(MPa)
水泥碎石	1500
水泥砂砾	1300

3-2-1-4 路基土模量及其非线性材料参数

土体的回弹模量与所处的应力状态密切相关。如细粒土的回弹模量随着偏应力 σ_d 的增加而减小,在室内三轴试验中,$\sigma_2 = \sigma_3$,因此偏应力可定义为

$$\sigma_d = \sigma_1 - \sigma_2 \tag{3-5}$$

图 3-3 所示为实验室重复荷载试验所用细粒土回弹模量与偏应力的一般关系。可采用分段线性函数表示：

当 $\sigma_d < K_2$ 时，

$$E = K_1 + K_3(K_2 - \sigma_d) \quad (3-6)$$

当 $\sigma_d > K_2$ 时，

$$E = K_1 - K_4(\sigma_d - K_2) \quad (3-7)$$

式中 K_1、K_2、K_3 和 K_4 如图 3-3 所示。

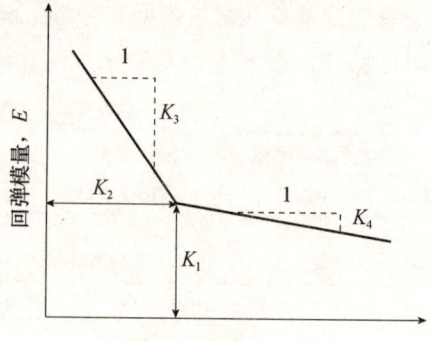

图 3-3 细粒土回弹模量与偏应力的一般关系

根据有关研究成果，分段线性函数拐点处的回弹模量值，即途中的 K_2 点，是表示回弹性能的良好指标。而其他三个参数 K_2、K_3 和 K_4 变异性很小，对路面响应的影响程度也小于 K_1。据此，可将细粒土分为四类，即很软、软、中等和硬，其回弹模量与偏应力的关系如图 3-4 所示。

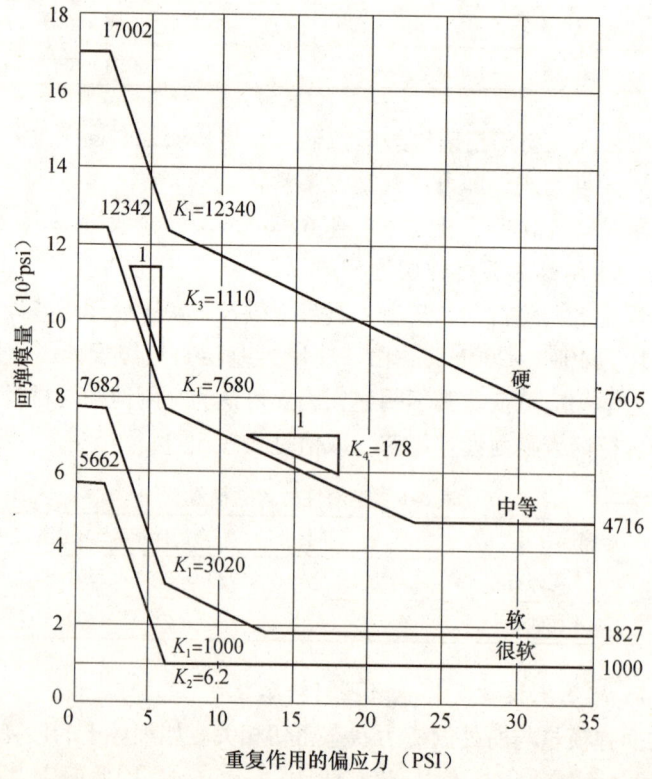

图 3-4 四类土基回弹模量与偏应力的关系

第3章 典型半刚性基层沥青路面结构层位功能分析

根据辛普松和艾丽奥拓的研究成果,根据 K_1 的不同将细粒土分为四类:当 $K_1=6900\text{kPa}$ 时,属于很软类型的细粒土;当 $K_1=22080\text{kPa}$ 时,属于软土;当 $K_1=52992\text{kPa}$ 时,属于中等类型的土;当 $K_1=85146\text{kPa}$ 时,属于承载力较强的硬质土。假设属于重黏土地区,处理后的路基土具有良好的工程性质,可作为中等类型的土处理,因此 $K_1=50000\text{kPa}$。其他三个指标,不同土质的区别非常小,因此将剩余指标统一,$K_2=6.2\text{kPa}$,$K_3=1110\text{kPa}$,$K_4=178\text{kPa}$。

3-2-2 沥青路面剪应力计算及计算图示

3-2-2-1 路面结构层内部剪应力计算

对处于三向受力状态的路面结构层,在其破坏面上取单元体,其三个主应力分别为 σ_1、σ_2、σ_3,且 $\sigma_1>\sigma_2>\sigma_3$,该结构层材料的内摩擦角为 φ。根据摩尔库仑强度理论,该点处所受剪应力 τ 取决于 σ_1 和 σ_3,即

$$\tau = \frac{1}{2}(\sigma_1 - \sigma_2)\cos\varphi \tag{3-8}$$

而最大剪应力为

$$\tau_m = \frac{1}{2}(\sigma_1 - \sigma_2) \tag{3-9}$$

所以有

$$\tau = \tau_m \cos\varphi \tag{3-10}$$

从上式可以看出结构层内膜点破坏时所受的剪应力 τ 与该点所能承受的最大剪应力 τ_m 直接相关,并呈线性关系。因此可以通过研究结构层内最大剪应力 τ_m 的规律分析来了解各种路面结构中主抗车辙功能区的分布位置及其特点。

3-2-2-2 计算图示

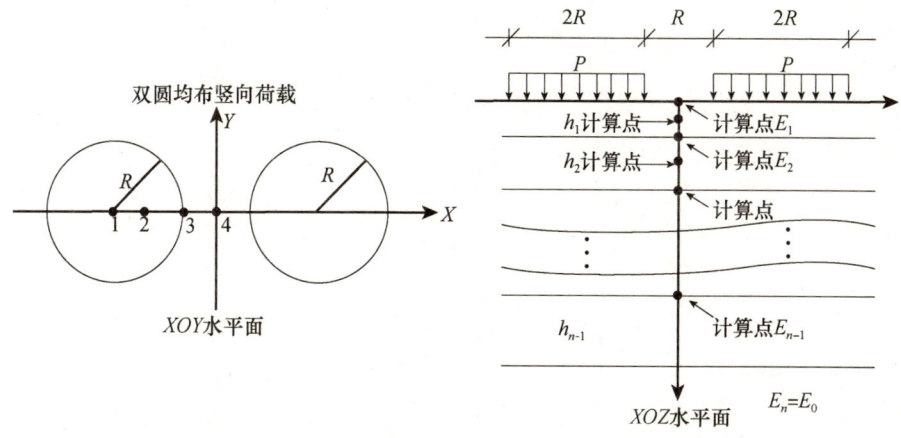

图 3-5 高温剪应力计算点位图

沥青路面面层高温剪应力计算点布置如图 3-5 所示，双圆均布竖向荷载 $P=0.7\text{MPa}$，荷载圆半径 $R=10.65\text{cm}$，在 XOY 水平面内，1 号点坐标为 $(-15.975,0)$，2 号点坐标为 $(-13.31,0)$，3 号点坐标为 $(-10.65,0)$，4 号点坐标为 $(0,0)$，单位都为 cm。为了系统清晰的反映剪应力在路面结构中的分布，在相应水平坐标点下，沿向路基内部方向，最大剪应力计算点间距在路面结构中为 1cm，对层间位置附近增加计算点密度，上承层层底和下卧层层顶均分别设置计算点，在基层范围内计算点间距适当放大为 2cm，同样对层间位置附近增加计算点密度。研究将沥青面层整体的材料统一为中粒式 AC-13C 型沥青混合料；分析考虑了两种层间连接状态、层间连续状态和层间滑动状态。

3-2-3 半刚性基层沥青路面典型结构高温剪应力分布规律

沥青面层厚度达到 22cm，半刚性基层厚度 36cm，20cm 二灰土垫层，属于典型的具有较厚沥青面层的半刚性基层沥青路面，路面整体结构强度高，承载能力强。路面高温剪应力分析，采用基于非线性粘弹理论 Kenpave 路面分析程序进行路面剪应力分析。与沥青面层相比，其他结构层次产生的剪切变形所占比例极小可忽略不计，因此研究仅对该结构的沥青面层的剪应力进行分析。

同时，结构分析分别考虑了标准轴载状态下层间连续状态以及层间滑动状态对路面结构的影响。由于半刚性基层和沥青层结合处较容易发生层间滑动，因此将半刚性基层和沥青层间设置为滑动，与水平应力分析部分层间滑动设置原因及位置相同。

3-2-3-1 层间连续状态下主抗车辙变形功能区

图 3-6 所示的就是 100kN 标准状态下，路面力学软件计算半刚性基层沥青路面典型结构层间连续状态下剪应力的计算结果见表 3-7。

表 3-7 结构 A（层间连续）沥青面层内各点最大剪应力

层位深度（cm）	最大剪应力（kPa）			
	1 号点	2 号点	3 号点	4 号点
0	29.614	16.1845	21.391	17.6555
2	123.545	146.545	225.6035	70.22
4	190.398	205.9445	190.857	93.3115
7	216.872	204.8615	147.3425	80.295
10	210.2555	189.667	132.838	84.627
14	149.344	134.5945	100.0115	71.808
18	97.8385	90.1515	73.995	62.1035

第3章 典型半刚性基层沥青路面结构层位功能分析

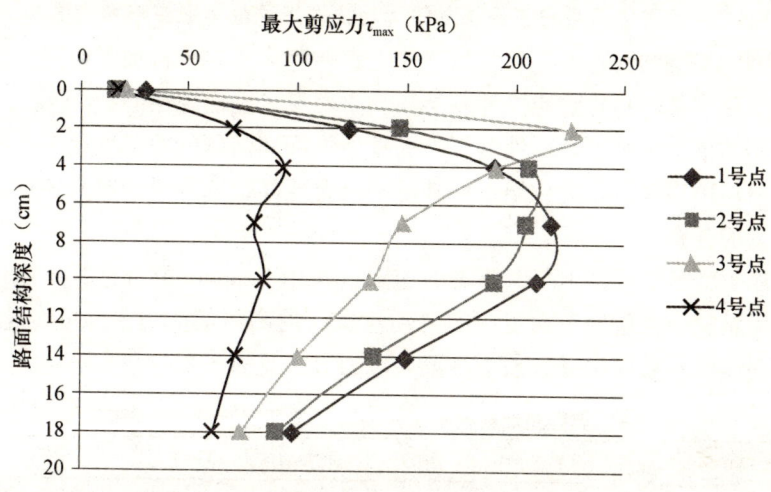

图 3-6 典型结构层间连续状态下高温剪应力分布

在层间连续状态下，沥青面层剪应力与水平位置和垂直深度有密切的关系：在标准圆形荷载作用下，计算点 1 的沥青面层最大剪应力随着深度的增加，快速增加然后逐渐减少，在中面层底部处达到极值，2 号点与 1 号点规律基本类似；3 号点位于荷载圆边缘处，该点最大剪应力沿深度迅速增加，在路表 2cm 处达到 225kPa 峰值，然后迅速下降；4 号点位于双圆心连线中点处，剪应力水平较其他点低，无明显峰值。

研究资料表明，路表 10cm 范围内是受环境温度影响最显著，而深于 10cm 的路面结构温度场变化较小，温度波动范围也较小。现场实测结果表明，在夏季我国许多省份午后沥青路面表面温度可以达到 50~60℃，而 10cm 以下的路面结构温度极少能够达到 40℃，同时大量研究证明在低于 38℃ 条件下，沥青路面很少能够产生车辙病害。由此可以判断出上面层和中面层处于较为容易产生车辙的温度范围，而下面层温度较低，不易产生车辙病害。这点与许多工程的病害调查结论基本一致。

通过以上分析可以得出，中面层处于车辙病害最不利的位置，最容易产生车辙病害，对于沥青面层的车辙深度的发展有着显著的影响；上面层在荷载圆内部剪应力较小，而在荷载圆边缘处剪应力较大，考虑到表面温度较高，根据时温等效原则，可以认为延长了轮胎荷载作用的时间，因此上面层具有产生永久变形所需条件。综上，通过对两种软件对剪应力计算结果的分析，得出沥青面层上面层、中面层处于容易产生车辙病害的条件下，应将上面层、中面层作为典型结构的主抗永久车辙病害功能层。

3-2-3-2 沥青中面层与下面层层间滑动状态下主抗车辙变形功能区

半刚性基层和沥青面层在材料组成上存在巨大差异，再加上层间处置材料或者施工环节都容易导致半刚性基层与沥青面层之间出现层间粘结问题，大量现场监测结果也证实了半刚性基层与沥青面层层间问题的普遍性远多于沥青面层层间滑动的情况，因此将半刚性基层和沥青层间设置为滑动展开各结构层高温剪应力的分析。

图 3-7 所示的就是 100kN 标准状态下，采用 Kenpave 软件计算半刚性基层沥青路面结构中面层与下面层层间滑动状态时的高温剪应力沿深度变化规律。典型路面结构在层间滑动状态下高温剪应力分布见表 3-8。

表 3-8 典型路面结构在层间滑动状态下高温剪应力分布

层位深度（cm）	最大剪应力（kPa）			
	1 号点	2 号点	3 号点	4 号点
0	28.553	28.3535	23.1125	13.4245
2	147.4475	174.235	236.995	43.402
4	221.9335	241.1385	206.7895	57.867
7	258.896	250.253	186.438	84.184
10	269.523	253.9085	194.312	134.057
14	230.5775	220.541	185.7795	161.441
18	256.122	246.6155	216.0025	199.2995

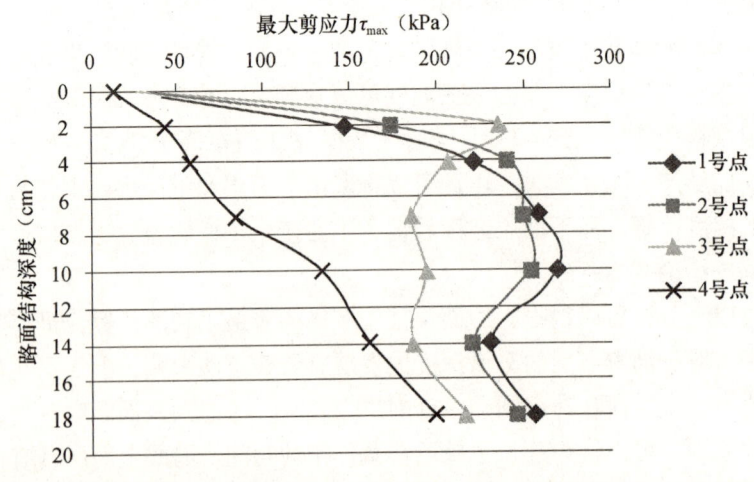

图 3-7 典型结构层间滑动状态下高温剪应力分布

在沥青面层与半刚性基层层间滑动状态时，典型结构的剪应力分布与连续状态下存在一定的区别。1号点和2号点在各个层位的最大剪应力分布规律基本一致，但位于中面层层底处的剪应力峰值较连续状态明显增加，达269.5kPa，提高了约20%，在下面层层底处的剪应力有显著的增加；位于荷载圆边缘的3号点在两种状态下的上面层与中面层的剪应力分布规律基本类似，而在下面层处的剪应力明显增加。4号点在中下面层处的剪应力较连续状态有所增加。剪应力在下面层层底处的剪应力普遍较连续状态提高100%以上。

下面层与基层间处于半滑动状态时，下面层的剪应力数值明显较大，考虑到下面层最高温度很少能够超过40℃，且粗粒式沥青混合料具有较高的内摩阻角，因此具有良好的抗车辙能力。

通过典型结构层间滑动状态下剪应力τ_{max}计算结果的分析，得出上、中面层均处于容易产生车辙病害的应力及温度条件下，应将上面层和中面层结构作为主抗永久变形功能层处理。

3-2-4 高温车辙变形特性分析小结

研究基于沥青路面年有效温度理论，计算华北地区沥青路面的年有效温度，进而采用试验手段获得材料模量、粘弹参数；借助非线性粘弹沥青路面力学软件分析两种典型沥青路面在标准荷载圆作用下的剪应力响应规律；综合温度场和剪应力场分析结果，基于时温等效原则，对两种典型半刚性基层沥青路面在层间连续和滑动状态下主抗车辙变形功能层进行了系统分析。得出以下主要结论：

1. 在层间连续条件下，典型路面结构沥青路面高剪应力区主要分布在上面层层底与中面层层顶附近层位，且仅存在一个峰值，综合分析后认为典型路面结构上、中面层应为主抗车辙剪切变形层位。

2. 针对典型结构层间处于在部分滑动状态时的剪应力分布特点。结果表明：当结构层内部存在滑动界面时，整个沥青面层剪应力普遍增大，且在滑动层面之上的结构层层底处形成一个新的高剪应力区。但由于下面层所处层次较深受环境温度影响小，且公称最大粒径较大，不易产生车辙病害，因此可认为典型主抗高温剪切变形功能层与层间连续状态下一致。

3-3 典型半刚性基层沥青路面结构疲劳特性分析

深入探讨典型路面结构疲劳裂缝的形成机理，进而基于典型半刚性基层沥青路面结构根据典型沥青路面设计计算图式，对路面结构力学响应机制进行研究。通过常温弯曲疲劳试验和试验数据处理计算机程序，确定在常温重复荷载作用下，沥青混合料的 Burgers 粘弹性模型参数，并采用粘弹性层状体系理论和计算机程序，分析在荷载作用下，半刚性基层沥青路面的面层内部常温拉应力沿路面竖向的分布规律。最后研究确定半刚性基层沥青路面结构内部常温拉应力峰值分布区域和主抗疲劳区。

3-3-1 沥青路面疲劳裂缝形成机理分析

沥青路面的疲劳裂缝在世界范围内是一种常见的路面病害。当沥青路面出现疲劳裂缝后，降水会通过裂缝渗入并滞留在路面内部，在车辆荷载的作用下，滞留在路面内部的水会冲刷路面材料或者导致沥青膜剥落产生水损害，进而引起路面出现进一步的破坏，由此沥青路面会出现龟裂、网裂等更为严重的病害。疲劳裂缝的出现，严重影响了沥青路面的使用寿命和服务水平。课题深入探讨半刚性基层沥青路面结构层常温条件下路面结构在车轮荷载作用下的力学响应，分析疲劳裂缝的形成特点和规律，为典型沥青路面结构和材料设计提供重要的参考数据资料。

大量研究成果显示，沥青路面出现疲劳裂缝的原因，主要是因为在常温条件下，路面结构在车轮重复荷载作用下，沥青面层或半刚性基层或半刚性底基层的拉应力大于容许拉应力时，在未达到设计轴载累计作用次数就产生相应结构层产生开裂。对于路面结构层的疲劳开裂，最重要的影响因素包括两方面：一是在常温条件下，由车轮荷载引起的各个结构层层底的拉应力（以下简称常温拉应力）；二是材料自身的抗疲劳性能，即一次荷载作用可以给材料带来的损伤，常由材料的疲劳方程表征。当发生疲劳开裂时，路面结构内部常温拉应力峰值分布区域（即某点的应力值大于周围一定范围内点的应力值，类似于高等数学中导数等于零的情况），在有些结构中，产生的拉应力峰值可能不唯一，特别是当材料不同时，需要先进行疲劳寿命预估，通常各个结构层中疲劳寿命少的层位最容易导致路面结构过早的出现疲劳破坏。

因此，为了研究沥青路面抗疲劳开裂层位分工特性，必须要掌握在荷载作用下，路面内部常温拉应力沿路面竖向的分布规律，确定路面结构内部常温拉应力峰值分布区域和主抗疲劳区。所谓主抗疲劳区，是指在半刚性基层沥青路面结构内部，对抗疲劳开裂起关键作用的层位。换句话说，就是整个路面疲劳寿命分析中抵抗车轮荷载作用次数最小的结构层位。

3-3-2 路面力学计算参数及疲劳寿命计算方法

3-3-2-1 沥青面层材料模量及其粘弹性材料参数

沥青混凝土在 15~20℃时的抗压弹性模量介于 800~2200MPa 之间。此部

第3章 典型半刚性基层沥青路面结构层位功能分析

分研究主要分析典型沥青路面结构主要抗疲劳功能区，因此采用15℃抗压模量作为沥青层材料的计算分析参数。依据现行沥青路面设计规范，参数选取规范中值作为计算分析参数。具体取值见表3-9。

表3-9 沥青混合料基本参数

沥青混合料类型	15℃抗压模量（MPa）	15℃劈裂强度（MPa）
细粒式密级配沥青混凝土	2000	1.4
中粒式密级配沥青混凝土	1800	1.0
粗粒式密级配沥青混凝土	1200	0.8

在充分满足计算精度的前提下，本研究将各层沥青混合料统一采用AC-13C型沥青混合料的粘弹性参数。沥青混合料是一种非常典型的粘弹性材料，研究通过压缩蠕变试验得到位移、荷载及时间的关系，基于伯格斯模型公式通过统计回归得到沥青混合料的粘弹参数 E_0、E_1、η_0、η_1，再通过之前推导的松弛时间以及柔度公式，计算出不同荷载作用时间下的柔度，从而可以进行进一步的分析计算。

步骤：采用15℃条件下的弯曲疲劳试验作为弯曲疲劳动态蠕变试验，以一定应力比（如0.2）对小梁进行动态加载，加载图形曲线为半正弦波，确保梁底弯拉应力峰值恒定，每隔0.1s对梁底面中点处的弯拉应变 ε 进行记录，获得大量数据，由此绘制成蠕变图形曲线，如图3-8所示。

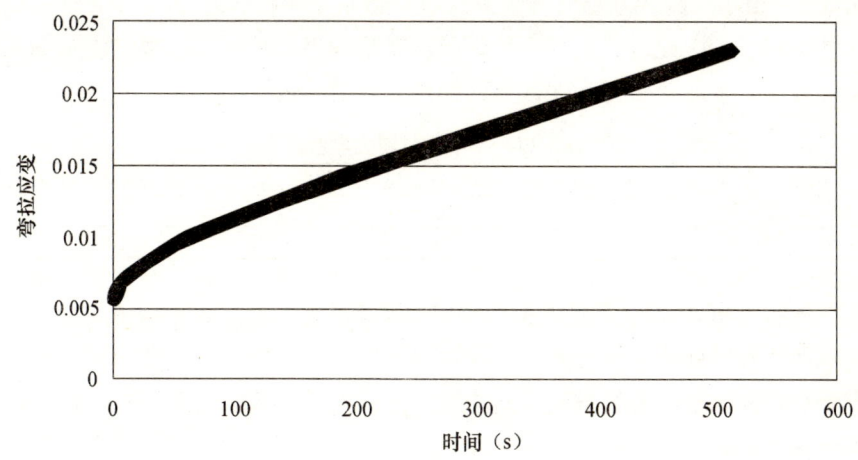

图3-8 弯曲疲劳蠕变变形曲线

根据伯格斯方程，采用非线性最小二乘法中的Levenberg-Marguardt方法对动态弯曲蠕变数据进行回归分析，确定AC-20A型沥青混合料的粘弹性参数

E_0、E_1、η_1、η_2，计算结果见表3-10。

表3-10 沥青混凝土15℃粘弹性参数

沥青混合料类型	E_0(kPa)	E_1(kPa)	η_1(kPa)	η_2(kPa)
AC-20A型	245106	1000000	27823693	86712253

根据柔度公式，将伯格斯模型参数输入，求出松弛时间 T，将不同荷载作用时间 t_i 带入柔度公式，即可得到蠕变柔量，见表3-11。

荷载作用时间为0.1s，相等于时速64km/hr。

表3-11 沥青混凝土15℃蠕变柔量

荷载作用时间（s）	蠕变柔量（1/kPa）
0.001	4.2716×10^{-6}
0.003	4.27178×10^{-6}
0.01	4.27227×10^{-6}
0.03	4.27366×10^{-6}
0.1	4.27853×10^{-6}
0.3	4.29240×10^{-6}
1	4.24058×10^{-6}
3	4.47513×10^{-6}
10	4.91356×10^{-6}

3-3-2-2 半刚性基层材料模量

水泥碎石、水泥砂砾处理路基计算拉应力用的抗压模量均为400～4200MPa，由于半刚性基层材与级配碎石、路基土相比较小非线性力学相应特征非常不明显，因此可认为半刚性基层材料是理想弹性材料。根据现行沥青路面设计规范，水泥碎石与水泥砂粒回弹模量取值见表3-12。

表3-12 半刚性材料力学参数

半刚性材料类型	抗压模量（MPa）（拉应力计算用）	劈裂强度 σ_{sp}(MPa)
水泥碎石	3600	0.5
水泥砂砾	3500	0.5

3-3-2-3 路基土模量及其非线性材料参数

根据辛普松和艾丽奥拓的研究成果，根据 K_1 的不同将细粒土分为四类：当 $K_1=6900$kPa 时，属于很软类型的细粒土；当 $K_1=22080$kPa 时，属于软土；当 $K_1=52992$kPa 时，属于中等类型的土；当 $K_1=85146$kPa 时，属于承载力较强的硬质土。华北地区某地大部分属于软土地区，路基均需要采取一定措施达到相关技术要求后才能够使用，因此可以认为处理后的路基土具有良好的工程性质，可作为中等类型的土处理，因此 $K_1=50000$kPa。其他三个指标，不同土质的区别非常小，因此将剩余指标统一，$K_2=6.2$，$K_3=1110$，$K_4=178$。

3-3-3 路面结构层间状态

目前,路面设计中一般路面各层间是完全连续接触的,这与路面结构的实际情况不符。实际上,很难做到沥青层与半刚性基层的完全连续接触,由于施工过程中的污染、施工工序的间断、工程材料等问题,均可导致各层间部分连续甚至存在完全滑动的情况,在自然和车辆荷载作用下,层间的连续状态也有可能发生改变。若层间状态发生与力学理论假设不同时,必然导致理论计算与实际情况间的巨大差异。1995 年,Tschegg 等人利用多层梁的承载力大小来类比路面,证明各层之间具有良好的粘结梁的挠度为各层间粘结不良的梁的1/9,足以说明层间状态对路面结构受力状态的巨大影响。为了全面系统了解层间状态对路面抗疲劳性能的影响,课题针对半刚性基层与面层间完全滑动的极端状态展开力学分析。

3-3-3-1 疲劳寿命计算方法

结构层材料的容许拉应力是路面曾受行车载荷反复作用达到临界破坏状态时的最大疲劳应力。这一应力较一次荷载作用的抗拉强度小,减小的程度同重复荷载次数及路面结构层材料的性质有关。这种关系可用下式表示:

$$\sigma_R = \frac{\sigma_{SP}}{K_s} \tag{3-11}$$

式中 σ_R——路面结构材料的容许拉应力;

σ_{SP}——结构层材料的极限弯拉强度,由实验确定;

K_s——抗拉强度结构系数。

对于沥青混合料面层:

$$K_s = 0.09 \cdot N_e^{0.22}/A_c$$

对于无机结合料稳定类集料类:

$$K_s = 0.35 N_e^{0.11}/A_c$$

对于无机结合料稳定土类:

$$K_s = 0.45 N_e^{0.11}/A_c$$

根据以上关系式,可将计算得到的各结构层水平拉应力以及代入该关系式,反推累计当量轴载作用次数——即疲劳寿命,通过对比不同结构层的疲劳寿命,根据木桶理论,确定主抗疲劳结构层。

3-3-3-2 典型沥青路面结构及计算点位图示

典型主线半刚性基层沥青路面典型结构:4cm(细粒式沥青混凝土)+6cm(中粒式沥青混凝土)+8cm(粗粒式沥青混凝土)+18cm(水泥稳定级配碎石)+18cm(水泥稳定级配碎石)+18cm(水泥砂砾),总厚度72cm。

路面结构计算点位如图 3-9 所示：

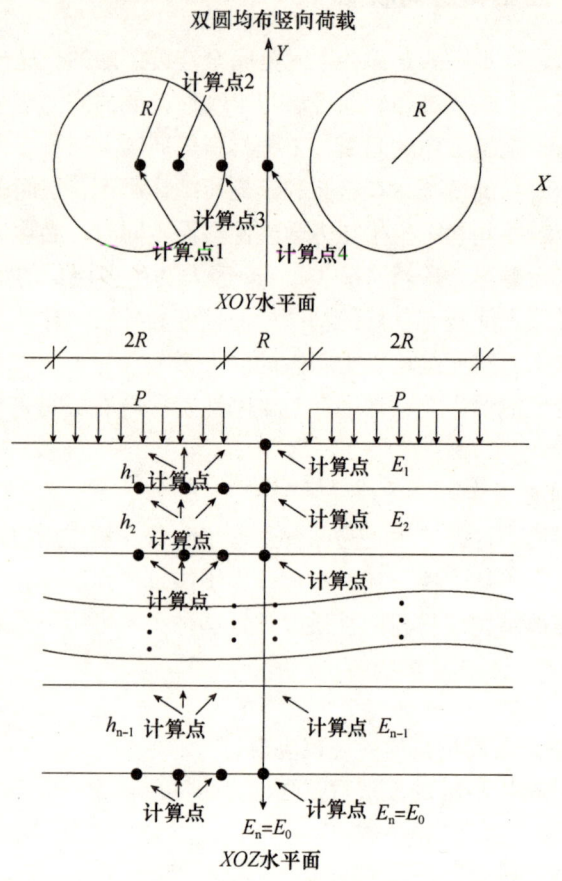

图 3-9　双圆均布竖向荷载

在使用路面力学分析程序时，需要输入各项参数，包括材料模型参数，以及双圆均布荷载、荷载圆半径、荷载圆心坐标，以及各结构层间的结合系数。再输入各个计算点的坐标，运行路面分析程序后即可得到各个计算点的应力。

参考了有关资料和现场实测资料，层底弯拉应力最大处一般出现在双圆轮隙的中点处；研究前期计算结果也证明了这一点，为了减少过多数据带来分析阅读上的困难，因此研究仅将双圆轮隙的中点列为计算点，如上图所示。计算点的设置原则：重点关注层底的应力，特别是沥青面层、沥青稳定类基层、半刚性基层的层底处水平应力；为了细致了解层底应力区作用范围，因此增加层底附近的应力计算点密度，如对以上结构层的下卧层层顶设置应力计算点。

3-3-4 典型路面结构水平应力分布规律

研究采用非线性理论为代表的 Kenpave 路面力学计算程序，对典型路面结构展开分析。

（1）各结构层均处于连续状态

表 3-13 所示的就是 100kN 标准状态下，利用 Kenpave 软件计算半刚性基层沥青路面层间连续状态下水平应力延路面结构深度的分布规律。水平应力中正号表示受压，负号表示受拉。

表 3-13 层间连续状态时结构层内部水平应力分布特点

路面深度（cm）	水平应力（kPa）			
	1 号点	2 号点	3 号点	4 号点
0	181.371	183.787	109.488	64.577
4	278.856	225.621	72.345	59.028
10	16.134	18.684	30.921	42.286
18	115.864	110.599	96.411	89.22
36	2.689	2.255	2.041	2.184
54	-58.181	-59.401	-60.202	-61.136
72	-145.271	-148.751	-151.012	-153.268

在层间连续状态下，如图 3-10 所示车轮荷载下 4 个计算点的水平应力分布在总体规律上基本一致：在水平应力峰值出现的位置相同，只是在大小上存在一定的区别；沥青面层内部在层间连续条件下各层的水平应力基本为正值，表示沥青面层内部绝大部分处于受压状态，仅在中面层层底处存在很小的拉应力，其影响可以忽略不计；半刚性基层结构下部水平应力为负值，表明半刚性基层均处于受拉状态，并在 4 号计算点水泥砂砾层层底出现最大拉应力，达到 153kPa。

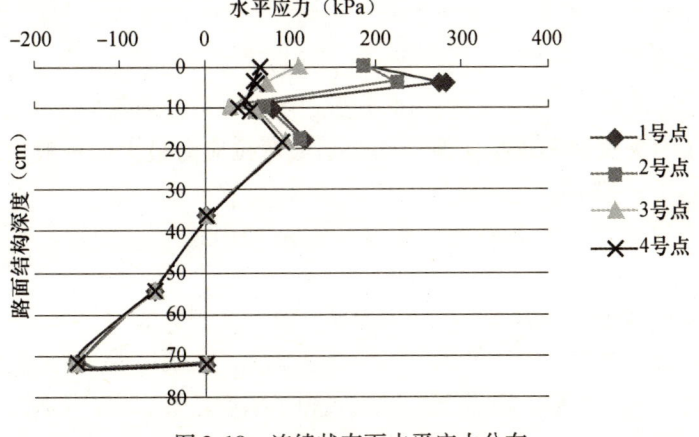

图 3-10 连续状态下水平应力分布

层间连续状态时，由于沥青层未出现明显拉应力，无疲劳破坏，不需要进行疲劳计算；半刚性基层底和水泥砂砾底均承受拉应力，均出现拉应力，所以在两个层位均有可能出现拉应力，因此需要同时对这两处进行疲劳寿命计算，结果见表3-14。由此可以看出半刚性基层影响着整个路面结构的疲劳寿命，因此在层间连续状态时半刚性基层属于主抗疲劳层。

表3-14 半刚性基层沥青路面结构层间连续状态疲劳寿命预估

结构位置	水平应力峰值（kPa）	疲劳寿命（次）
沥青面层	未出现拉应力	—
半刚性基层	-154	6.23×10^8

（2）沥青面层与半刚性基层层间滑动状态（其他层次保持均连续）

由于半刚性基层和沥青面层材料上存在巨大差异，再加上层间处置材料或者施工环节存在问题，都容易导致半刚性基层与沥青面层之间出现层间粘结问题，大量观测结果也证实了半刚性基层与沥青面层层间问题的普遍性远多于沥青面层层间滑动的情况，因此将半刚性基层和沥青层间设置为滑动状态，展开各结构层层底处水平应力的分析。

表3-15所示的就是100kN标准状态下，利用Kenpave计算半刚性基层沥青路面典型结构典型结构层下面层与半刚性基层层间滑动式时水平应力计算结果。水平应力中正号表示受压，负号表示受拉。

表3-15 典型路面结构水平应力分布

路面深度（cm）	水平应力（kPa）			
	1号点	2号点	3号点	4号点
0	463.197	411.13	129.413	87.252
4	201.77	145.125	10.834	23.976
10	-125.737	-125.587	-111.669	-99.778
18	-137.443	-136.303	-127.166	-121.972
36	54.095	55.134	55.62	56.088
54	-62.886	-64.414	-65.375	-65.992
72	-204.203	-209.939	-213.53	-215.63

对比之前层间连续状态的水平应力图，发现在中面层与下面层层间滑动状态时结构内部水平应力分布情况发生了显著变化：出现出现三个拉应力区，分别位于沥青中面层层底、沥青下面层层底和半刚性基层层底，如图3-11所示。沥青中面层层底出现拉应力，达到-125kPa；沥青下面层层底出现拉应力，达

第3章 典型半刚性基层沥青路面结构层位功能分析

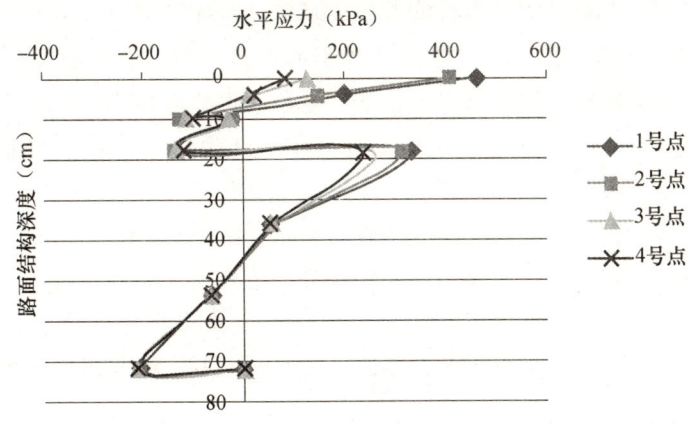

图 3-11 典型路面结构水平应力分布

到 -137kPa；在半刚性基层层底处于受拉状态，比连续以及上、中面层层间滑动状态的拉应力有所增加，达到 -216kPa。

在此种条件下，路面结构中的三个位置，沥青中、下面层层底、半刚性基层层底都产生了拉应力，必须同时考虑三个位置拉应力产生的疲劳问题。根据木桶理论，路面结构的疲劳寿命由最早发生疲劳破坏的那一层决定，但是由于各种材料疲劳寿命的差异，不能简单的根据水平应力大小做出判断，则需要根据疲劳方程进一步分析。典型路面结构在上面层与中面层层间滑动状态结构层疲劳寿命预估见表 3-16。

表 3-16 层间滑动状态疲劳寿命预估

结构位置	水平应力峰值（kPa）	疲劳寿命（次）
沥青下面层	-137	1.21×10^{11}
半刚性基层	-216	2.87×10^{7}

从表中可以看出，典型结构的沥青面层的疲劳寿命远大于半刚性基层的疲劳寿命，即半刚性基层先于沥青面层发生疲劳破坏，控制整个路面结构的疲劳寿命。因此在沥青面层与半刚性基层层间处于滑动状态时，半刚性基层仍为典型结构的主抗疲劳层。

3-3-5 疲劳特性分析小结

基于粘弹性理论，对常温条件下典型路面结构在标准荷载下的水平应力响应进行了深入分析，总结了在层间连续和多种层间滑动条件下水平应力的特征规律，利用路面设计规范容许拉应力方程反推出各个结构层的疲劳寿命，分析得到不同情况下典型结构的主抗疲劳层。具体结论如下：

（1）在层间连续条件下，半刚性基层沥青路面中，沥青面层主要受水平压力作用，而半刚性基层上部受压，下部受拉，主抗疲劳层是半刚性基层。

（2）当沥青面层与半刚性基层层间处于滑动状态时，整个路面结构的水平应力分布发生极大变化，表现为：半刚性基层层底的水平拉应力显著提高，沥青面层层底处由原来的受压状态转变为受拉状态，通过疲劳分析，主抗疲劳层仍是半刚性基层，且整个路面结构的疲劳寿命显著下降。

3-4 耐久性沥青路面结构层低温开裂特性分析

研究首先回顾、分析沥青路面温缩测形成机制，进而根据半刚性基层沥青路面设计图式，对华北地区某地半刚性基层沥青路面典型结构进行低温条件下的温缩应力场分析研究。通过沥青混合料温缩系数试验和低温拉伸蠕变试验确定沥青面层用混合料的温缩系数和低温拉伸蠕变劲度模量，根据布莱恩和希尔思提出的沥青路面温度应力分析理论，研究低温条件下典型沥青路面结构内部沿路深方向上的应力分布规律，从而确定典型沥青路面结构内部低温收缩主要作用的区域和主要抵抗低温收缩的抗裂区域。

3-4-1 沥青路面温缩裂缝形成机理

在我国北方冬季寒冷地区，温度收缩裂缝是沥青路面的一种较为常见路面病害，具体表现为每隔一段距离出现一条横向裂缝，裂缝的间距与路面结构、尺寸以及所处环境有关，一般相同路段的温缩裂缝间距较为接近。当半刚性基层沥青路面出现温缩裂缝后，降雨后路表水会通过裂缝渗入并滞留在路面内部，在车辆轮胎荷载的作用下，导致滞留在路面内部的水形成动水，冲刷路面材料，并在寒冷季节产生冻胀，导致路面出现进一步的病害。半刚性基层沥青路面温缩裂缝的出现，严重影响了半刚性基层沥青路面的使用寿命和使用性能。研究探求半刚性基层沥青路面温缩裂缝的形成机理，从而对症下药，从结构和材料设计的角度出发，寻求防止或减轻半刚性基层沥青路面出现温缩裂缝的方法。

大量研究资料显示，北方冬季寒冷地区半刚性基层沥青路面出现温缩裂缝的主要原因，是由于沥青路面结构完全处在自然环境的影响中，除了承受车辆作用的荷载外，还要承受太阳辐射、大地辐射及外界气温的影响。太阳辐射与大地辐射的一部分从路表面被反射，余下的部分被吸收并转为热能。这部分热

第3章 典型半刚性基层沥青路面结构层位功能分析

能与外界气温相叠加,由此产生了可观的路表温度,就会发生热传导作用,主要为沿路面厚度向温度较低处传导。由于表面温度的不断变化,使路面结构内产生了不稳定热流。从力学上分析,由于路面结构内的不稳定热流,路面结构的每一部分都将随着温度的升高或降低而趋于膨胀或收缩,但由于层状路面结构各部分之间的相互约束,这种变形不能自由发生,于是就产生了温度应力,当温度应力超过路面结构材料的抗拉强度时,沥青路面就发生开裂。因此,沥青路面本身的温度应力是引起开裂现象的最直接因素。

为了研究沥青路面抗低温缩裂层位分工特性,必须清楚了解掌握半刚性基层沥青路面的面层内部低温温缩应力沿路面竖向的分布规律。同时,分析确定半刚性基层沥青路面的面层内部温缩应力峰值分区间和主抗低温缩裂区。所谓主抗低温缩裂区就是指在半刚性基层沥青路面面层结构内部,抵抗低温缩裂起核心作用的厚度区间。本研究进行半刚性基层沥青路面主抗低温缩裂区的判断基于以下几点考虑:

(1)主抗低温缩裂区必须位于半刚性基层沥青路面面层内部低温温缩应力峰值分布区间之内,即面层内部沿路面竖向低温温缩应力值最大的厚度位置区间内部。基于静力强度理论,这一厚度区间相对于整个沥青面层而言,最容易因为低温温缩应力大于沥青混合料抗拉强度而产生裂缝,是对抗低温缩裂起关键作用的深度位置区域。

(2)主抗低温缩裂区的选择确定应充分考虑设计施工的需要。根据面层低温温缩应力峰值分布厚度区间,充分结合现有沥青路面施工规范中沥青上、中、下面层集料公称最大粒径宜从上至下逐渐增大,而且各层的最小压实厚度不宜小于集料公称最大粒径2.5倍的要求,定量划分对抗低温缩裂起关键作用的沥青结构层分层厚度和位置。

3-4-2 沥青路面低温收缩应力分布规律研究

3-4-2-1 沥青路面低温收缩应力基本计算理论

关于沥青路面温度应力问题的理论研究,目前国内外普遍采用以下两种理论体系,一种是一维粘弹性体系理论;另一种是弹性层状体系理论。目前国内外在采用粘弹性理论分析沥青路面低温缩裂问题时,大多遵循1966年Hills和Brien提出的预估温度破裂法,Hills和Brien的理论体系采用如下基本假设:

(1)无限长的沥青面层在纵向收缩完全受阻,在横向能自由收缩;
(2)沥青混合料是均匀、各向同性的粘弹性材料;
(3)在沥青面层内沿厚度分布的温度是一致的;

(4) 不考虑基层收缩对面层的影响和基层对面层收缩时所产生的摩阻力的作用；仅考虑沥青混合料本身收缩所产生的温度应力。

Hills 和 Brien 的沥青混合料温度应力计算公式如下：

$$\sigma(t) = \alpha \sum_{T_0}^{T_f} S_{(t,T)} \Delta T \qquad (3-12)$$

式中 $\sigma(t)$——一定降温速度下累积的温度应力；

T_0——初始温度；

T_f——最终温度；

α——收缩系数（取降温幅度 $T_0 \sim T_f$ 温度范围内的平均值）；

$S_{(t,T)}$——沥青混合料的劲度模量，随时间 t 和温度 T 而变化，取值由材料的粘弹性性质确定；

ΔT——与 $S_{(t,T)}$ 所对应的温差。

Hills 和 Brien 的温度收缩应力是建立在无限长的完全受约束的力学模型基础上的，他们提出的近似方法，称为拟弹性梁法。

基于 Hills 和 Brien 的方法，许多学者进行了沥青路面温度应力问题的研究工作。周继业根据沥青混合料的实测数据，提出了温度收缩系数和劲度模量随温度变化的数学模型，对 Hills 和 Brien 的一维粘弹性温度应力计算公式加以修正，并提出了预估横缝间距的计算方法。田小革等考虑了沥青混凝土的应力松弛效应，对 Hills 和 Brien 的温度应力计算公式进行了修正，并通过 TSRST 试验进行了验证。最近，Andrew 等基于 Hills 和 Brien 的理论，研究了热环境变化引起的沥青路面温度应力。大量研究资料表明，Hills 和 Brien 提出的沥青路面低温温度收缩应力计算公式与实际测量结果误差较小，能够满足工程设计的精度要求，而且材料参数较容易获得，计算方法简单。因此本研究将采用 Hills 和 Brien 的温度收缩理论对沥青路面主抗裂低温缩裂区进行分析研究。

3-4-2-2 基本参数的确定

1) 原材料与混合料配合比设计

沥青、矿料、矿质混合料配合比设计以及沥青混合料配合比设计参考有关章节。

2) 沥青混合料温度收缩系数试验

(1) 沥青混合料温度收缩系数试验方案

采用 AC-13C 型级配沥青混合料配合比，按照《公路工程沥青与沥青混合料试验规程》（JTJ 052—2000）中的轮碾法成型 300mm × 300mm × 50mm 车辙板试件，用岩石切割机将板切成 250mm × 40mm × 40mm 的棱柱体试件。

第3章 典型半刚性基层沥青路面结构层位功能分析

采用温度环境箱控制温度,试验采用4个平行试件,试验数据由计算机采集。将应变片用强力胶贴到试件上,试件在环境箱中放置恒温4小时,然后进行采集数据。试验温度区间为20~−30℃,降温速度2.5℃/h,并且每间隔1小时采集一次数据。

(2) 温度收缩系数试验结果

对采集的数据进行处理后得到AC-13C型级配沥青混合料的线收缩系数见表3-17:

表3-17 沥青混合料线收缩系数

温度区间(℃)	温度区间内温缩系数 α_i ($\times 10^{-5}$/℃)	平均温缩系数 $\bar{\alpha}$ ($\times 10^{-5}$/℃)
20~15	1.911	
15~10	1.862	
10~5	1.810	
5~0	1.719	
0~−5	1.658	1.583
−5~−10	1.503	
−10~−15	1.468	
−15~−20	1.398	
−2~−25	1.279	
−25~−30	1.225	

3-4-2-3 沥青混合料低温拉伸蠕变试验

(1) 沥青混合料低温拉伸蠕变试验方案

基本试验步骤:采用AC-13C型级配沥青混合料配合比,按照《公路工程沥青与沥青混合料试验规程》(JTJ 052—2000)中的轮碾法成型30cm×30cm×5cm的标准车辙板试件;用切割机将板切割成10cm×4cm×4cm的棱柱体试件;采用环氧胶将棱柱体试件粘结固定在特制夹具端头上,室温条件下静置24h,使试件与夹具粘结强度达到试验要求;采用MTS综合材料试验系统,全部试验过程由计算机来控制;通过MTS环境箱精确控温,利用位移传感器测量应变,计算机自动采集数据;将固定好的棱柱体试件放在环境箱中,4个试件为1组,在某一规定试验温度下放置至少4h,在MTS材料试验机上以1cm/min的加载速率测定该试验温度的平均拉伸破坏强度;考虑到沥青混合料的劲度模量依赖于施加的荷载水平,因此试验统一采用相同试验温度下的拉伸破坏强度的10%作为拉伸蠕变试验采用的拉伸应力;低温拉伸蠕变试验采用4

个棱柱体试件为一组进行平行试验,蠕变时间为1h,每隔3s采集一次应变数据。

(2) 沥青混合料拉伸蠕变试验结果

通过AC-13C型级配沥青混合料在10℃,5℃,0℃,-5℃,-10℃,-15℃,-20℃时的低温拉伸蠕变试验,各不同温度对应的拉伸应力水平$\sigma(t)$恒定为对应于各不同温度的平均拉伸破坏强度的10%,蠕变时间为1h,每隔3s采集一次拉伸应变数据。按照公式计算AC-16C型级配沥青混合料在10℃,5℃,0℃,-5℃,-10℃,-15℃,-20℃时蠕变30min的低温拉伸蠕变劲度模量$S_{(t,T)}$

$$S_{(t,T)} = \frac{\sigma_0(t)}{\varepsilon_{(t,T)}} \tag{3-13}$$

式中 $S_{(t,T)}$——沥青混合料在T℃(10℃,5℃,0℃,-5℃,-10℃,-15℃,-20℃)温度条件下蠕变t时间(30min)的低温拉伸蠕变模量;

$\sigma_0(t)$——低温拉伸蠕变试验中各试验温度条件下的拉伸应力水平;

$\varepsilon_{(t,T)}$——沥青混合料在T℃(10℃,5℃,0℃,-5℃,-10℃,-15℃,-20℃)温度条件下蠕变t时间(30min)的拉伸应变。其拉伸蠕变劲度模量见表3-18。

表3-18 沥青混合料低温拉伸蠕变劲度模量

试验温度T(℃)	10	5	0	-5	-10	-15	-20
$S_{(t,T)}$(MPa)	94.0	182.2	643.5	1823.8	2709.1	3827.7	4734.0

3-4-2-4 沥青路面低温温度收缩应力

假设在10℃温度条件下AC-13C型面层中的累计低温温缩应力为零,则由Hills和Brien提出的沥青路面低温温缩应力近似计算公式(3-12)和表3-17中的AC-13C型线收缩系数,以及表3-18中的AC-13C型低温拉伸蠕变劲度模量,可以计算出不同温度AC-13C型面层中的累计低温温缩应力见表3-19:

表3-19 沥青混合料AC-13C型面层中的累计温度收缩应力$\sigma(t)$

试验温度T(℃)	10	5	0	-5	-10	-15	-20
$\sigma(t)$ (MPa)	0.000	0.014	0.065	0.210	0.424	0.727	1.102

通过对表3-2回归分析可以得出AC-13C型面层中的累计温度收缩应力$\sigma(t)$与面层温度T之间的关系式,详见以下曲线如图3-12和回归关系式(3-14)。

$$\sigma(t) = 0.0015T^2 - 0.0211T + 0.0671 \tag{3-14}$$

第3章 典型半刚性基层沥青路面结构层位功能分析

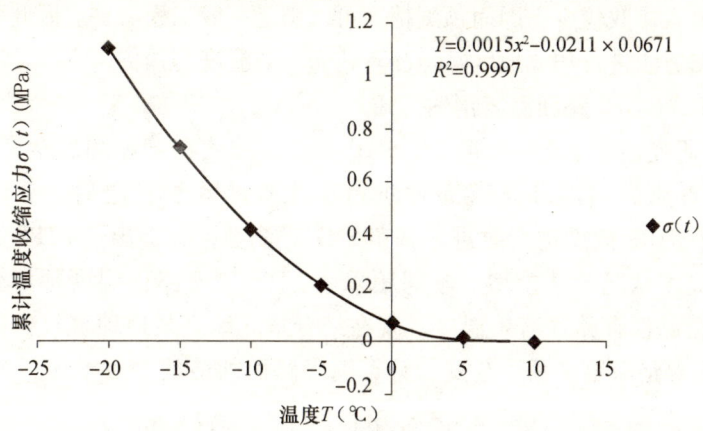

图 3-12　AC-13C 型累计温度收缩应力-温度回归曲线图

由表 3-19 和图 3-12 可以看出，沥青面层中的累计低温温缩应力 $\sigma(t)$ 随着温度 T 的下降而逐渐增大，说明温度越低沥青面层越容易产生低温开裂，这与沥青路面实际使用情况是相符的。下面通过 LTPP 沥青路面温度预估公式，对高速公路沥青路面的有效温度进行预估，进而与华北地区某地冬季气温气象资料相结合，分析典型沥青路面结构的最低有效温度。

3-4-2-5　华北地区某地典型沥青路面结构有效温度预估

早在 20 世纪 30 年代中期，美国就在 Arlington 试验路对自然条件下沥青路面的温度分布状况进行了实际调查工作。随后，美国、前苏联、德国、英国、日本等许多国家的学者针对沥青路面温度场作了大量的调查观测和分析研究工作。综合各国学者的温度分布计算方法，大致可以分为两类：第一类是依据路面温度的实测数据和气象资料采用统计回归分析方法建立路面温度场与环境因素之间的定量关系，可以称为统计分析法。第二类是理论和理论相结合的分析法，是根据气象学和传热学的基本原理采用数值分析方法建立的沥青路面温度场预测模型。

统计分析法的基础是路面温度场与各影响因素的统计学关系，该方法仅能从现象上反映二者的联系，而且建立的预估模型通常存在着地区适应性的问题。理论分析法则基于热传学和气象学的基本原理，能够反映各种因素对路面温度场的影响机理，且综合考虑了影响路面温度状况的环境因素和材料特性。而且，预估模型的适应性强，理论上可以适用于任何地区。在准确获得气象资料和材料热力学参数的条件下，模型的预测精度较高。

尽管统计分析法通常仅考虑影响路面温度场的环境因素，而忽略材料的影响，对模型的预测精度有一定不足。但统计分析法的优点是模型形式和求解过程简单、输入参数较少,因而预测精度可以满足一般工程需要。因此研究将采用统计回归方法进行华北地区某地沥青路面有效温度的预估研究。

(1) LTPP沥青路面温度预估公式

LTPP研究计划于1994年启动SMP项目,陆续在美国和加拿大的39个地区对沥青路面温度和气候条件进行了大量的观测。之后,于1998年,Mohseni对SHRP模型进行改进,基于SMP观测数据,提出了LTPP的沥青路面低温和高温状况预估模型。本课题采用LTPP沥青路面温度预估公式,来计算高速公路沥青路面有效温度。现在结合华北地区某地地理气候特征,采用LTPP沥青路面温度预估公式,计算沥青路面的最低有效温度,如表3-20所示。

模型计算公式中的变量主要有大气温度和纬度,其方程如下:

$$T_{d(\max)} = 54.32 + 0.78 T_{a(\max)} - 0.0025 \text{Lat}^2 - 15.14 \lg(H+25) + Z(9 + 0.61\delta_{air(\max)}^2)^{1/2} \tag{3-15}$$

$$T_{d(\min)} = -1.56 + 0.72 T_{a(\min)} - 0.004 \text{Lat}^2 - 6.26 \lg(H+25) - Z(4.4 + 0.52\delta_{air(\min)}^2)^{1/2} \tag{3-16}$$

式 (3-15) 和 (3-16) 中:

$T_{d(\max)}$——路面最高设计温度,℃;

$T_{a(\max)}$——数年(10年~20年)内7月连续7天最高平均气温的平均值,℃;

$\delta_{air(\max)}$——数年(10年~20年)内7月连续7天最高平均气温的标准差,℃;

$T_{d(\min)}$——路面最低设计温度,℃;

$T_{a(\min)}$——数年(10年~20年)最低气温的平均值,℃;

$\delta_{air(\max)}$——数年(10年~20年)最低气温的标准差,℃;

L_{at}——工程所在地的纬度,39.13°;

H——路面以下的深度,mm;

Z——正态分布系数,$Z=2.055$,可靠度为98%。

(2) 华北地区某地沥青路面结构有效温度预估

华北地区位于中纬度欧亚大陆东岸,主要受季风环流的支配,是东亚季风盛行的地区,属大陆性气候。主要气候特征是,四季分明,春季多风,干旱少雨;夏季炎热,雨水集中;秋季气爽,冷暖适中;冬季寒冷,干燥少雪。1月最冷,平均气温在-3~-5℃;7月最热,平均气温在26~27℃。在四季中,冬季最长,有156~167天;夏季次之,有87~103天;春季56~61天;秋季最短,仅为50~56天。在地区分布上,山地多于平原,沿海多于内地。在季

第3章 典型半刚性基层沥青路面结构层位功能分析

节分布上，6、7、8三个月降水量占全年的75%左右。日照时间较长，年日照时数为2500~2900小时。

3-4-2-6 华北地区某地典型沥青路面结构低温温度收缩应力分析

典型半刚性基层沥青路面结构：

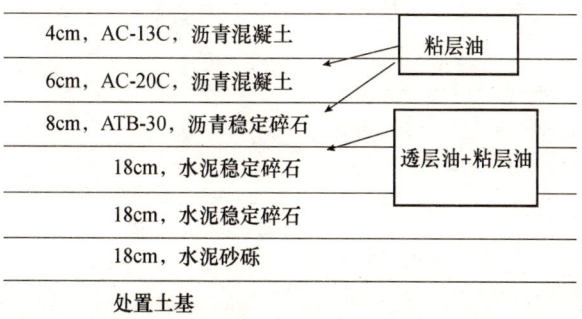

图3-13 计算图示

表3-20 温度场分布

年份	月平均最低气温(℃)	平均最低气温(℃)	方差(℃)	纬度(°)	Z值	路面以下深度H(cm)	对应沥青路面的位置	路面最低有效气温(℃)
2003	-7.6					0	表面层顶面	
2004	-8.6					2	表面层层中	上面层-8.78
2005	-6.5					4	中面层顶面	
2006	-7.5					7	中面层层中	中面层-8.25
2007	-8.9	-7.76	0.93	39.13	2.055	10	下面层顶面	
2008	-6.8					14	下面层层中	下面层-7.63
2009	-7.1					18	下面层底面	
2010	-7.7							
2011	-9.1							

根据研究沥青路面的假定，将沥青面层材料统一处理为中粒式AC-13型沥青混合料；土基、半刚性底基层和半刚性基层各层之间是完全连续接触的；只考虑沥青面层和半刚性基层间的接触条件分为完全连续、部分连续和完全光滑三种情况考虑，并且研究重心放在层间部分连续的情况。通过Hills和Brien在计算沥青路面温度应力时采用的基本假设，以及累计低温温缩应力$\sigma(t)$与面层温度T之间的回归关系式（3-14）可以看出，简化沥青路面结构沥青面层中的累计低温温缩应力$\sigma(t)$同面层、基层的层间结合状况无关，而只与沥青面层沿路面的深度Z有关。因此，根据式（3-14）和表3-21就可以得到华北

地区某地Ⅰ型沥青路面结构的面层累计低温温缩应力 $\sigma(t)$ 沿路面竖向的分布规律，如表3-21和图3-14所示：

表3-21 沥青面层累计低温温缩应力 $\sigma(t)$ 计算结果

深度 Z(mm)	0	2	4	7	10	14	18
最低有效温度 $T_{d(min)}$（℃）	-9.04	-8.78	-8.55	-8.33	-8.13	-7.76	-7.6
累计低温温缩应力 $\sigma(t)$（MPa）	0.38	0.37	0.36	0.35	0.34	0.32	0.31

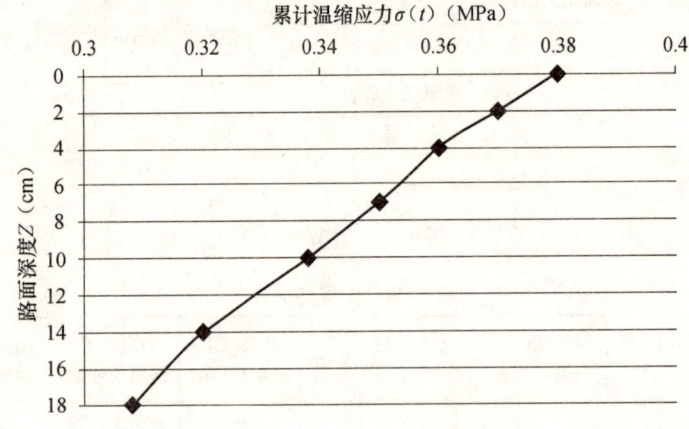

图3-14 沥青面层累计低温温缩应力沿厚度 Z 分布规律

通过以上对路面结构分析，发现在沥青路面层顶的累计低温温缩应力最大；且在沥青面层中部越靠近表面层顶面处的最低有效温度 $T_{d(min)}$ 越低，这点与LTPP研究成果一致，累计低温温缩应力越大，越容易产生低温收缩裂缝。因此，沥青路面的累计低温温缩应力峰值分布区域为靠近沥青面层顶面的面层上部区域。

3-4-2-7 沥青路面结构主要低温抗裂功能区研究

沥青路面主抗低温缩裂区是指在沥青路面结构层内部，对抗低温缩裂起关键作用的层位。本章3.1中确定了半刚性基层沥青路面主抗低温缩裂区的两个判定原则，下面根据这两个判定原则和面层低温温缩应力分布规律，确定典型沥青层路面主抗低温缩裂区。

由前几节的研究结果可以知道，对于典型沥青路面（面层厚度为18cm），不论沥青面层与半刚性基层之间的接触状况如何，沥青路面面层内部低温温缩应力的峰值分布区域，都为靠近沥青面层顶面的面层上部区域。

根据沥青路面设计施工规范中的有关要求，沥青上、中、下面层集料的公称最大粒径宜从上至下逐渐增大，同时沥青上、中、下面层各层结构厚度也应

第3章 典型半刚性基层沥青路面结构层位功能分析

当与集料的公称最大粒径相匹配；此外还需要兼顾技术经济方面的要求。因此半刚性基层沥青路面的沥青上、中、下面层结构层厚度在通常情况下宜从上至下逐渐增大，而且通常上面层采用最大公称粒径为13mm（细粒式）或16mm/20mm（中粒式）的沥青混合料，因此按沥青单层设计厚度不小于最大公称粒径2.5倍的要求，上面层厚度取40～50mm比较合适。与此同时，上面层厚度取40mm，也和华北地区某地几种典型沥青路面的面层低温温缩应力极值区域（靠近面层顶面的面层上部区域）相符合，可以使上面层抗低温缩裂的主要功能发挥到最佳状态，因此可以将此上面层作为主抗低温缩裂区，如图3-15所示。

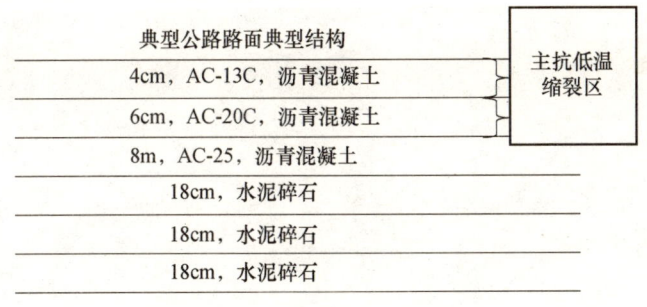

图3-15 主抗低温缩裂区示意图

3-4-3 低温缩裂分析小结

本章采用希尔斯（Hills）和布来因（Brien）提出低温温缩应力计算公式研究了沥青路面抗低温缩裂层位分工特性，主要研究结论如下：

（1）北方冬季寒冷地区沥青路面出现温缩裂缝的主要原因，是由于气温骤降造成沥青面层温度收缩，在有约束的沥青面层内产生的温度应力超过沥青混凝土的抗拉强度时，造成沥青面层开裂。

（2）通过LTPP沥青路面温度预估公式，根据华北地区某地气象资料，准确预测出沥青路面结构内部温度梯度的分布状况。

（3）通过线收缩系数试验和低温拉伸蠕变试验，可以确定沥青面层材料的线收缩系数和低温拉伸蠕变劲度模量，进而采用希尔斯（Hills）和布来因（Brim）提出低温温缩应力计算公式分析了半刚性基层沥青路面面层低温温缩应力。

（4）典型结构沥青路面面层内部越靠近面层顶面的位置低温温缩应力越大，因此，路面累计低温温缩应力峰值分布区域都为靠近沥青面层顶面的面层上部区域。通过计算发现，华北地区某地沥青路面温缩应力较小，发生低温开裂的几率相对较低，因此低温开裂破坏不应作为华北地区某地沥青路面主要的防治破坏形式。

（5）根据有关设计施工方面的要求，上面层厚度取 40mm，基本与 8 种沥青路面的面层低温温缩应力峰值区域（靠近面层顶面的面层上部区域）相重合，可以使上面层抗低温缩裂的主要功能发挥到最佳状态，因此可以将此上面层作为主抗低温缩裂区。

第4章　高性能半刚性基层材料制备技术与性能

4-1　概　述

20世纪80年代期间，无机结合料稳定粒料（土）类为基层、沥青混合料面层，即"半刚性基层沥青路面"被广泛应用于高等级公路路面中。经过十几年的不断实践和总结，采用半刚性材料修筑路面结构的基层和底基层技术不断完善。我国已建成的高速公路的路面，98%左右高等级沥青混凝土路面的基层或底基层都是采用半刚性材料，而且强度越来越高，这对路面的整体承载能力是好的。

半刚性基层路面的力学性能有一定的优越性，其主要表现在：具有较高的强度和承载能力，稳定性好，刚度大。半刚性基层抗压回弹模量值可高达4200MPa（弯拉应力计算用），因而其上的沥青面层基本处于受压状态，从而提高了沥青面层抵抗行车疲劳破坏能力。

但是，高强度、高承载力不一定意味着最好的路用性能，因为半刚性基层材料本身就存在难以克服的缺陷和不足。工程实践中出现的问题主要表现为存在收缩裂缝，当有水渗入后可能出现唧浆现象；当结构组合设计不合理或半刚性基层自身存在质量问题时，往往会发生结构性破坏。这些问题的存在与当前半刚性基层材料设计方法和评价标准落后和当前技术发展水平息息相关。从公路散体材料的发展历史看，目前对水泥稳定碎石等半刚性材料的研究并不深入，对其路用性能的认识并不全面，通过改变传统的设计理念，在路面结构不变的情况下，寻求新的设计方法、设计性能更为优良的半刚性材料，是提高路面使用性能、预防早期破坏的有效途径。

以水泥稳定粒料为代表的半刚性基层，在现时存在的超载运输条件下主要破坏形式有：疲劳破坏及因开裂导致或诱发的系列病害。上述病害显然和材料设计、结构设计均有内在联系（施工环节姑且不论）。材料设计方面存在的主要问题是：配合比设计压实方式与现场碾压方式不匹配；质量控制指标单一；压实标准偏低；规范规定的级配范围太宽，难以保证工程质量。

水泥稳定碎石混合料出现早期破坏与我国现行的配合比设计成型方式的不合理及标准单一导致水泥剂量过高、压实度标准偏低、级配不良等有密切关系。因此满足对于半刚性基层长寿命抗疲劳的性能需求，必须实现半刚性材料的高性能化。而实现高性能化的可行的技术措施是在合理的级配范围内，适当降低水泥剂量、提高压实度标准。但最佳级配范围如何确定，水泥剂量降低多少，压实度标准提高到什么程度，却需要以科学的方法去开发能够模拟现场压实工况的室内试件成型方式并提出切实可行的施工控制标准。振动压实成型工艺是实现有效模拟现场压实的有效技术手段，是实现半刚性基层材料高性能化的必要条件。

任何材料都有其优势和劣势，工程技术人员的作用就是在工程上充分发挥材料的优势，并采用合理有效经济的手段来缓解甚至改变材料的劣势。半刚性基层沥青路面出现早期破坏现象并不表明半刚性基层沥青路面路用性能差，更不等于半刚性基层沥青路面不适宜作高等级路面的结构，只是工程实践中出现的一些问题反映出的实际问题需要进一步研究改进。寻求一种更合理的材料设计方法、更全面的评价指标及更能模拟现场施工的试验方法等，以更好的认识半刚性基层材料的各项性能，对实际工程更具有指导价值。耐久性好，综合路用性能佳的半刚性基层材料对延长我国高速公路使用寿命，改善公路服务水平，提高公路建设质量有着巨大的意义。

4-2 振动成型法制备高性能半刚性基层材料

4-2-1 研究方案

选定3个目标级配（级配1、级配2、级配3），见表4-1，其中级配1、级配2、级配3通过改变4.75mm通过率，分别采用不同的水泥剂量（3.5%、4.5%、5.5%）共计9个配比进行配合比设计研究及路用技术性能研究。各目标级配依据集料筛分结果进行配合，见表4-1，级配曲线如图4-1所示。

表4-1 目标级配

目标级配	各筛孔通过率（%）						
	31.5	19	9.5	4.75	2.36	0.6	0.075
级配1	100	75.3	41.2	24.4	16.8	8.4	4.0
级配2	100	80.4	47.3	29.0	20.2	12.3	4.2
级配3	100	85.6	52.7	34.4	24.5	14.1	4.3

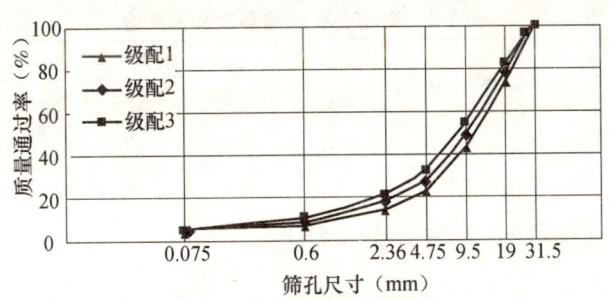

图 4-1　矿料级配曲线

4-2-2　压实功

我国公路、建设部门室内常用的确定材料最佳含水量和最大干密度的试验方法是重型击实法，测定材料的技术指标的试件成型方式是静力压实方法。重型击实在室内通过施加冲击荷载对被压材料进行压实，与现场的夯实过程一致，与现场静力压路机的作用过程虽不尽相同，单就通过对材料产生剪应力使之压实这一作用过程来说是相似的。但是与通过振动压实以高频振动作用使材料产生"液化"来导致密实的过程是完全不同的。

静力压实成型试件的方法和静力压路机的滚动压实机理是基本相同的，但是和振动压路机的振动压实机理则大大不同，在振动压路机的作用下，集料的占有量理想的极限状态是骨架密实状态，而静力压实下基本上是呈现悬浮密实结构，理论和实践证明这两种结构的力学性能相差甚远。振动击实仪的静面压力和振动频率、振幅、激振力都尽量模拟现场压实，因此其压实效果与现今国内外大多数振动压路机非常接近。采用振动击实仪确定的水泥稳定碎石最佳含水量和最大干密度更符合现场实际。传统的重型击实法和振动击实法都是通过对材料做功使其逐渐被压实，因此做功的差异势必也影响混合料的各项性能。表 4-2 为重型击实法的各项参数及其由此计算得出的击实功，其中假设落锤落下的势能完全无损耗地作用于混合料，且认为落距均为 45cm。表 4-3 为振动击实的各项参数及其击实功，其中假定振幅均为 1.4mm，频率为 30Hz。

表 4-2　重型击实试验参数及击实功

类别	锤质量（kg）	锤击面直径（cm）	落高（cm）	试筒尺寸			锤击层数	锤击次数	平均单位击实功（J）
				内径（cm）	高（cm）	容积（cm³）			
丙法	4.5	5.0	45	15.2	12.0	2177	3	98	2.677

表 4-3　振动击实试验参数及击实功

试验方法	振频（Hz）	振幅（mm）	激振力（N）	静面压力（kPa）	击实时间（min）	击实功（J）
振动击实	30	1.4	7612	140	2	5.881

4-2-3 最佳含水量与最大干密度

压实度，是指施工现场压实后取样测定的干密度与标准干密度的比值，该指标用来控制和评价基层的施工质量。因此，要有效地控制路基压实的质量，就需要解决标准干密度的标准取值。我国现行规范中采用重型击实法确定材料的标准干密度，对三种级配采用重型击实和振动击实方法分别确定不同级配及水泥剂量的水泥稳定碎石混合料的最佳含水量及最大干密度，对比试验结果见表 4-4。

表 4-4　振动成型法与重型法确定的最佳含水量、最大干密度对比表

试验类型			水泥剂量（%）	3.5	4.5	5.5
振动击实	级配1	最佳含水量（%）		5.0	5.1	5.2
		最大干密度（g/cm³）		2.461	2.466	2.467
	级配2	最佳含水量（%）		5.2	5.4	5.4
		最大干密度（g/cm³）		2.471	2.479	2.481
	级配3	最佳含水量（%）		5.4	5.5	5.6
		最大干密度（g/cm³）		2.488	2.495	2.499
重型击实	级配1	最佳含水量（%）		5.1	5.2	5.3
		最大干密度（g/cm³）		2.368	2.373	2.376
	级配2	最佳含水量（%）		5.3	5.4	5.4
		最大干密度（g/cm³）		2.376	2.382	2.388
	级配3	最佳含水量（%）		5.4	5.4	5.4
		最大干密度（g/cm³）		2.394	2.398	2.399

由表 4-4 可知，振动击实混合料的最大干密度明显高于重型击实最大干密度，对同一级配而言，两种击实方式的发展趋势一致，最大干密度均随水泥剂量的增加而有所提高。比较含水量可以发现：两种击实方式的混合料均随水泥剂量的增加，含水量略有增长，但趋势不明显。随级配变细，含水量也略有提高。综合比较，重型击实的最佳含水量略高于振动击实的最佳含

第4章 高性能半刚性基层材料制备技术与性能

水量。

4-2-4 强度特性

试验证明振动成型制备工艺可使水泥稳定碎石混合料最佳含水量减少、最大干密度提高，且振动方式下，级配2达到骨架密实结构。本次试验将不同级配和不同水泥剂量的混合料在两种试验方法（重型击实试验和振动击实试验）确定的最大干密度和最佳含水量下，按压实度98%，分别采用重型（相对于重型击实）和振动（相对于振动击实）成型7天、28天、90天圆柱形试件，尺寸为$\phi 15cm \times 15cm$。按试验标准方法进行试验，结果如下：

表4-5为强度试验结果，表中强度值为$Rc_{0.95}$。

表4-5 振动成型法与重型法成型水泥稳定碎石混合料无侧限抗压强度对比

级配	水泥剂量	3.5%		4.5%		5.5%	
	龄期（d）	振动（MPa）	重型（MPa）	振动（MPa）	重型（MPa）	振动（MPa）	重型（MPa）
级配1	7	4.26	3.37	5.84	3.96	6.63	4.46
	28	4.85	3.86	6.24	4.36	9.50	5.54
	90	6.24	4.85	9.50	4.95	10.99	6.73
级配2	7	4.75	3.56	6.14	3.96	7.33	4.36
	28	5.74	4.16	8.22	5.25	11.19	5.45
	90	7.03	4.85	10.40	6.04	11.98	6.63
级配3	7	4.55	3.47	5.74	3.96	7.33	4.95
	28	5.84	3.76	7.72	4.75	9.90	5.15
	90	6.34	4.36	8.61	5.45	13.17	6.04

（1）级配对水泥稳定碎石混合料强度的影响

图4-2、图4-3为振动成型法与重型法各级配对不同龄期的强度影响关系，由表4-5及图4-2、图4-3可知：

①两种成型方式下，各级配混合料强度随龄期增长而增长；

②相同龄期、相同成型方式条件下，级配对强度影响规律一致，级配2强度优于级配1和级配3。

（2）水泥剂量对水泥稳定碎石混合料强度的影响

由图4-4、图4-5可知振动成型法与重型法水泥剂量对不同龄期的强度影响关系：

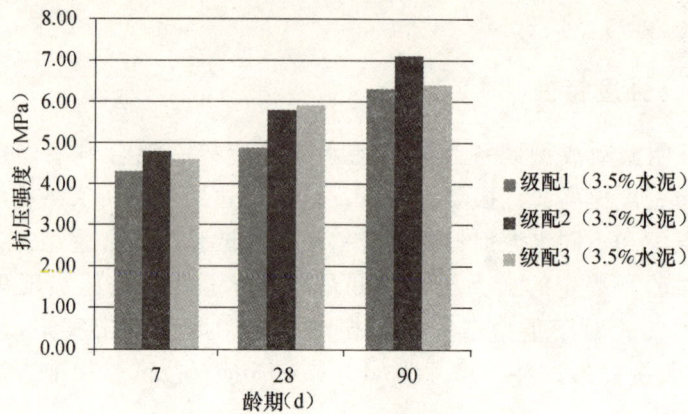

图 4-2 振动成型法不同龄期混合料强度

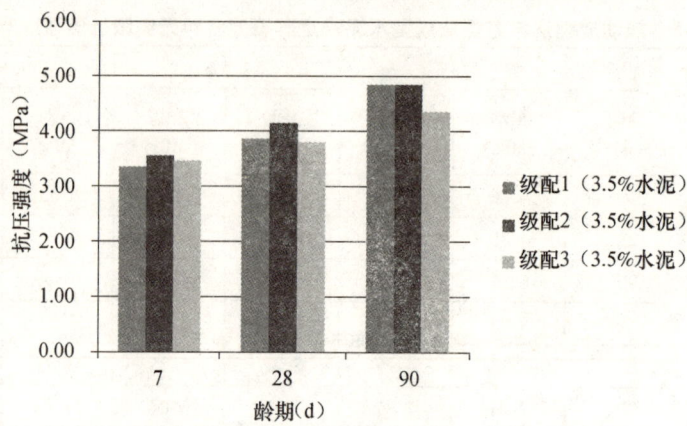

图 4-3 重型法级配对不同龄期混合料强度的影响

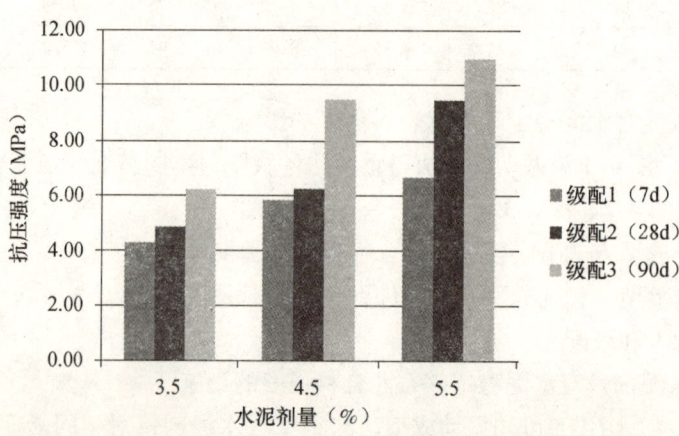

图 4-4 振动成型法水泥剂量对不同龄期混合料强度的影响

第4章 高性能半刚性基层材料制备技术与性能

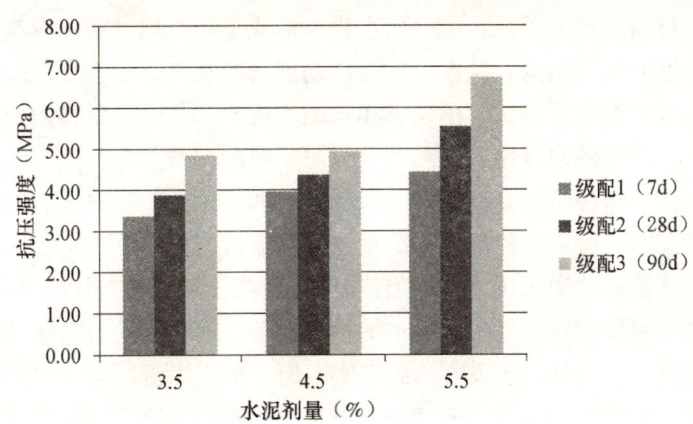

图 4-5 重型法水泥剂量对不同龄期混合料强度的影响

①相同成型方式下,水泥剂量增加,各龄期混合料强度也随之增加;

②振动成型法各龄期的抗压强度随水泥剂量的提高较重型法明显。

(3) 成型方式对水泥稳定碎石混合料强度的影响

由表4-6:水泥剂量相同,振动成型试件无侧限抗压强度比重型成型有很大提高。振动与重型试件无侧限抗压强度的倍数关系分别为:级配1:1.265~1.920倍,平均1.592,级配2:1.333~2.055倍,平均1.694;级配3:1.314~2.180倍,平均1.747。因此认为级配振动成型方式下可以充分发挥其空间结构作用。

表 4-6 振动成型法与重型法的强度比值

级配	龄期	强度比值(振动/重型)		
		水泥 3.5%	水泥 4.5%	水泥 5.5%
级配 1	7d	1.265	1.475	1.489
	28d	1.256	1.432	1.714
	90d	1.286	1.920	1.632
级配 2	7d	1.333	1.550	1.682
	28d	1.381	1.566	2.055
	90d	1.449	1.721	1.806
级配 3	7d	1.314	1.450	1.480
	28d	1.553	1.625	1.923
	90d	1.455	1.582	2.180

4-2-5 劈裂强度对比分析

水泥碎石混合料在振动与冲击复合作用下,材料颗粒处于振动状态,液体水的振动使材料颗粒的外层包围一层水膜，形成了颗粒运动的润滑剂，减小了材料间的摩擦力和粘结力，颗粒更容易移动到密实状态，由于颗粒间的相对位置在振动压实时发生了变化，出现了相互填充现象，此时，材料内骨架颗粒之间相互嵌挤所产生的内摩擦阻力和结合料与集料的粘结力都很大，形成了骨架—密实型结构，这种结构具有较高的承载能力和稳定性。而对于静力压实，在材料松散状态时，可以迫使混合料的颗粒相互靠近，移动到稳定的位置，如果要继续压实就得继续增大压力，必须使静力压实引起的应力超过材料的剪切破坏应力，才有可能使材料发生进一步的相互错动，而相应的材料间的摩擦阻力也要继续增大，此时材料还没有达到密实，所有的受力都将落在粗集料上，迫使粗集料破碎以达到进一步的密实稳定状态。这种压实导致预计的级配退化，粗颗粒减少，形成一种密实—悬浮结构，这种结构中结合料和集料的粘结力构成了强度的主体部分，大的颗粒只能悬浮在细颗粒之间，没有形成骨架。因此动力成型的试件结构的强度和稳定性都优于静力成型试件。

不同级配和不同水泥剂量的混合料在两种试验方法（重型击实试验和振动击实试验）确定的最大干密度和最佳含水量下，按压实度98%，分别采用重型（相对于重型击实）和振动（相对于振动击实）成型90天圆柱形试件，尺寸为$\phi 15cm \times 15cm$。按实验标准方法进行试验，劈裂强度试验结果见表4-7，劈裂后芯样剖面及侧面如图4-6所示。

表4-7 振动成型法与重型法成型水泥稳定碎石混合料劈裂强度对比

级配	水泥剂量	3.5%		4.5%		5.5%	
	龄期(d)	振动(MPa)	重型(MPa)	振动(MPa)	重型(MPa)	振动(MPa)	重型(MPa)
级配1	7	0.416	0.228	0.455	0.248	0.495	0.277
	28	0.465	0.277	0.545	0.277	0.604	0.327
	90	0.564	0.317	0.634	0.327	0.693	0.356
级配2	7	0.436	0.238	0.485	0.257	0.515	0.307
	28	0.525	0.297	0.594	0.317	0.624	0.347
	90	0.604	0.337	0.683	0.386	0.713	0.406
级配3	7	0.465	0.257	0.505	0.277	0.545	0.307
	28	0.574	0.317	0.634	0.356	0.683	0.386
	90	0.653	0.376	0.723	0.416	0.782	0.426

由表4-7中数据可以看出：

（1）各配比水泥稳定碎石混合料劈裂强度均随龄期的增长而增大，其增长趋势与龄期亦呈对数函数关系，且有较好的相关性。在混合料成型初期材料强度增长最快，随着龄期的延长材料的强度增长逐渐减缓，直至达到稳定。

第4章　高性能半刚性基层材料制备技术与性能

（a）重型剖面图　　　　　　　　（b）振动剖面图

（c）重型外侧面　　　　　　　　（d）振动外侧面

图 4-6　劈裂强度侧面及剖面图

（2）对于同一级配，随水泥剂量的增加，各级配组成的水泥碎石混合料劈裂强度逐渐增大。随龄期增长，振动成型的试件比重型成型方式的试件劈裂强度增长受水泥剂量的影响更明显。

（3）不同成型方式下，振动成型试件的劈裂强度是重型成型试件的 1.68～1.96 倍，振动击实提高材料的劈裂强度的趋势是基本不变的。

试验中观察不同成型方式下的试件侧面，可以看到显著差异。振动成型试件表面光滑密实。静力成型试件表面多孔，粗糙。由试件剖面图可以看到，振动成型试件剖面结构密实，肉眼观察看不到大的空隙，混合料形成一个完整密实的整体结构。而重型成型试件剖面则很松散，且粗集料分布亦不均匀，肉眼可以看到大大小小的空隙分布于剖面表面上。

4-2-6　抗压回弹模量

路面材料的抗压回弹模量是反映路面材料力学性能的重要指标，其数值对路面结构层设计影响很大。合理的半刚性路面基层材料的抗压回弹模量的取值对路面结构设计有着重要意义。

现行规范中对于水泥稳定中、粗粒土的抗压回弹模量的取值建议为1300～1700MPa。我国地域辽阔，由于原材料、试验方法、试验人员的差异，各地测得的水泥稳定碎石的抗压回弹模量差异较大。随着交通量的增长和车辆轴重和胎压明显加大，早期破坏严重，导致施工、设计单位由于认识上的误区而对水泥稳定碎石的回弹模量的取值有越来越高的趋势。由于过于追求满足强度的指标，导致了在材料组成设计、结合料剂量、基层模量方面的忽视。这样设计和施工出来的材料，在温度条件变化、干燥失水以及行车荷载等外部因素的单独或综合作用下，势必造成混合料的温缩、干缩裂缝和混合料的松散。从而破坏了半刚性材料的板体性能，大大降低了其承重能力。有时裂缝还反射到路面面层，形成反射裂缝，加剧了路面破坏。国内各地多条道路实际检验7d强度和抗压回弹模量均远高于设计值，且强度越高的路段开裂情况越严重。较高的基层模量会增加面层竖向压应力，增大基层层底的拉应力，影响疲劳寿命；同时会减薄基层的厚度，使得裂缝很容易向上发展并反射至面层。这与半刚性基层刚性太大及抗干缩、温缩、冲刷性能下降有很大的关系。基层的模量和厚度必须保持在一个合理的范围内，才能从整体上获得好的路用性能。

振动成型和重型成型的90d试件进行室内抗压回弹模量试验，试验结果见表4-8：

表4-8 抗压回弹模量试验结果

级配	水泥剂量	3.5%		4.5%		5.5%	
	龄期(d)	振动(MPa)	重型(MPa)	振动(MPa)	重型(MPa)	振动(MPa)	重型(MPa)
级配1	90	1298.48	1144.25	1640.76	1478.57	1774.09	1619.86
级配2	90	1410.91	1273.60	1719.36	1570.11	1882.54	1727.32
级配3	90	1286.54	1129.33	1578.07	1405.94	1748.22	1611.90

由上表可以看出，对于水泥剂量4.5%时，级配2确定的水泥碎石混合料90d无侧限抗压强度和抗压回弹模量有以下关系：

$$E_{90} = CT \cdot R_{90} \qquad (4-1)$$

式中：成型方式为振动成型方式时，$CT=165$；

成型方式为重型击实方式时，$CT=259$。

由以上试验结果可以看出：

（1）相同龄期下，水泥碎石的抗压回弹模量随水泥剂量增加而增大，并且级配组成可使混合料的抗压模量达到一峰值。

（2）根据无侧限抗压强度与抗压回弹模量的关系，可设计出合理的水泥剂量，从而使强度在合理的范围内变化，既不致过高，也不致过低。

（3）振动成型的强度提高了 1.72 倍，而回弹模量仅提高了 1.11 倍，说明水泥碎石混合料在强度大幅度提高的情况下，其刚度变化不大。

4-2-7　干缩性能

水泥碎石混合料干燥收缩是由于其内部含水量的变化而引起的整体宏观体积收缩的现象。水泥与各种粗、细集料拌和、碾压后，由于蒸发和混合料内部水化作用，混合料内部水分不断减小，由此会发生毛细管作用、吸附作用、分子间作用、材料矿物晶体或凝胶体间层间水的作用和碳化作用等会引起水泥稳定碎石混合料产生体积收缩。水泥稳定碎石材料产生干缩的程度与材料类型及物理化学性质、矿物成分、配比、材料强度、含水量及环境条件有密切关系。

为探明两种成型方式对水泥稳定碎石混合料收缩性能的影响，试验通过振动成型 10cm×10cm×40cm 梁式试件（水泥掺量4%），养生90d，用千分表法测试件干缩应变，同时成型相同级配及水泥剂量下的重型法强度试件进行比较。试验结果如图 4-7 至图 4-10，分析如下：

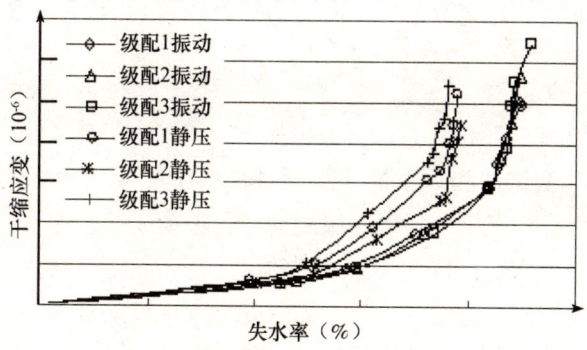

图 4-7　干缩应变失水率关系图

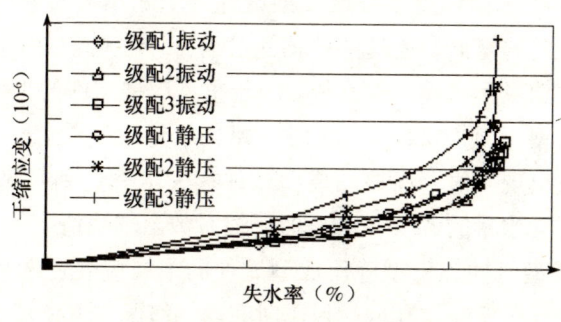

图 4-8　干缩系数失水率关系图

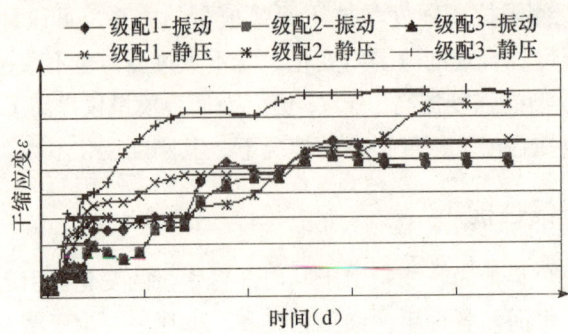

图4-9 干缩应变风干时间关系图

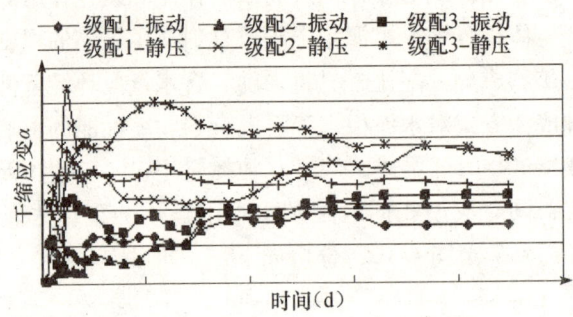

图4-10 干缩系数风干时间关系图

试验结果如图4-7至图4-10，分析如下：

(1) 振动成型试件和重型静压成型试件的干缩应变随着失水率的增加而变大：相同失水率情况下，对同一级配而言，振动成型试件干缩应变要小于重型成型试件的干缩应变；传统方法成型的试件密实程度不够，在相同失水率的情况下，级配过粗或是过细都会使干缩应变增大；级配合理甚至偏粗时，振动成型试件的干缩应变随失水率的增加，增长幅度较小。

(2) 振动成型试件和重型静压成型试件的干缩系数随着失水率的增加在不同阶段出现不同的峰值，在这些峰值中会有一个主峰。相同失水率情况下，对同一级配，振动成型试件干缩系数要小于重型成型试件的干缩系数；重型成型的试件在失水率达到0.22~0.25时，即失水量达到最佳含水量的10%~18%时干缩系数出现峰值，而振动成型试件在失水率达到0.39~1.08时，即失水量达到最佳含水量的22%~40%时干缩系数出现峰值。

(3) 振动成型试件和重型静压成型试件的干缩应变皆随风干时间的增加而增加，最后趋于稳定。在相同的风干时间内，级配3重型成型试件的干缩应

第4章 高性能半刚性基层材料制备技术与性能

变最大,其他的重型成型试件的干缩应变均大于振动成型试件,且各级配变化规律大体与前述相同。

(4) 干缩系数会随着风干时间出现峰值,最后随着时间的延长趋于稳定。

对以上三种级配的水泥稳定碎石混合料进行了干缩抗裂系数计算,计算结果见表4-9,由表知:相同水泥剂量下,级配由粗变细时,无论是振动成型法还是重型法成型的混合料试件的干缩抗裂系数均逐渐减小,其中重型法试件的干缩抗裂系数减少幅度较大。整体考虑振动成型试件的干缩抗裂性能要好于重型成型试件。

表4-9 水泥稳定碎石混合料干缩抗裂系数表(养生90d,水泥剂量4.5%)

成型方式	级配	干缩抗裂系数	干缩应变抗裂系数	干缩应力抗裂系数	劈裂模量(MPa)	劈裂应力(MPa)
振动成型法	级配1	2.132	1.040	2.091	4788	1.173
	级配2	2.397	1.102	2.213	5557	1.295
	级配3	1.795	0.959	1.907	6072	1.255
重型静压成型	级配1	1.632	0.908	1.826	2646	0.653
	级配2	1.091	0.745	1.499	3072	0.724
	级配3	0.694	0.592	1.183	3356	0.694

总结以上规律可以发现影响水泥稳定碎石混合料的干缩应变、干缩系数、干缩抗裂系数等表征抗裂性能指标的因素主要是成型方式,其次是级配。

4-2-8 温缩性能对比分析

前面章节仅仅对振动成型法7d龄期的抗温缩能力进行了分析,为了进一步研究成型方式、级配等因素对温缩能力的影响,本节对前述三种级配的混合料进行两种对比分析。研究分别采用振动成型法和重型法两种成型方式成型梁试件,养生90d后进行温缩试验。

(1) 不同成型方式的温度与温缩应变的变化规律

图4-11所示为不同成型方式下温缩应变随温度的变化情况。由图知,随着试验温度的降低,混合料温缩应变不断增加。相同温度不同级配时,级配由粗到细时,温缩应变也逐渐增加(温缩应变:级配3>级配2>级配1)。同一

级配时，振动成型的试件的温缩应变小于重型成型试件。因此影响温缩应变的主要因素是成型方式。

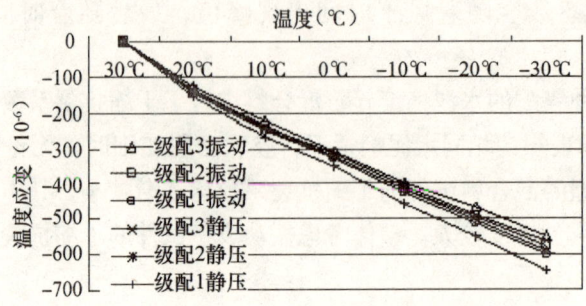

图 4-11　不同成型方式下温度与温缩应变的关系图

（2）不同成型方式的温度与温缩系数的变化规律

由图 4-12 可知：在烘干状态下三种级配混合料温缩系数总体上随着温度的降低而不断减小；不同粗细级配的变化规律基本与温缩应变的变化规律相同，级配由粗到细时，温缩系数也逐渐增加（温缩系数：级配 3 > 级配 2 > 级配 1）。同一级配振动成型试件的温缩应变略小于重型成型试件的温缩系数。

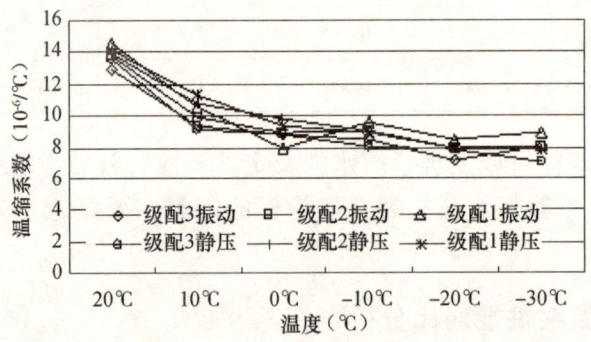

图 4-12　不同成型方式下温度与温缩系数的关系图

（3）用温缩抗裂系数指标评价水泥稳定碎石混合料抗干缩能力

对以上三种级配的水泥稳定碎石混合料进行了温缩抗裂系数计算，计算结果见表 4-10，由表知：相同水泥剂量下，级配由粗变细时，无论是振动成型法还是重型法成型的混合料试件的温缩抗裂系数均逐渐减小，其中重型法试件的温缩抗裂系数减少幅度较大。整体考虑振动成型试件的温缩抗裂性能要好于重型成型试件。

第4章 高性能半刚性基层材料制备技术与性能

表4-10 水泥稳定碎石混合料温缩抗裂系数表（养生90d，水泥剂量4%）

成型方式	级配	温缩抗裂系数	温缩应变抗裂系数	温缩应力抗裂系数	劈裂模量（MPa）	劈裂应力（MPa）
振动成型	级配1	4.27	1.46	2.92	4695	1.15
	级配2	3.35	1.29	2.59	5449	1.27
	级配3	1.26	0.80	1.59	5953	1.23
重型成型	级配1	3.83	1.38	2.77	2595	0.64
	级配2	3.09	1.24	2.49	3012	0.71
	级配3	1.00	0.71	1.41	3291	0.68

4-2-9 抗冲刷性能

随着路面的使用，由于多重原因产生的面层裂缝变宽、变长，水分由裂缝处渗入路面基层，并向四周扩散。进入基层的水分很难蒸发，致使局部的基层始终处于潮湿状态，弹性模量降低，在行车荷载的作用下，基层顶面塑性变形增加，在个别基层水分处于饱和状态的地方，已有轻微的冲刷现象出现，但是由于冲刷量小，观察不到唧泥现象。随着时间的推移，未处治的路面裂缝可能会进一步发展，每逢雨雪天气，水分就会大量进入路面结构层并在脱空较严重的地方积聚成流动水。此时的路面具备了冲刷作用的几个条件：行车的荷载作用、大量的流动水以及由于基层的塑性变形而在路面面层底面与基层顶面形成的脱空（冲刷腔），路面基层的冲刷变得越来越严重，唧泥现象也开始出现，这种现象在春融期间更加明显。在实际中，路面的冲刷作用与路面结构层之间脱空的形成与发展相辅相成，冲刷使脱空加剧，脱空又使得冲刷迅速发展，最终导致路面出现大面积网裂等结构性破坏。

由于沥青路面裂缝的特点，沥青路面结构中半刚性基层冲刷有以下几种形式：

（1）沥青面层的裂缝是由于面层自身低温脆裂而引起的，在面层裂缝下水泥稳定类基层没有裂缝与之对应。在这种情况下冲刷主要发生在面层底面与基层顶面之间。

（2）沥青路面面层的裂缝是基层引起的反射裂缝，这种情况引起的基层冲刷更严重。因为此时水不但会侵入面层与基层交界面之间，而且还会顺着裂缝进入到基层与底基层的交界面上。当冲刷严重时，底基层也会发生冲刷，细泥浆同样也会被挤出路面面层。

（3）路面面层有许多微裂缝，水分由面层微裂缝渗入后，在基层表面局部的地方积聚，在渗水初期，水分被基层吸收，伴随着基层逐渐饱和，局部基层的弹性模量也同时降低，在行车荷载作用下，此部分比其他地方更易出现面层与基层之间的脱空，当脱空和水分积累达到一定程度时，便开始了冲刷作用，因为路面面层无明显裂缝，所以在路面上看不到唧泥现象，但这种基层的冲刷作用很快就能导致路面面层局部开裂，继而路面出现低洼、坑洞。

半刚性基层材料的抗冲刷性能试验研究在国际上刚开展不久。在法国，研究人员利用旋转刷或振动台来做基层材料的室内冲刷性能试验如图4-13所示。澳大利亚的研究人员也用振动台进行冲刷试验如图4-14，试验装置与法国的基本相同，只是试件尺寸、振动频率等试验条件的规定不同。与旋转刷试验相比，它在试验过程中考虑了水对试件的浸蚀作用及路面面层在行车荷载的作用下对饱水基层顶面的"泵吸作用"。

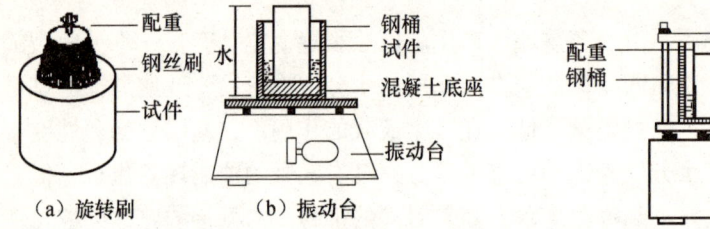

图4-13 法国冲刷试验装置　　图4-14 澳大利亚振动台试验装置

综合有关成果，研究采用振动台法进行抗冲刷试验：对于沥青路面而言，车轮荷载作用在面层表面的单位压力一般约为0.7MPa。基层顶面所受的单位压力随沥青面层厚度不同在0.5~0.7MPa变化，考虑到公路行车速度和交通量以及试验装置的稳定性取振动频率为10Hz，作用时间从5min到30min，选择级配2、水泥剂量为4%的重型成型和振动成型的圆柱试件，试验结果见表4-11及图4-15：

表4-11 冲刷试验结果

作用力（MPa）	频率（Hz）	时间（min）	振动成型冲刷量		重型成型冲刷量	
			平均值（g）	偏差系数（%）	平均值（g）	偏差系数（%）
0.5	10	5	5.14	2.45	57.90	3.28
		10	12.78	3.44	88.10	4.36
		15	17.50	4.36	125.02	3.70
		20	21.55	4.27	147.58	2.57
		25	23.62	3.60	163.45	7.62
		30	24.69	6.48	169.10	7.50

第4章 高性能半刚性基层材料制备技术与性能

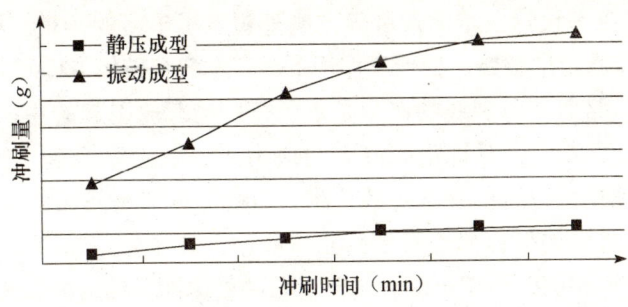

图 4-15 冲刷时间与冲刷量关系图

通过对表 4-11 及图 4-15 分析可知：无论是振动成型试件还是重型成型试件，在相同的冲刷条件下，水泥稳定碎石的冲刷量随冲刷时间的延长呈线性增长，重型成型试件在前期增长较快，后期趋于平缓；冲刷时间为 30min 时，重型试件的冲刷量是振动试件的 6.84 倍。此结果也表明振动成型方式对提高混合料的抗冲刷能力有明显作用；上述结果反映出半刚性材料作为道路基层在受到冲刷时，冲刷量不完全是呈线性变化的。

4-2-10 高性能半刚性材料性能小结

混合料试件成型方式对水泥稳定碎石混合料路用性能有极显著影响，通过采用振动成型的方法可以使水泥稳定材料实现各方面性能的显著提升，体现在：振动击实法确定的最大干密度均大于重型击实法确定的最大干密度；水泥剂量相同，振动成型试件无侧限抗压强度和劈裂强度远大于重型法成型的试件；水泥剂量相同，振动成型试件抗压回弹模量略大于重型法成型试件；振动成型法试件抗干缩、温缩能力优于重型成型试件；振动成型试件的抗冲刷能力优于重型成型试件；与重型法不同，振动成型法研究结果表明水泥稳定碎石混合料可以达到强度及抗裂能力同时增加的最优效果。只要级配合理，没有必要通过增加水泥用量，牺牲一部分抗裂能力为代价换取强度的合格。用振动成型法优化的水泥稳定碎石混合料达到了抗裂能力最佳、水泥剂量少、强度合格及工程造价降低的最佳效果。

4-3 高性能半刚性基层材料的疲劳性能

疲劳是引起材料、构件等失效的主要原因，因此，由于疲劳引起的失效在工程失效中显得尤为突出。自 19 世纪中叶以来，人们为认识和控制疲劳做了不懈的努力，在疲劳现象的观察、疲劳机理的认识、疲劳规律的研究、疲劳寿命的预测和抗疲劳设计技术的发展等方面都积累了丰富的知识。早在20世纪初，O.J.勃特就指出了路面在行车作用下会产生疲劳破坏，L.W.尼格贝尔在1953年指出了路面疲劳裂缝的产生是重复行驶的车轮引起的弯拉应力超过材料抗拉强度的结果，从而将路面疲劳与应力应变状态联系起来。WASHO和AASHO公路使用结构的检验也揭示了路面的疲劳破坏是路面的重复弯曲引起的。在我国，在发展得轰轰烈烈的公路事业中，高速公路90%以上采用的是半刚性基层沥青路面，由于半刚性基层良好的板体性提供给沥青面层稳定的支承，从而使得路面的使用性能得到很大提高，但是由基层的疲劳问题导致的裂缝、坑槽等破坏问题也不得不引起广大工程师的关注，对半刚性基层从抗疲劳角度的设计是个亟待解决的热点问题，故而半刚性基层抗疲劳能力的分析则是首要的环节。

本节从疲劳机理的认识出发，了解疲劳破坏原理、过程以及疲劳分析基本理论，然后介绍试验方案，用试验手段获得数据，通过对试验数据的分析，回归建立疲劳方程，并以此作为对半刚性基层抗疲劳能力分析的依据。

4-3-1 疲劳机理

1. 疲劳定义

疲劳，根据美国试验与材料协会在"疲劳试验及数据统计分析之有关术语的标准定义"中所作的定义：在某点或某些点承受扰动应力，且在足够多的循环扰动之后形成裂纹或完全断裂的材料中所发生的局部的、永久结构变化的发展过程，称为疲劳。疲劳问题具有下述特点：只有在承受扰动应力作用的条件下，疲劳才会发生；疲劳破坏起源于高应力或高应变的局部；疲劳破坏是在足够多次的扰动荷载作用之后，形成裂纹或完全断裂；疲劳是一个发展过程。

2. 疲劳破坏的过程

材料发生疲劳破坏，首先要经历裂纹起始或萌生，疲劳裂纹一般是由构件表面或内部某一处缺陷处开始的，由于存在这些几何不连续处，使受力构件内部应力传递不均匀，局部地区就会出现较大的应力，即应力集中，成为裂纹源。在应力集中处，材料能够承受反复荷载的次数最少，因此在使用荷载的反复作用下，这里最先出现裂纹。裂纹使构件的一部分材料丧失承载能力，使余下能够承力的材料中的平均应力提高。构件内部微裂纹出现后，裂纹尖端形成尖锐的缺口，又造成新的应力集中区。在反复荷载中，此处又会继续开裂，随着裂纹不断增大，构件上能够传递应力的材料越来越小，直到构件表面宏观裂纹出现，剩下的材料不足以传递传递荷载时，构件就会突然破坏，因此，试件破坏的过程大致为：应力集中→产生裂纹→造成新的应力集中→促使裂纹扩展→最后断裂。或者把疲劳过程划分为疲劳成核→微观裂纹生长→宏观裂纹出现→最后断裂。

众多学者对累积损伤的重要因素进行过探讨，普遍认为平均应力、少数极高应力、应力次序、低疲应力及材料本身都是能较大的影响累积损伤值：

（1）平均应力

平均应力是影响疲劳累积损伤的一个主要因素，当平均应力为零时，一般累积损伤值$\sum \frac{n}{N}$小于1或者接近于1，随着平均应力的增加，$\sum \frac{n}{N}$也增加，但对于不同的加载形式，$\sum \frac{n}{N}$值随平均应力增加而增加的程度是不一样的。变化的原因可以由残余应力来解释，无论何时加高的拉应力，都会产生有利于疲劳寿命的残余应力。当平均应力等于零时，这样的残余应力大概被其后的压缩载荷所抵消。但是平均应力大于零时，压缩载荷比较小，使得残余应力得以保存，对疲劳寿命便可以产生有利的影响。

（2）少数极高应力

少数极高应力也是影响疲劳累积损伤的一个重要因素，曾有研究者做过试验，在每一个应力循环中加一个高的正载荷，累积损伤$\sum \frac{n}{N}$则会成倍的增长。

（3）应力次序

一般来说，试验中加载次序是由高到低的情况，疲劳寿命较长，原因是由于首先使用了高应力，产生了有利于疲劳寿命的残余应力的影响。也有人认为，试验中加载次序由低到高，疲劳寿命较长，是因为残余应力在高到低的次序中容易消除，所以寿命短；而在低到高的次序中残余应力不易消除，对疲劳寿命就有利。目前此影响因素还没有统一的观点。

（4）低疲应力

低疲应力是指低于疲劳极限的应力。一般来说，低疲应力可以提高疲劳极限，因为低疲应力虽然对裂纹的形成无能为力，但它能使已经形成的裂纹扩展，所以低疲应力对损伤是有害的，此外，在低疲应力的作用下，有益的内应力将会消失。

（5）材料

材料对疲劳累计损伤的影响也很明显。材料的外观比如是否有缺口以及材料的内部结构使材料在外在载荷作用下对应力的传递产生差异，应力集中点的数量和应力集中范围也存在一定的差别，从而也必将是材料产生不同程度的损伤。

4-3-2 疲劳寿命数据分布

在疲劳分析中，需要利用由各种试验获得的疲劳性能数据。由于数据众多，以及多种原因导致的数据离散型很大，因此，只有借助统计分析的方法处理这些数据才能对材料以及构件的疲劳性能有所清楚的了解。

不少研究者研究表明，对疲劳寿命的分布可以用正态分布理论和 Weibull 分布理论进行统计分析。

1. 正态分布

在数理统计学中，最重要的一个分布为正态分布（高斯分布），它是在试验频率曲线的基础上建立起来的。

正态分布的对数概率密度函数为：

$$f(x) = \frac{1}{\sigma\sqrt{2\pi}} e^{-\frac{(x-u)^2}{2\sigma^2}} \qquad (4-2)$$

式中 x 是对数疲劳寿命，u 和 σ 分别为对数疲劳寿命的均值和方差。试件不发生破坏的概率即存活率 P，由下式可以得到具有一定存活率保证下的疲劳寿命值。

$$P(x > x_p) = \int_{x}^{x_p} f(x) \, dx \qquad (4-3)$$

根据正态分布理论，标准正态偏量 u_p，和超值累积频率 $\overline{F}(x_p)$（即正态变量 x 大于 x_p 的概率）之间存在一一对应关系，标准正态偏量为：

$$u_p = \frac{x - x_p}{\sigma} \qquad (4-4)$$

以 $\log N_i$ 为横坐标，以 u_p 为纵坐标，如果各数据点近似的在一条直线上，则说明所抽样的母体遵循正态分布。

2. Weibull 分布

正态分布有较完善的数学理论。但描述疲劳寿命分布时，不能反映构件疲劳寿命有一个大于或等于零的下限这一物理事实。所以 Weibull 统计理论更适合疲劳破坏情况，为越来越多的研究者所使用，本课题也将用 Weibull 统计理论分析数据。

Weibull 分布的密度函数定义为：

$$f(N) = \frac{b}{N_a - N_0} \left[\frac{N - N_0}{N_a - N_0} \right]^{b-1} \exp\left\{ -\left(\frac{N - N_0}{N_a - N_0} \right)^b \right\} (N \geq N_0) \qquad (4-5)$$

式中　N_0——最小寿命参数；

N_a——尺度参数；

b——形状参数。

如果 $N_0 = 0$，则转化为两参数 Weibull 分布：

$$f(N) = \frac{b}{N_a}\left(\frac{N}{N_a}\right)^{b-1}\exp\left[-\left(\frac{N}{N_a}\right)^b\right] \quad (N > 0) \tag{4-6}$$

Weibull 变量的可靠度和破坏率为：

$$P(N_\xi < N_p) = F(N_p) = \int_{N_\xi}^{N_p} f(N)\,\mathrm{d}N \tag{4-7}$$

分布函数 $P(N_\xi < N_p)$ 相当于破坏率，则可靠度的超值累积频率函数为：

$$P(N_\xi > N_p) = 1 - P(N_\xi < N_p) = \exp\left[-\left(\frac{N_p - N_0}{N_a - N_0}\right)^b\right] \tag{4-8}$$

用可靠度 p 表示则有

$$p = \exp\left[-\left(\frac{N_p - N_0}{N_a - N_0}\right)^b\right] \tag{4-9}$$

当 $N_p = N_0$ 时，$p = 1$，即 N_0 为可靠度 100% 的安全寿命；

当 $N_p = N_a$ 时，$p = 36.8\%$，即 N_a 为可靠度 36.8% 的疲劳寿命。

所以上式可改写为：

$$\ln\ln(1/p) = -2.303b\lg(N_p - N_0) + 2.303b\lg(N_a - N_0) \tag{4-10}$$

实际应用中，一般取最小寿命参数 $N_0 = 0$，则上式简化为：

$$\ln\ln(1/p) = -2.303b\lg N_p + 2.303b\lg N_a \tag{4-11}$$

上面公式说明，$-\ln\ln(1/p)$ 和对数疲劳寿命 $\lg N$，存在良好的线性关系，所以可以根据两者是否具有线性关系来判断该母体是否服从 Weibull 分布。

4-3-3　疲劳性能曲线及其表达形式

对于应力疲劳试验，材料的疲劳性能可以用作用应力 S 与到破坏时的寿命 N 之间的关系描述。通常，人们使用 $S-N$ 曲线或者 $P-S-N$ 曲线来描述材料或构件的疲劳性能，并称之为疲劳性能曲线。

1. $S-N$ 曲线

$S-N$ 曲线即为材料应力-寿命曲线，表示的是应力水平和至破坏时循环周次之间的函数关系。其中 S 代表应力水平，可以用循环过程中的最大应力、最小应力、循环比来表示，最常见的用应力与静载强度的比值来表示。N 表示疲劳寿命，即试件从加载到疲劳破坏时所经历的循环周次。

目前，疲劳性能曲线的三种表达形式为：

(1) 幂函数式

$$S^m \cdot N = C \tag{4-12}$$

式中 S——应力幅;

N——疲劳循环周次;

m、C——常数,与材料、应力比、加载方式相关。

上式两边取对数有:

$$\lg S = A + B \lg N \tag{4-13}$$

上式表示应力 S 与寿命 N 之间有对数线性关系。

(2) 指数式

$$e^{mS} \cdot N = C \tag{4-14}$$

上式两边取对数为:

$$S = A + B \lg N \tag{4-15}$$

上式表示在寿命取对数,应力不取对数的图中,S 与 N 之间有线性关系,通常称为半对数关系。

(3) 三参数式

$$(S - S_f)^m \cdot N = C \tag{4-16}$$

式中 S_f——疲劳极限,当 S 趋向于 S_f 时,N 趋向于无穷大。

2. $P-S-N$ 曲线

为了研究疲劳的可靠性,有学者在 $S-N$ 曲线的基础上,提出具有一定保证率的 $S-N$ 曲线的概念,并把具有不同保证率的 $S-N$ 曲线画在一起,称为 $P-S-N$ 曲线,而通常我们所说的 $S-N$ 曲线,一般指的是保证率为 50% 的 $S-N$ 曲线。

4-3-4 疲劳试验方案

一个完整的疲劳试验,需要进行抗弯拉强度试验和疲劳试验两个环节。抗弯拉强度试验的目的是衡量每组试件的所能承受的极限荷载,并以此为依据,决定疲劳试验中不同应力比下加载的最大载荷。

试验仪器为美国产的 MTS810 材料试验机,试验材料为半刚性材料,试件规格为 100mm×100mm×400mm 的梁形试件,试件成型后在标准条件下进行养护,至规定龄期,即水泥稳定类龄期 90 天,二灰稳定类龄期 180 天,饱水 24h 后进行弯拉破坏试验。每组中梁试件采用 9 根进行抗弯拉强度试验,试验前使试件底面与仪器接触良好,上表面保持水平,以使压头两滚杆对试件都接触,使之均匀受力,断裂面在两加荷点之间出现。试验速率采用 50mm/min,

试验装置如图 4-16 所示。

疲劳试验的目的是研究在低于极限荷载的循环应力下，应力同试件发生疲劳破坏的疲劳寿命之间的关系，以及不同材料的疲劳性能对比。

目前，荷载控制模式主要有应力控制模式和应变控制模式。由于疲劳试验对象是半刚性材料，疲劳试验一般采取应力控制模式，其原因在于，一方面断裂力学观点认为，半刚性材料有较好的线弹性，其破坏基本上是脆性破坏，一般在几百个微应变下就会破坏，用应变方式控制在技术

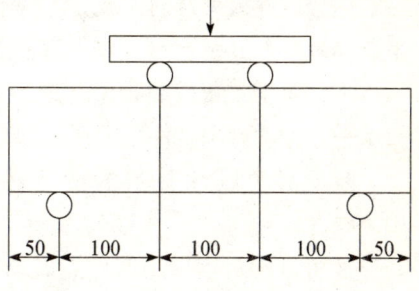

图 4-16　弯拉强度试验示意图

上有一定的难度。另一方面要考虑半刚性基层材料较厚，用应力控制模式比应变控制模式能更好的与实际结构层的受力状况相符。故本课题采用应力控制模式。

材料的疲劳寿命跟加载的频率和加载的波形有重要的联系，其选择是根据实际路面的受荷频率和波形而定（图 4-17）。对于室内试验，试件的加载时间可由 Van der Poel 的公式来确定：

$$t = 1/(2\pi f) \tag{4-17}$$

当加载频率为 10Hz 时，与国外大多数研究所选择的加载频率相同，加载时间为 0.016s，0.016s 的加载时间对路面表面大致相当于 60~65km/h 的行车速度。中国现行的《公路工程技术标准》规定的汽车专用公路的计算行车速度范围为 40~120km/h，由此荷载频率选择 10Hz。通常认为正弦波形比较接近实际路面所受荷载的波形，故本课题也采用正弦波进行疲劳试验。由于荷载波形全部处于压力一侧，也称为半正矢波。为了加快试验进度，相邻波形之间不插入间歇时间，循环特征值取 0.1。

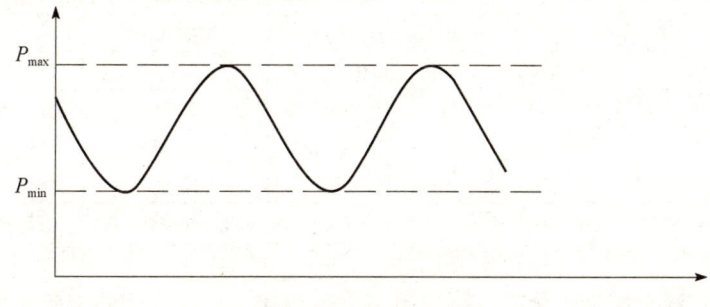

图 4-17　加载波形图

应力水平的选择对于疲劳试验是一个关键，它直接影响材料在循环荷载下的作用次数和分散性，如果应力水平过低，试件可能不发生疲劳断裂；反之，疲劳数据分散性太大，而使疲劳方程不处于直线段。故本课题疲劳试验中，应力水平选择以0.1分级，对于水泥碎石分别采用0.5、0.6、0.7、0.8四个等级的应力水平；对于二灰碎石，重型成型试件采用0.5、0.6、0.7、0.8四个等级的应力水平，振动成型试件采用0.7、0.75、0.8、0.85四个等级的应力水平。

温度对半刚性材料的疲劳性质影响不大，故本课题疲劳试验温度采用20℃。

疲劳试验过程采用四分点加载方式，试件放置形式同弯拉强度试验的放置形式，这主要是保证梁底面有一段弯矩相等的均匀受拉区。由于试件在成型时不能保证其顶面完全水平，因此在试验前应对试件顶面用钢刷打磨并用标准砂找平，为的是使压头钢辊与试件都接触上，然后用一较小应力对中梁进行预压，使压头与试件良好接触，尽量消除由于接触不良而导致的试验误差，最后，用半正弦波进行加载。试件破坏后，电脑自动记录作用次数。

4-3-5 弯拉强度试验结果

电脑会自动采集每块试件弯拉破坏时的极限荷载，分析每组中的数据，由于具有一定的离散性，按三倍标准差进行取舍，并以95%保证率下的强度代表值作为疲劳试验的强度标准。

各组抗弯拉强度试验结果见表4-12：

表4-12 弯拉强度试验结果

指标 编号	变异系数 （%）	荷载平均值 （kN）	荷载代表值 （kN）	强度代表值 （MPa）
SC3	5.5	4.157	3.782	0.96
SC5	9.5	8.137	6.864	1.75
SF3	5.9	4.898	4.421	1.13
SF5	7.7	8.472	7.393	1.89
VC3	15.0	8.012	6.041	1.54
VC5	8.59	10.466	8.99	2.29
VF3	7.1	7.739	6.832	1.74
VF5	6.5	13.537	12.09	3.08

注：S—静压成型（static compaction）；V—振动成型（vibrating compaction）；C—偏粗级配（coarse grading）；F—偏细级配（fine grading）；3—3.5%水泥剂量；5—5.5%水泥剂量。

通过对试验结果的分析，可以得出以下规律：对于水泥稳定碎石，随水泥剂量的增加，试件弯拉强度增大，水泥剂量从3%增至5%，其弯拉强度大约增大1.5至1.8倍左右；4.75mm筛孔通过率也影响试件弯拉强度明显，偏细的级配（通过率为40%）比偏粗的级配（通过率为30%）试件的弯拉强度大，大约1.1至1.4倍左右；成型方式也影响中梁的弯拉强度大小，振动成型的试件比重型成型的试件弯拉强度大，大约1.3至1.6倍左右；对于二灰碎，成型方式对其弯拉强度影响更大，振动成型的试件比重型成型的试件弯拉强度大2倍多。

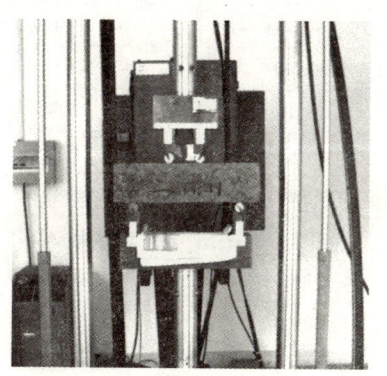 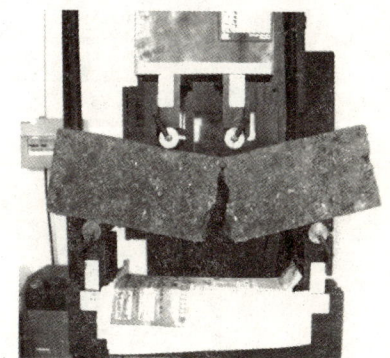

图4-18　疲劳试验起始与结束

4-3-6　疲劳试验结果分析（图4-18）

半刚性基层材料的疲劳寿命是一个随机变量，从疲劳试验结果看出：疲劳寿命的离散性很大，随应力水平的提高，疲劳寿命不断减小；在同一应力水平下，材料的疲劳寿命也相差很大，几倍、十几倍甚至更大。所以要研究其概率分布，才能准确、全面的建立疲劳方程。

4-3-6-1　疲劳方程的建立

1. 疲劳寿命统计分析

已有研究表明，用Weibull分布理论分析半刚性基层材料的疲劳寿命，可以更好的模拟系统失效的各种状态。由Weibull分布理论，如果半刚性基层材料的疲劳寿命N服从两参数Weibull分布，则失效概率p应满足下式：

$$p = F(N) = 1 - \exp\left\{-\frac{N^m}{t_0}\right\}, N \geq 1, t_0 \geq 0 \tag{4-18}$$

上式可以通过变形为对数的线性表达形式：

$$\ln\ln\frac{1}{1-F(N)} = m\ln N - \ln t_0 \tag{4-19}$$

此式可以检验一组试验数据是否符合两参数Weibull分布，检验依据为试验数据的$\lg N$与$-\ln\ln[1/(1-p)]$是否具有良好的线性关系。

对 SC3 组的疲劳试验数据进行 Weibull 检验，见表 4-13：

表 4-13　SC3 疲劳寿命 N 的 Weibull 分布检验

应力水平 S	失效概率 p	$\ln N$	$-\ln\ln[1/(1-p)]$
0.5	0.25	10.99449	−1.2458993
	0.5	12.50979	−0.3665129
	0.75	13.10362	0.32663426
0.6	0.25	8.192294	−1.2458993
	0.5	8.892749	−0.3665129
	0.75	10.36104	0.32663426
0.7	0.25	8.052933	−1.2458993
	0.5	8.755895	−0.3665129
	0.75	10.341	0.32663426
0.8	0.25	4.828314	−1.2458993
	0.5	5.062595	−0.3665129
	0.75	6.669498	0.32663426

由图 4-19 得回归系数及相关系数。

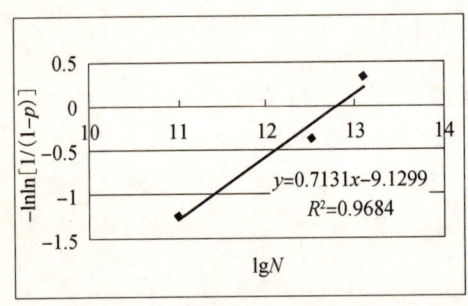

（a）应力水平 0.5

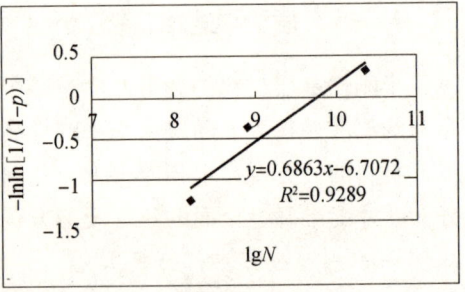

（b）应力水平 0.6

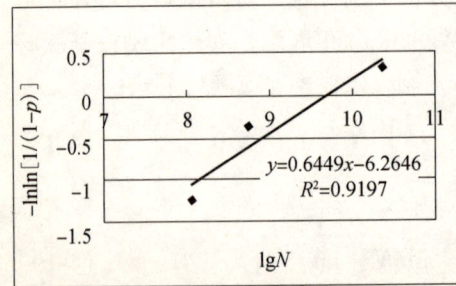

（c）应力水平 0.5

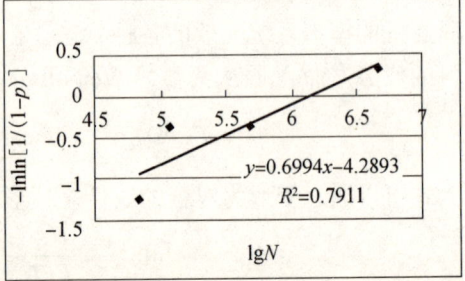

（d）应力水平 0.6

图 4-19　SC3 各应力水平下的 $P\text{-}N$ 图

由表 4-14 可以看出，拟合曲线的相关系数与 1 相接近，说明 SC3 试件在各个应力水平下，$\lg N$ 与 $\ln\ln[1/(1-p)]$ 有良好的线性关系，从而可以推断其疲劳寿命服从两参数 Weibull 分布。

表 4-14　SC3 回归分析结果

应力水平 S	回归系数 m	回归系数 $\ln t_0$	相关系数 r
0.5	0.7131	9.1299	0.9684
0.6	0.6863	6.7072	0.9289
0.7	0.6449	6.2646	0.9197
0.8	0.6994	4.2893	0.7911

2. 疲劳方程

由于半刚性基层材料的结构特征及疲劳试验的加载方式的特点，一般认为其不存在耐久极限，因此疲劳方程的边界条件为：

$$N = 1 \text{ 时}, \quad S = 1$$
$$N \to \infty \text{ 时}, \quad S \to 0 \tag{4-20}$$

要使疲劳方程严格满足两个边界条件，而且很好地拟合所有的试验结果，其形式必将十分复杂。由于工程构件承受重复荷载次数的增加，人们开始关注低应力水平 S 下的疲劳破坏。因而了解低应力水平左右时疲劳特性，就需要将室内的疲劳方程外延使用。

目前惯用单对数疲劳方程：

$$S = A - b\lg N \tag{4-21}$$

但单对数疲劳方程不能满足式中的两个边界条件。对此可以通过建立双对数形式疲劳方程来予以解决：

$$\lg S = \lg a - b\lg N \tag{4-22}$$

传统意义上的疲劳方程，是采用大平均法回归出的失效概率约 50% 的疲劳方程，其目的是探讨疲劳方程的形式。这种回归方法有两点不足：（1）无法消除每一应力水平上试件根数不同对疲劳规律的影响，使每一应力水平上的结果对疲劳规律有同等的影响作用；（2）无法与失效概率 p 建立直接的定量化联系，使回归出的方程在可靠性分析中应用。克服上述两点不足，就要建立失效概率 p 跟疲劳寿命之间的关系。

因此，由疲劳试验结果可进一步得出不同失效概率下各应力水平对应的疲劳寿命：

表 4-15 SC3 等效疲劳寿命与失效概率的关系

失效概率 p	应力水平			
	0.5	0.6	0.7	0.8
0.05	5641.615	231.6315	165.404876	6.5932868
0.1	15480.87	661.1632	505.0117	18.453605
0.2	44342.8	1973.255	1616.81792	53.958676
0.3	85597.44	3908.185	3345.84513	105.51013
0.4	141652.4	6596.007	5839.8799	176.33664
0.5	217323.4	10290.16	9374.41077	272.81368

对表 4-15 的数据进行回归，分别得出失效概率 0.05，0.50 的单对数疲劳方程，如图 4-20，图 4-21。两方程的相关系数接近于 1，表明方程线性要求得到较好的满足。

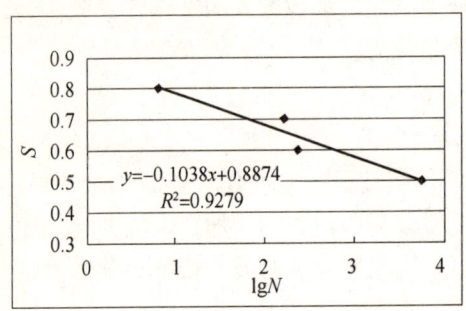
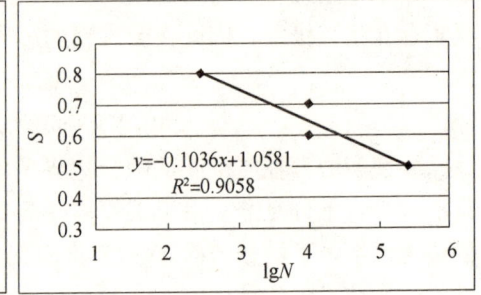

图 4-20 $p=0.05$ 时 SC3 单对数疲劳方程　　图 4-21 $p=0.5$ 时 SC3 单对数疲劳方程

由上面两图得，SC3 的单对数疲劳方程为：

$$p = 0.05 \quad S = 0.8874 - 0.1038 \lg N$$

$$p = 0.5 \quad S = 1.0581 - 0.1036 \lg N$$

对表 4-15 的数据进行回归，分别得出失效概率 0.05，0.50 的双对数疲劳方程，如图 4-22 和图 4-23 所示：

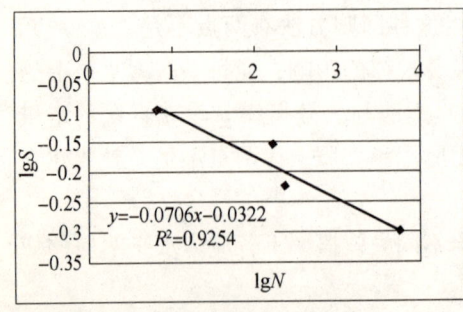
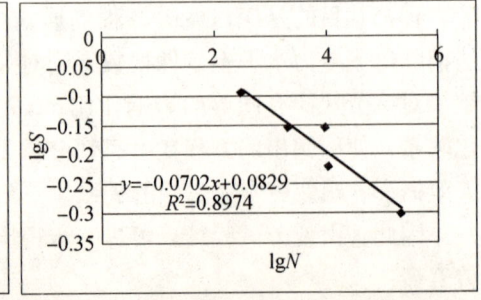

图 4-22 $p=0.05$ 时 SC3 双对数疲劳方程　　图 4-23 $p=0.5$ 时 SC3 双对数疲劳方程

第4章 高性能半刚性基层材料制备技术与性能

由图 4-22 和图 4-23 得,SC3 的双对数疲劳方程为:

$p = 0.05 \quad \lg S = -0.0322 - 0.0706 \lg N$

$p = 0.5 \quad \lg S = 0.0829 - 0.0702 \lg N$

由图 4-22 和图 4-23 可知,其相关系数非常接近于 1,说明双对数疲劳方程的线性要求得到了很好的满足。

同时对其他各组的疲劳寿命进行威布尔检验,其回归曲线的相关系数也都接近于 1,表明各组疲劳试验的作用次数均服从威布尔分布,由于篇幅所限不全部列出。对疲劳数据进行回归,分别得出各组失效概率 0.05、0.50 的单、双对数疲劳方程,如表 4-16 所示,方程的相关系数都接近于 1,表明方程线性要求得到较好的满足。

表 4-16 疲劳方程

混合料类型	P	疲劳方程	
		半对数	双对数
SC3	0.05	$S = 0.8874 - 0.1038 \lg N$	$\lg S = -0.0322 - 0.0706 \lg N$
	0.5	$S = 1.0581 - 0.1036 \lg N$	$\lg S = 0.0829 - 0.0702 \lg N$
SC5	0.05	$S = 0.9521 - 0.1123 \lg N$	$\lg S = -0.0044 - 0.0773 \lg N$
	0.5	$S = 1.0943 - 0.1099 \lg N$	$\lg S = 0.1072 - 0.0744 \lg N$
SF3	0.05	$S = 1.1653 - 0.162 \lg N$	$\lg S = 0.1505 - 0.1082 \lg N$
	0.5	$S = 1.1812 - 0.1288 \lg N$	$\lg S = 0.1678 - 0.0876 \lg N$
SF5	0.05	$S = 1.0164 - 0.0954 \lg N$	$\lg S = 0.0618 - 0.0665 \lg N$
	0.5	$S = 1.1954 - 0.1218 \lg N$	$\lg S = 0.18 - 0.0835 \lg N$
VC3	0.05	$S = 1.0084 - 0.1359 \lg N$	$\lg S = 0.0513 - 0.0929 \lg N$
	0.5	$S = 1.1232 - 0.1144 \lg N$	$\lg S = 0.12 - 0.0775 \lg N$
VC5	0.05	$S = 0.928 - 0.0746 \lg N$	$\lg S = -0.006 - 0.0504 \lg N$
	0.5	$S = 1.2745 - 0.1288 \lg N$	$\lg S = 0.2289 - 0.0871 \lg N$
VF3	0.05	$S = 0.9735 - 0.0905 \lg N$	$\lg S = 0.0058 - 0.0628 \lg N$
	0.5	$S = 1.278 - 0.1399 \lg N$	$\lg S = 0.2403 - 0.0927 \lg N$
VF5	0.05	$S = 1.059 - 0.1003 \lg N$	$\lg S = 0.0918 - 0.071 \lg N$
	0.5	$S = 1.6138 - 0.1835 \lg N$	$\lg S = 0.4603 - 0.1246 \lg N$

4-3-6-2 半刚性基层材料抗拉结构系数方程

结构层材料的容许拉应力是路面承受标准轴载作用达到累计当量轴载

作用次数后达到临界破坏状态时的最大疲劳应力,该关系式的本质就是应力比与疲劳寿命的关系式,只是 K_s 是应力比 S 的倒数。这种关系可用下式表示:

$$\sigma_R = \frac{\sigma_{SP}}{K_s} \quad (4\text{-}23)$$

式中 σ_R——路面结构材料的容许拉应力;

σ_{SP}——结构层材料的极限弯拉强度,由试验确定;

K_s——抗拉强度结构系数。

对于无机结合料稳定类集料类:

$$K_s = 0.35 N_e^{0.11}/A_c \quad (4\text{-}24)$$

式(4-24)是针对重型成型方式的水泥稳定粒料类材料,由于本课题采用了振动成型的高性能水泥碎石,其疲劳性能有显著提高,因此不能延用该公式。不过,可参考该公式的模式,推导出高性能水泥稳定粒料的抗拉结构系数方程。由于室内疲劳试验的条件与道路上的实际情况存在较大的差异性,因此室内疲劳试验所得到的疲劳方程不能直接应用于实际道路的疲劳寿命预估,为了描述室内试验与路面疲劳响应之间的差异,需要对室内试验结果进行必要的修正,考虑不同的疲劳影响因素。本课题主要考虑受力状况、轮迹横向分布等影响因素。

(1) 受力状况的影响

水泥稳定碎石在路面结构中是处于三维受力状态,而室内试验的中梁试件是一维受力,致使试件疲劳寿命比路面实际寿命小3~7倍,本课题取3倍。

(2) 轮迹横向分布的影响

壳牌沥青路面设计法采用横向分布系数0.4,英国诺丁汉路面设计法用0.9,在高速公路或一级公路上,车辆为渠化交通,交通量不很大时其中大部分车辆行驶在行车道,而在交通量接近饱和时,行车道和超车道上的车辆数将接近相等。参考我国沥青路面设计规范,本课题横向分布系数取0.5。疲劳试验所得疲劳寿命 N 和实际路面疲劳寿命 N_e 之间的关系为:

$$N_e = N \times \frac{1}{3} \times 0.5 \quad (4\text{-}25)$$

即:

$$N_e = 0.167 N \quad (4\text{-}26)$$

综合疲劳方程、实际路面疲劳寿命修正,推导出半刚性基层材料抗拉结构系数修正方程,具体详见表4-17:

第4章 高性能半刚性基层材料制备技术与性能

表4-17 半刚性基层材料抗拉结构系数修正方程

混合料类型	半刚性基层材料抗拉结构系数修正方程
SC3	$K_s = 0.949126 N_e^{0.0706}$
SC5	$K_s = 0.890274 N_e^{0.0778}$
SF3	$K_s = 0.623195 N_e^{0.1082}$
SF5	$K_s = 0.764405 N_e^{0.0665}$
VC3	$K_s = 0.783112 N_e^{0.0929}$
VC5	$K_s = 0.89356 N_e^{0.0504}$
VF3	$K_s = 0.869609 N_e^{0.0628}$
VF5	$K_s = 0.713385 N_e^{0.07}$

根据以上关系式，可将计算得到的各结构层水平拉应力以及代入该关系式，反推累计当量轴载作用次数——即疲劳寿命；该公式对于指导长寿命沥青路面结构的设计以及路面结构疲劳寿命的预估都具有重要的意义。

4-4 水泥稳定碎石疲劳性能的影响因素分析

4-4-1 灰色关联分析的原理

灰色关联分析是灰色系统理论的一个重要内容，它通过参考序列与比较序列所构成的各曲线来确定各序列之间的差异性和相近性，各曲线的几何形状越接近，则它们的变化趋势越接近，其关联度就越大。关联度反映各比较因素对参考因素的接近程度，通过关联度的计算找出各比较因素中对系统参考因素影响最大的因素，即与系统参考因素关联度最大的因素，关联分析不需要大量的样本及数据的典型分布，而且计算简单。

4-4-2 灰色关联度的计算步骤

第一步：选择一个参考序列
$$X_0 : X_0 = \{x_0(1), x_0(2), \cdots, x_0(n)\}$$
有 m 个比较序列：
$$X_i : X_i = \{x_i(1), x_i(2), \cdots, x_i(n)\}, \quad (i = 1, 2, \cdots, m)$$
第二步：求各序列的初值像。对于单位不同，或者初值不同的序列，作关联分析时一般要作处理，使之无量纲化，以消除各指标量纲带来的影响。应用初值法和均值法进行无量纲化后的序列可分别表示为：

$$y_i(k) = \frac{x_i(k)}{x_i(1)} \tag{4-27}$$

或

$$y_i(k) = \frac{x_i(k)}{\frac{1}{n}\sum_{i=1}^{n} x_i(k)} \tag{4-28}$$

式中：$i = 0, 1, 2, \cdots, m$；

$k = 1, 2, \cdots, n$。

第三步：求差序列 Δ_i：

$$\Delta_i(k) = |x_0(k) - x_i(k)|, \quad (i = 1,2,\cdots,m; k = 1,2,\cdots,n) \tag{4-29}$$

$$\Delta_i(k) = \{\Delta_i(1), \Delta_i(2), \ldots, \Delta_i(n)\}, \quad (i = 1,2,\cdots,m) \tag{4-30}$$

第四步：求关联系数 $\xi_i(k)$：

$$\xi_i(k) = \frac{\Delta_{\min} + \rho\Delta_{\max}}{\Delta_i(k) + \rho\Delta_{\max}}, \quad (i = 1,2,\cdots,m) \tag{4-31}$$

式中 $\Delta_{\max}$、$\Delta_{\min}$——两极最小差和两极最大差；

ρ——分辨系数，为 0 至 1 之间的数，一般取 0.5。

第五步：计算关联度：

为了将每个关联系数中的信息集中起来以便于比较，采用一种求平均值的方法求出曲线 X_i 对参考曲线 X_0 的关联度 γ_i：

$$\gamma_i = \frac{1}{n}\sum_{k=1}^{n}\xi_i(k), \quad (i = 1,2,\cdots,m; k = 1,2,\cdots,n) \tag{4-32}$$

第六步：依关联度排序：

对各比较序列与参考序列的关联度从大到小排序。关联度的几何含义为比较序列与参考序列曲线的相似程度，所以，关联度排序反映了各比较序列与参考序列的优劣关系，关联度越大，则比较序列对参考序列的影响越大，否则反之。

4-4-3 数据的灰色关联分析

水泥碎石作为半刚性材料做基层时，受到车轮荷载的反复作用，使其长期处于应力应变交迭变化状态，致使路面结构强度逐渐下降。当荷载重复作用达到一定次数后，荷载作用下的路面内产生的应力就会超过路面结构强度下降后的结构抗力，当基层处于其极限应力的某一应力的反复作用下，其作用次数超过一定的限度后，材料就会发生疲劳破坏。

影响水泥稳定碎石的疲劳特性的原因是多方面的，单从某个方面或单因素的影响来评价是片面的。本课题通过室内试验模拟了水泥碎石在重复荷载下的疲劳性能，因此通过试验所得数据和参数来进行灰色关联分析以得出各因素对水泥碎石疲劳性能影响的大小。

第4章 高性能半刚性基层材料制备技术与性能

本课题选取水泥碎石混合料试件在反复荷载下达到 10^6 次疲劳寿命的应力水平作为参考序列,以水泥剂量、4.75mm通过率、成型方式及抗弯拉强度作为比较序列。表4-18为影响水泥碎石疲劳性能因素的评价值,其中成型方式以振动击实和重型击实的击实功作为定量的值来反映其影响程度。

表4-18 疲劳性能影响因素评价值

指标＼组别	SC3	SC5	SF3	SF5	VC3	VC5	VF3	VF5
10^6 处应力水平	0.35	0.34	0.32	0.46	0.23	0.48	0.35	0.47
水泥含量（%）	3.5	5.5	3.5	5.5	3.5	5.5	3.5	5.5
4.75mm通过率（%）	29	34	29	34	29	34	29	34
压实功（J）	2.68	2.68	2.68	2.68	5.89	5.89	5.89	5.89
弯拉强度（MPa）	0.96	1.75	1.13	1.89	1.41	2.29	1.74	3.08

对表4-18中各序列进行初值化处理后,求得关联系数序列,进而再由以上关联系数再求均值,得以下关联度:

$$\gamma_1 = 0.70,\quad \gamma_2 = 0.59,\quad \gamma_3 = 0.71,\quad \gamma_4 = 0.62$$

相应的关联度序列为: $\gamma_3 > \gamma_1 > \gamma_4 > \gamma_2$,这表明了影响水泥碎石疲劳性能最大的因素是成型方式,其次为水泥剂量,4.75mm通过率影响最小。

4-5 关于配制高性能半刚性基层材料的建议

长寿命半刚性基层沥青路面的承重层是半刚性基层,因此半刚性基层的抗疲劳性能对于长寿命路面技术具有至关重要的影响。通过大量的室内疲劳试验的分析,得出两种水泥剂量、两种级配和两种成型方式下水泥碎石疲劳方程,并给予修正。以及对疲劳试验的数据分析、性能对比及灰色关联理论计算,得出以下几点内容对于高性能半刚性基层材料的配合比设计具有一定的指导意义:

（1）在选择配合比成型方法时,优先选择振动配比成型方法,采用该方法获得水泥碎石混合料的抗疲劳性能比重型成型方式更优。

（2）适当增加水泥剂量,对提高水泥碎石的抗疲劳性能有帮助,但在增加水泥计量的同时应兼顾干缩及收缩等其他性能。

（3）在一定的级配范围区间内偏细级配比偏粗级配的水泥碎石混合料有更好的抗疲劳性能。

（4）为了提高半刚性基层材料的抗疲劳性能可按照以下顺序开展工作:成型方式 > 水泥剂量 > 4.75mm通过率。

第5章 高性能沥青面层材料

5-1 概 述

由于沥青混凝土路面具有强度高、平整性能好、耐久性好等优点，因而广泛应用于我国高等级路面的建设中。已通车的高等级公路路面大部分质量是好的，但沥青混凝土路面也确实存在着一些不可忽视的问题，例如其温度的稳定性总是难以满足要求。高性能沥青混凝土技术的研究始于20世纪90年代SHRP研究计划，该研究计划形成了具有代表性的研究成果Superpave^{TM}，主要包括沥青混合料性能评价方法及指标、级配设计理论等，这些成果对于路面技术的发展以及指导我国高速公路建设都起到了非常重要的作用。近年来，直投式改性工艺生产沥青混凝土技术由欧洲传入我国，该技术在混合料拌合过程中直接将添加剂投入拌合缸中进行改性，可根据结构层功能的需求投入相应的改性剂，以获得在某一方面或者多方面性能的提高。本章将根据第3章部分有关沥青面层结构功能的要求，介绍有关直投式改性沥青混合料方面的一些新技术成果。

5-2 沥青混合料直投式改性工艺

5-2-1 直投式改性工艺概况

目前道路行业常用的沥青混合料生产工艺主要有两种：一种是传统预拌式SBS成品改性沥青方案，即将SBS成品改性沥青直接注入到集料中拌合生产改性沥青混合料，因此亦称为"湿法"工艺，如图5-1所示；另一种是直投式改性方案，是指先将改性剂添加到集料中干拌，之后再注入基质沥青湿拌生产混合料，亦称"干法"工艺，如图5-2所示。

第 5 章 高性能沥青面层材料

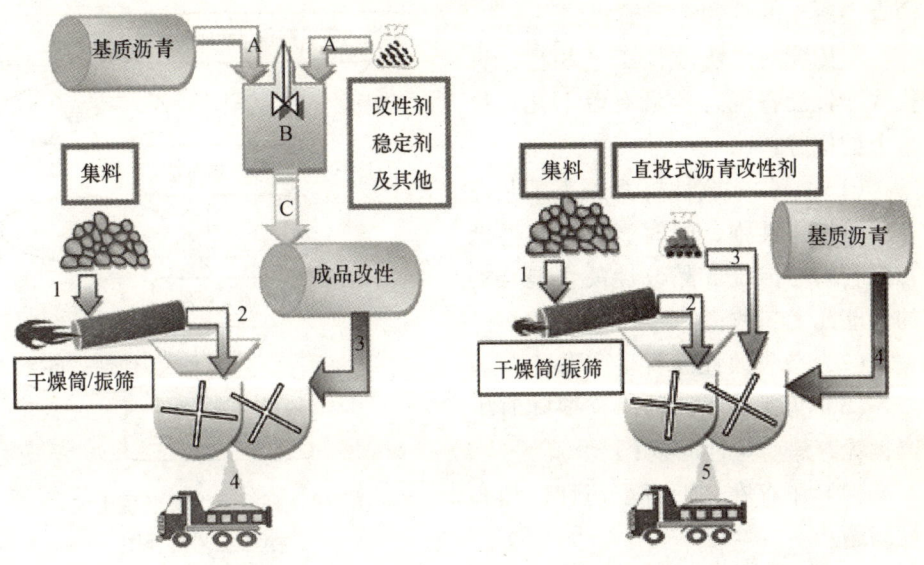

图 5-1　湿法工艺　　　　　图 5-2　干法工艺（直投式）

直投式生产工艺是伴随着高模量沥青混凝土技术的产生而产生的。HMAC 最早出现于 20 世纪 80 年代的法国，并以 GBTHP 的名字取得了专利，经过二十多年的研究形成了 HMAC 标准 NF P98-140，对配合比设计方法和结构设计均有特定的方法。在法国国内采用 HMAC，主要通过两种途径：一是采用低标号沥青，即 30#以下的沥青，主要采用 20#沥青；另一种是由法国中央道桥实验室 LCPC 与法国 PR IN-DUSTRIE 开发的直投式改性工艺生产高模量沥青混凝土，改性添加剂如图 5-3 所示。目前欧洲采用直投式生产工艺生产的高模量沥青混凝土约占整个市场的 40% 左右。

图 5-3　高性能沥青混合料添加剂

5-2-2　直投式改性工艺特点

先将加热好的热矿料放入拌和锅中，然后将称量好的添加剂放入拌和锅中，进行充分的搅拌，使其均匀混合，拌和的时间由试验确定。然后将沥青投入拌和锅中，拌和均匀，拌和时间由试验确定。最后将矿粉投入，进行搅拌，直到拌和均匀为止，这个拌和时间也要由试验来确定。图 5-4 为高模量沥青混凝土的拌和工艺流程图。

与传统的湿法改性工艺相比，直投式改性沥青混合料具有以下几点技术上的优势：

（1）直投式改性方案施工工艺简单，可操作性强，同时直投式改性沥青混合料与传统成品改性沥青混合料的性能几无二致；

（2）节省改性沥青生产设备；

（3）无需储存，随时需要随时生产，无存储稳定性问题；

（4）不存在与沥青配伍性、相容性问题；

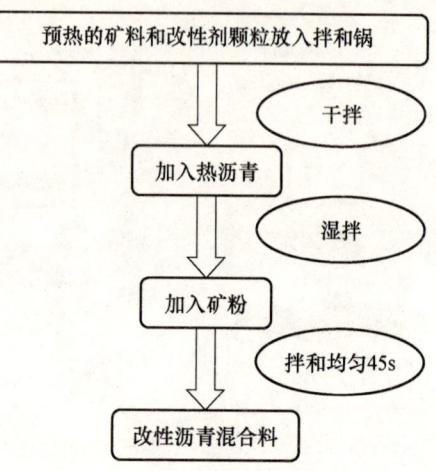

图 5-4 高模量沥青混凝土的拌和工艺流程图

（5）避免了在改性沥青生产过程中因高温高速剪切条件下产生的沥青老化现象；

（6）通过调整添加剂用量，可以实现对所需路用性能的精确调节。

5-2-3 直投式改性机理

根据以上试验结果可以将粒状添加剂颗粒改善沥青混合料高温变形能力的作用机理从以下几方面进行解释：

（1）机械嵌挤力：由于沥青混合料的搅拌和压实温度高于添加剂颗粒的熔点，因此添加剂颗粒处于粘流态，具有较强的可塑性，在外力作用下，添加剂颗粒根据矿料颗粒间隙的形状形成各种形态；沥青路面使用过程中，温度低于添加剂颗粒材料的玻璃化温度，变形颗粒处于玻璃态，变形能力较差，维持压实后的形状，限制了矿料颗粒间的相对滑动，增加了矿料颗粒间的嵌挤力，因而提高了沥青混合料的高温抗变形性能。

（2）纤维/纤维网络的约束力：当沥青混合料中片状或纤维状添加剂颗粒变形体达到一定体积时，这些变形体相互间联结（搭接、缠绕）在一起，形成一个立体网状结构——添加剂颗粒变形体纤维网，将矿料颗粒牢固地限制在网格内，相当于提高了沥青混合料的粘聚力，从而使沥青混合料抗车辙能力提高。

（3）胶结力：拌和温度较高，添加剂颗粒处于粘流态，具有较好的流动性，通过润湿和浸润作用，添加剂颗粒包裹在矿料颗粒表面，当温度冷却后，在矿料颗粒间形成具有很高的刚度和强度的粘结，使得颗粒之间的相对滑动阻力变大，从而提高混合料高温抗变形能力。在沥青混合料中所起的胶结作用的添加剂颗粒可以理解为是一种热熔胶。

（4）吸收沥青中的轻质油分：添加剂颗粒属于高分子材料，可吸收沥青中的轻质油分，从而增加了沥青的黏度，提高沥青混合料的高温劲度模量，有利于提高沥青混合料抗高温变形的能力。

通过分析，粉状添加剂颗粒改善沥青混合料高温变形能力的作用机理与粒状添加剂颗粒类似，也存在机械嵌挤力、胶结力以及吸收轻质油分等方面的作用，但是也存在一定的区别。相同用量的粉状添加剂颗粒较粒状车辙剂分散均匀得多，因此其嵌挤力是通过改变沥青砂浆的流变性质而提高，而粒状添加剂颗粒直接嵌挤到矿料颗粒间来提高嵌挤力，因此不如粒状添加剂颗粒效果

图 5-5　改性机理示意图

直接，当粉状添加剂颗粒用量较少时，改性效果一般，当用量达到一定值后，效果开始显现，这可从 C 值和 ϕ 值的变化规律体现出来。

5-2-4　直投式改性沥青混合料配合比设计

5-2-4-1　成型方法

法国在直投式改性工艺上的研究已经非常成熟，有自己完整的设计生产体系。课题对比中法两国在高模量沥青混凝土设计研究方法上的不同之处，见表 5-1。改性机理示意图如图 5-5 所示。

表 5-1　中法两国沥青混合料设计方法的对比

设计方法的不同	法国	中国
成型方法的不同	旋转压实仪成型	马歇尔击实仪
确定沥青用量方法的不同	丰度系数 K	马歇尔设计方法
验证试验方法的不同	高温轮辙试验；劲度模量试验；水损害试验；疲劳试验	马歇尔试验；高温车辙试验；水损害试验（浸水马歇尔和冻融劈裂试验）；小梁低温弯曲试验

从表 5-1 中我们可以清楚的看出，法国的沥青混合料的设计研究体系跟中国设计研究体系有着本质上的区别。旋转压实仪的压实过程具有较好的模

拟性和数据采集的便利性，使它成为沥青混合料制件中较理想的压实工具。马歇尔试验方法的优点是它注意到沥青混合料的密实度与空隙的特性，通过分析以确保获得沥青混合料适当的空隙率。同时由于马歇尔试验方法所用设备价格低廉，便于携带，不仅可以为科研研究单位所拥有，而且广大的施工单位可以作为施工质量的常备工具。当公称最大粒径稍小的时候，旋转压实成型与马歇尔击实成型具有一定的相关性，同时考虑到我国现行规范是以马歇尔试验作为沥青混合料配合比的设计方法，因此课题组基于已有的马歇尔设计方法的基础上，针对高模量沥青混凝土的特点，对设计的各个环节进行调整修改，开展了直投式改性沥青混凝土的设计方法研究。

5-2-4-2 最大理论密度

在马歇尔试验中，最大理论密度的测定方法对沥青混合料的物理指标有着极其重大的影响。以前我国采用计算方法，这种方法需要多次测定多种矿料的密度，容易导致误差积累，同时也没有考虑到矿料对沥青的吸收，因此我国最新的《公路沥青路面施工技术规范》改变原有的计算方法，统一要求最大密度采用实测的方法。对于改性沥青，由于结合料粘结强度大，分散困难，而采用回归公式计算改性沥青混合料最大理论密度。

直投式改性是一种全新的沥青混合料改性工艺，是在混合料拌和工程中直接将改性添加剂投入拌和锅中，这既不同于普通沥青混合料，也不同于改性沥青混合料。通过分析认为，直投式改性沥青混合料拌合温度较高，比基质沥青混合料高 10~20℃，添加剂颗粒处于熔融状态，具有一定的流动性，可以包裹在矿料颗粒表面，也可以填充矿料间隙，因此在沥青混合料中添加剂颗粒也可视为一种结合料；试验中发现，含有添加剂颗粒沥青混合料团块容易分散，较 SBS 改性沥青混合料容易得多。因此可以采用实测的方法来获得含有添加剂颗粒沥青混合料的最大理论密度。

由于使用的负压容器类型属于 A 容器，因此需要将混合料全部浸没水中，以获得混合料的水中重。试验过程中发现，分散开的沥青混合料浸泡在水中，有许多细小的颗粒漂浮在水面上，通过扰动可以浸没于水中。在所有混合料原料组成中，只有添加剂颗粒的密度略低于水的密度，因此判断这些颗粒为包裹着沥青砂浆的添加剂颗粒。导致这种现象发生是这些颗粒密度略大于水以及水表面张力较大这两方面共同作用的结果。试验过程中，加入微量洗涤剂可以显著降低水的表面张力，加速微小颗粒浸没水中。同时采用矿料合成毛体积有效密度（即改性沥青合成矿料合成有效密度）计算出最大理论密度值，并与实测最大理论密度值进行了对比。

第5章 高性能沥青面层材料

高性能沥青混凝土是一种新型的沥青混凝土材料，其与普通沥青混凝土最大的不同就在于添加剂的掺入，添加剂在混合料中要占据一定的体积，所以高模量沥青混凝土最大理论密度的计算公式要与普通沥青混凝土有所区别，下面我就介绍一下高性能沥青混凝土最大理论密度的计算方法：

1) 按照下面的公式 5-1 计算矿料的合成毛体积密度 γ_{sb}

$$\gamma_{sb} = \frac{100}{\frac{p_1}{\gamma_1} + \frac{p_2}{\gamma_2} + \cdots + \frac{p_n}{\gamma_n}} \tag{5-1}$$

式中　P_1、P_2、$\cdots$、P_n——各种矿料成分的配比，和为 100；
　　　γ_1、γ_2、$\cdots$、γ_n——各种矿料相应的毛体积相对密度。

2) 按照下面的公式 5-2 计算矿料的合成表观相对密度 γ_{sa}

$$\gamma_{sa} = \frac{100}{\frac{p_1}{\gamma'_1} + \frac{p_2}{\gamma'_2} + \cdots + \frac{p_n}{\gamma'_n}} \tag{5-2}$$

式中　P_1、P_2、$\cdots$、P_n——各种矿料成分的配比，和为 100；
　　　γ'_1、γ'_2、$\cdots$、γ'_n——各种矿料相应的毛体积相对密度。

3) 按照下面的公式组计算矿料的合成有效相对密度 γ_{se}

$$\gamma_{se} = c \times \gamma_{sa} + (1 - c) \times \gamma_{sb} \tag{5-3}$$

$$c = 0.033 \times w_x \times 2 - 0.2936 w_x + 0.9339 \tag{5-4}$$

$$w_x = \left(\frac{1}{\gamma_{sb}} - \frac{1}{\gamma_{sa}} \right) \times 100 \tag{5-5}$$

式中　C——合成矿料的沥青吸收系数；
　　　W_x——合成矿料的吸水率。

4) 按照下面的公式（5-6）计算不同沥青用量下混合料的最大理论相对密度 γ_{ti}

$$\gamma_{ti} = \frac{100 + p_{ai} + add}{\frac{100}{\gamma_{se}} + \frac{P_{ai}}{\gamma_b} + \frac{add}{\gamma_{add}}} \tag{5-6}$$

式中　γ_{ti}——相对于计算油石比 P_{ai} 时沥青混合料的最大理论相对密度，无量纲；
　　　P_{ai}——所计算的沥青混合料中的油石比，%；
　　　γ_{se}——矿料的合成有效相对密度；
　　　γ_b——沥青的相对密度（25℃/25℃）；
　　　add——添加剂占矿质混合料总质量的百分比，%；
　　　γ_{add}——添加剂的相对密度，无量纲。

5) 按照下面的公式组计算不同沥青用量下混合料试件的空隙率 VV、矿料间隙率 VMA 和有效沥青的饱和度 VFA。

$$VV = \left(1 - \frac{\gamma_f}{\gamma_t}\right) \times 100 \tag{5-7}$$

$$VMA = \left(1 - \frac{\gamma_f}{\gamma_{sb}} \times p_s\right) \times 100 \tag{5-8}$$

$$VFA = \frac{VMA - VV}{VMA} \times 100 \tag{5-9}$$

式中　VV——试件的空隙率，%；

VMA——试件的矿料间隙率，%；

VFA——试件的有效沥青饱和度（有效沥青含量占 VMA 的体积比例），%；

γ_f——试件的毛体积相对密度；

γ_t——混合料的最大理论相对密度；

P_s——各种矿料占沥青混合料总质量的百分率之和，即 $P_s = 100 - P_b$，%。

参照普通沥青混合料最大理论密度试验方法，对不同剂量添加剂颗粒 AC-16 C 型沥青混合料进行了最大理论密度的试验研究，沥青为 A-70，油石比固定为 4.4%，并利用改良的最大理论密度计算方法计算不同添加剂沥青混合料的最大理论密度。表 5-2、表 5-3 分别为 AC-16C 型的配合比和与不同种类集料合成密度。图 5-6 为 AC-16C 型和 AC-16F 型矿料合成级配图。实测与计算结果如表 5-4 所示。该节研究所使用的添加剂统一采用 PR. PLASTS. 抗车辙剂进行试验。

表 5-2　集料筛分结果与 AC-16C 型级配合比

集料类型	通过率（%）									
	19	16	13.2	9.5	4.75	2.36	1.18	0.6	0.3	0.15	0.075
AC-16 C 型	100.0	96.0	84.0	70.0	47.2	30.0	21.5	14.4	10.9	8.8	6.5
AC-16 F 型	100.0	98.0	88.0	77.5	60.4	43.6	31.3	19.9	14.3	10.9	7.8
中值	100	95	84	70	48	34	24.5	17.5	12.5	9.5	6
上限	100	100	92	80	62	48	36	26	18	14	8
下限	100	90	76	60	34	20	13	7	5	4

表 5-3　AC-16 C 型不同种类集料合成密度

项目	16mm	13.2mm	9.5mm	4.75mm	3~5mm	0~3mm	矿粉	合成密度
所占比例（%）	4	12	14	16	22	29	3	
毛体积密度（g/cm³）	2.673	2.665	2.665	2.668	2.669	2.674	2.793	2.673
表观密度（g/cm³）	2.722	2.727	2.723	2.723	2.726	2.730	2.793	2.728
合成平均密度（g/cm³）	—	—	—	—	—	—	—	2.701

第5章 高性能沥青面层材料

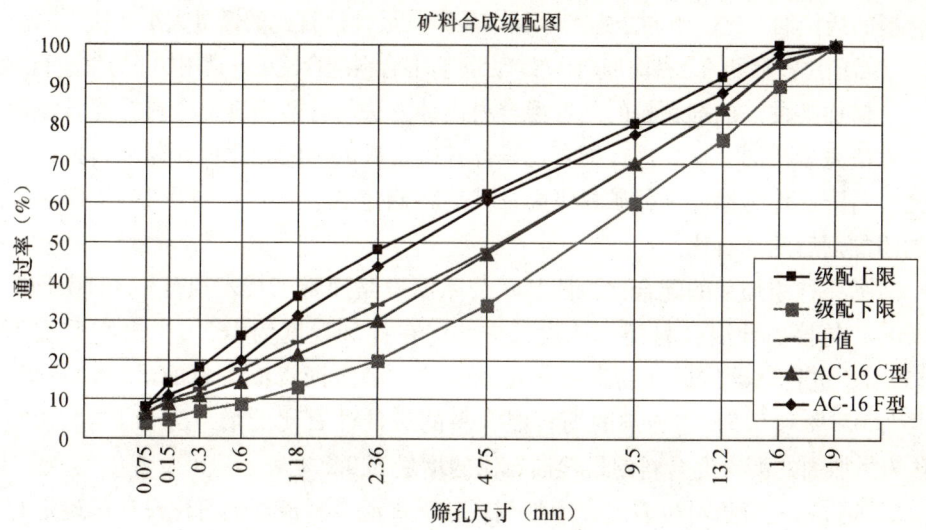

图 5-6　AC-16 C 型和 AC-16 F 型矿料合成级配图

表 5-4　AC-16 C 型实测最大理论密度与计算最大理论密度

种类	用量（%）	外加剂密度（g/cm³）	油石比（%）	沥青密度（g/cm³）	实测最大理论密度（g/cm³）	计算最大理论密度（g/cm³）	Δ(%)
基质沥青	0	—	4.4	1.018	2.5214	2.5248	0.13%
添加剂 2‰	0.2	0.938	4.4	1.018	2.5099	2.5166	0.27%
添加剂 6‰	0.6	0.938	4.4	1.018	2.4952	2.5006	0.21%

通过多次重复试验发现，实测最大理论密度与采用矿料合成平均密度计算出的最大理论密度值结果几乎完全吻合，计算值与实测值的最大相对误差 Δ 仅为 0.29%，最小的为 0.13%。导致误差的原因有以下几点原因：实测值本身存在试验误差；合成平均密度其实是指矿料所有开口孔隙吸油（沥青）50% 的时候矿料的有效密度，而实际矿料吸油量是一个变化的值，与很多因素有关；添加剂也存在一定的吸油情况。计算值与实测值的误差非常小，可以忽略不计，同时又因为添加剂密度小于水而导致实测存在困难，因此基于以上两点原因，可以采用合成平均密度计算最大理论密度值作为计算混合料各项物理指标所需要的最大理论密度。

5-2-4-3　配合比设计

掺加添加剂颗粒沥青混合料配合比设计方法与普通沥青混合料设计方法有所区别：首先进行不掺加添加剂颗粒沥青混合料的配合比设计，判断矿料级配的合理性并且满足规范中各项技术指标要求的前提下，得到普通沥青混合料的最佳油石比，然后在此基础上，适当增加沥青用量，即可作为掺加添加剂颗粒沥青混合料的最佳油石比，不同添加剂颗粒产品，其最佳油石比的增量大小有所不同。

目前比较常见的几种添加剂颗粒产品沥青混合料配合比设计常用如下方法进行：

掺加某种添加剂颗粒的沥青混合料设计方法与普通沥青混合料的配合比设计方法完全相同。首先进行配合比设计，确定矿料的配合比设计与油石比，以此矿料配比作为掺加后的矿料级配，然后将确定的油石比增加0.2%，作为掺加添加剂后的油石比。

另一种添加剂的配合比：依照《公路沥青路面施工技术规范》（JTG F40-2004）热拌沥青混合料配合比设计方法，在拌和温度为165℃，击实温度为150℃，进行马歇尔最佳沥青用量设计试验，确定沥青混合料的最佳油石比，掺加0.3%和0.5%添加剂的沥青混合料的最佳油石比的增量为0.1%，掺加0.7添加剂的沥青混合料的最佳油石比的增量为0.2%。

通过以上分析可以看出，添加剂颗粒沥青混合料最佳油石比设计的确定存在一定的问题：

（1）无明确的技术控制指标

添加剂颗粒属于路面工程领域的新材料新技术，应用时间较短，因此存在各方面都处于探索阶段。在普通沥青混合料最佳油石比基础上适当提高的原因以及基于什么技术指标控制沥青用量的增加量并不清楚。

（2）主要依靠经验调整

有些添加剂颗粒沥青用量增加量是固定值，有些则是根据掺量不同而不同，还有一些则根据使用要求调整，总之沥青用量的增量主要依据材料供应商所提供的建议值，在此之上进行经验性调整。存在的问题与（1）类似，缺乏明确的技术控制指标。

（3）造成配合比设计中多项指标欠缺

现行的沥青混合料配合比设计技术指标是经过大量室内外试验以及实际应用经验的总结，对确保沥青路面工程质量起到重要的作用。然而，掺加添加剂颗粒沥青混合料的仅基于普通沥青混合料配比之上，适当增加一定沥青用量，即可获得最佳油石比。这导致VFA、VMA等一系列技术指标，在掺加添加剂颗粒混合料基本处于不控制状态，同时造成设计报告中的多数指标欠缺。

综合以上分析，有必要对掺加添加剂颗粒沥青混合料马歇尔试验配比设计进行探讨。

5-2-4-4 马歇尔试验结果

参照普通沥青混合料配合比设计方法，分别对基质沥青、2‰、4‰、6‰添加剂进行马歇尔试验，基础沥青为A-70，AC-16 C型级配马歇尔稳定度试验结果如图 5-7 所示，AC-16 F 型马歇尔试验结果如图 5-8 所示。图、表以及正文中的添加剂类型最后一位为添加剂的掺加计量，单位均为"‰"。

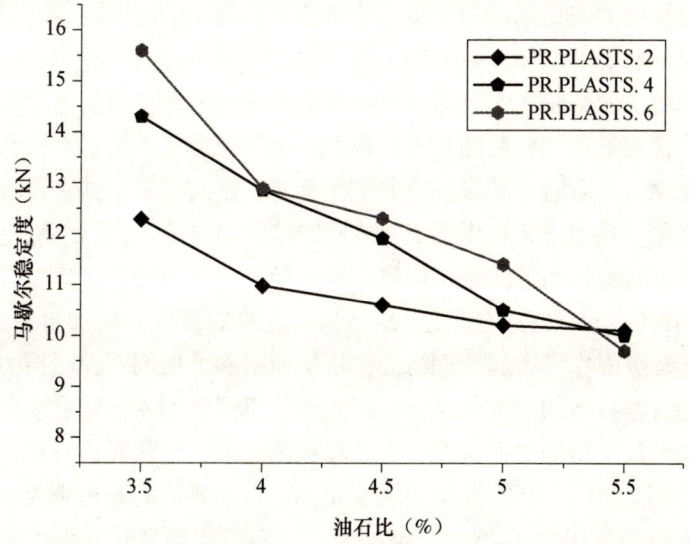

图 5-7 含有添加剂颗粒 AC-16 C 型沥青混合料马歇尔稳定度变化

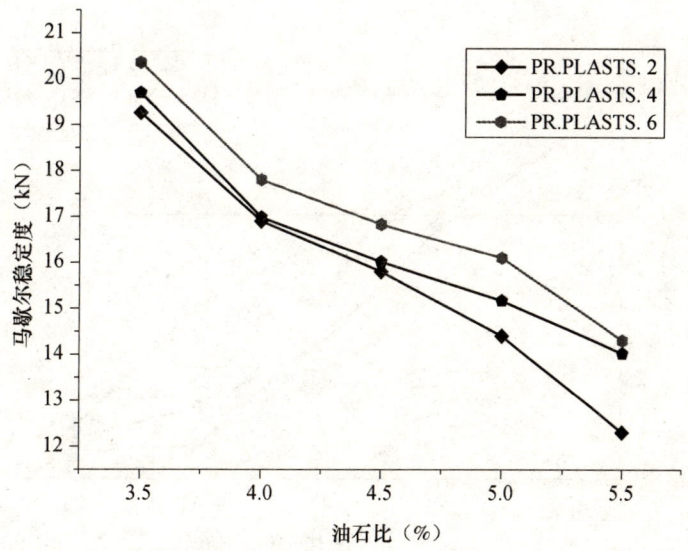

图 5-8 含有添加剂颗粒 AC-16 F 型沥青混合料马歇尔稳定度变化

从图 5-7 中可以清楚地看出，在设计油石比范围内，掺加添加剂颗粒的沥青混合料的马歇尔稳定度不出现峰值，基本上是随着油石比的增加，马歇尔稳定度逐渐下降；相当一部分含添加剂颗粒的沥青混合料，在油石比从 3.5% 上升至4.0%马歇尔稳定度出现一个较大的下降梯度；各种添加剂颗粒沥青混合料稳定度基本满足规范要求，大于8kN；同等条件下，C型稳定度小于F型稳定度；对于掺加不同用量添加剂的沥青混合料，随着添加剂颗粒用量的增加，马歇尔稳定度也随之增加。

马歇尔稳定度试验属于径向加载，主要反映沥青混合料的内摩阻力和嵌挤力的作用。含有添加剂颗粒沥青混合料的马歇尔稳定度不出现峰值和突然下降的这两个现象与内摩阻力和嵌挤力的变化有着直接的联系。拌合过程中添加剂颗粒受热软化，受到压实功作用填充矿料颗粒间的空隙，当温度降低失去变形能力后，在集料颗粒间形成嵌挤作用；随着沥青含量的增加，集料颗粒和变形的添加剂颗粒的表面沥青膜厚度不断增加，较厚的沥青膜增加自由沥青的量，降低物理化学吸附作用，起到润滑的作用从而引起添加剂颗粒嵌挤力下降，导致稳定度随着油石比的增加而下降。从油石比3.5%到4%稳定度突降，说明对于添加剂颗粒嵌挤作用而言沥青用量存在临近值，在临界值左边，沥青用量微小的波动都会引起嵌挤力产生明显变化，而在临界值的右边则要小得多。

图5-9和图5-10为C型和F型沥青混合料空隙率变化，图中横线为设计目标空隙率的中值。

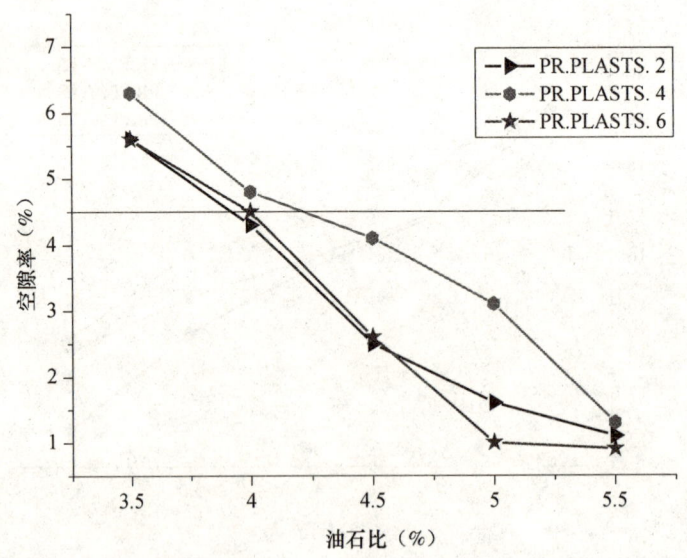

图5-9　含有添加剂颗粒AC-16 C型沥青混合料空隙率变化

通过对图5-9和图5-10分析得出，随着沥青用量的增加，空隙率逐渐减小，与普通沥青混合料空隙率变化规律并无区别。对比C型和F型空隙率变化可以发现，与C型相比，F型的沥青混合料空隙率分布集中，规律性较好。

第5章 高性能沥青面层材料

导致这种现象的原因可能有以下几点：F型级配细料含量较多，添加剂颗粒悬浮于沥青砂浆中，嵌挤作用小，而C型的，粗集料含量多，各种添加剂颗粒可形成嵌挤结构，不同添加剂颗粒变形能力的差异会导致沥青混合料微细观结构的差别；F型含有较多的细料，不易离析，温度均匀，击实成型的试件相对均匀，而C型粗集料较多，不同批次成型存在一定的不均匀性。

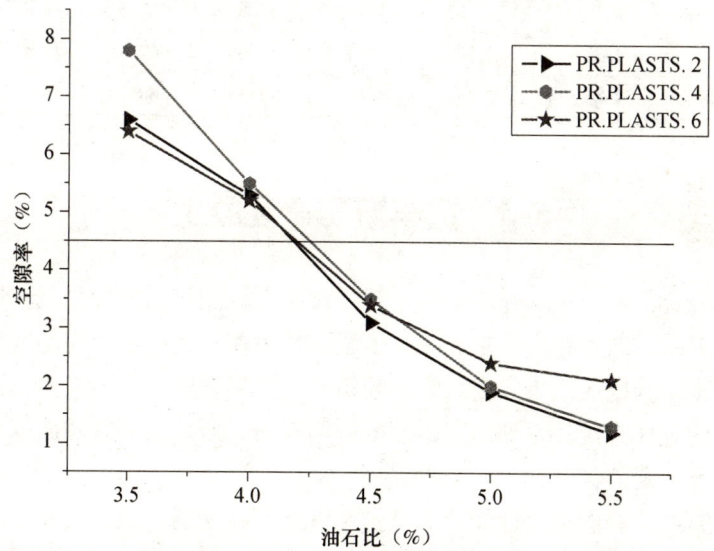

图5-10 含有添加剂颗粒AC-16 F型沥青混合料空隙率变化

含有添加剂颗粒沥青混合料马歇尔稳定度没有出现峰值，因此根据《热拌沥青混合料配合比设计方法》中第2条：对所选择的试验的沥青用量范围，密度或稳定度没有出现峰值，可直接以目标空隙率所对应的沥青用量 a_3 作为 OAC_1，但 OAC_1 必须介于 $OAC_{min} \sim OAC_{max}$ 范围内，否则应重新进行配合比设计。因此，进行掺加添加剂颗粒的沥青混合料设计时采用 a_3 作为 OAC_1。马歇尔最佳油石比以及其对应的技术指标见表5-5、表5-6。基础沥青为A-110的AC-16 C型沥青混合料OAC与A-70一致。

表5-5　AC-16 C型沥青混合料最佳沥青用量

类型	OAC（油石比,%）	毛体积相对密度	空隙率（%）	矿料间隙率（%）	沥青饱和度（%）	稳定度（kN）	流值（mm）
基质沥青	4.00	2.428	4.46	13.73	67.5	9.10	1.73
PLASTS.2	4.10	2.411	4.57	13.44	66.0	10.80	1.55
PLASTS.4	4.10	2.404	4.76	13.61	65.7	12.85	1.70
PLASTS.6	4.10	2.403	4.41	13.64	67.7	13.64	1.88
SBS改性沥青	4.20	2.423	4.22	13.01	67.4	9.43	1.72

表 5-6 AC-16 F 型沥青混合料最佳沥青用量

类型	OAC（油石比,%）	毛体积相对密度	空隙率（%）	矿料间隙率（%）	沥青饱和度（%）	稳定度（kN）	流值（mm）
基质沥青	4.20	2.412	4.37	13.40	67.4	11.7	2.17
PLASTS.2	4.20	2.408	4.57	13.55	66.3	15.9	1.75
PLASTS.4	4.30	2.402	4.46	13.84	67.8	16.2	1.73
PLASTS.6	4.30	2.387	4.65	14.38	67.6	17.1	1.82
SBS 改性沥青	4.40	2.418	4.18	13.36	68.7	11.1	1.83

5-3 抗车辙沥青混凝土

沥青混合料是一种粘弹性材料，其物理力学性能与温度和荷载作用时间有着密切的关系。沥青路面不是在一个恒温条件下使用的，它使用温度的范围从零下二三十度到摄氏四十多度，常年经历着高低温循环变化的考验。沥青路面高温性能的好坏直接关系到沥青路面的使用寿命，所以对沥青路面的高温性能研究是十分必要的。

沥青路面的高温稳定性能通常是指沥青路面在交通荷载反复作用下抵抗路面永久变形的能力。路面在交通荷载反复作用下，很容易出现车辙、推移、泛油、拥包等永久性的变形。这些永久性的变形会直接降低路面的使用性能，影响车辆的行车安全，从而缩短沥青路面的使用寿命。

高速公路的车辙是沥青路面危害最大的破坏形式。由于沥青混合料所固有的粘弹特性、影响沥青路面高温特性的因素的多样性、车辙形成的复杂性，使得永久性变形成了一个世界性的难题。防治沥青路面的车辙也成了世界各国公路技术人员的重要研究课题。

研究高模量沥青混凝土恰好是针对车辙问题，这种材料具有良好的抵抗高温变形的能力。研究应用 60℃ 车辙试验来评价高模量沥青混凝土的高温抗车辙性能。

抗车辙沥青混凝土是指在普通热拌沥青混凝土的基础上，通过直投式的改性工艺，添加抗车辙剂，经过适当的配合比设计调整，制备具有较高的高温稳定性的沥青混凝土。

5-3-1 沥青混合料的组成

考虑到添加抗车辙剂在不同结构类型混合料中所起到的作用可能会有一定

的差异，故选择两种结构类型混合料，分别在其中添加抗车辙剂，对抗车辙剂的适用性进行分析研究。对于沥青路面结构而言，中上面层受高温作用及车辆荷载产生的剪切作用最为显著，因此选用规范级配范围 AC-16 中的 C 型和 F 型，具体见表 5-2。AC-16 F 型为悬浮密实型代表，而 AC-16 C 型作为骨架密实型沥青混合料的代表，沥青结合料统一采用 A-70 基质沥青。抗车辙剂选用国内广泛使用的法国产 PR. PLASTS。

5-3-2　抗车辙沥青混凝土高温稳定性

5-3-2-1　60℃车辙试验

（1）车辙形成的原因

车辙形成的主要原因基本上有以下几种：

①路基以及路面基础变形引起的车辙。这种车辙是由于在车辆行驶过程中，荷载进行传播扩散后，其大小仍然超过了路基和路面基层的强度，造成沥青路面层以下的各个结构层发生永久性的变形引起的。这种车辙形式叫做结构性车辙，结构性车辙的宽度较大，路面的两边没有隆起现象，横断面呈凹形。

②高温下，沥青混凝土的流动引起的车辙。在我国大部分地区，夏天的温度都较高，持续时间较长，使得这种车辙更为常见。路面在高温和车辆反复荷载的共同作用下，荷载应力超过了沥青混凝土所能承受的最大应力极限，产生永久性的变形和沥青混凝土的流动变形，变形不断的积累就形成了车辙。这种车辙形式叫做流动性车辙（或失稳性车辙）。毫无疑问这种车辙的形成主要是因为沥青混合料的流动性。这种车辙容易出现在车辆转弯处、上坡路段、容易拥堵路段和道路的交叉路口附近。这种车辙会使沥青路面的面层发生压缩变形，并且路面两侧出现隆起，横断面呈现 W 型。

③由于冬季车辆使用埋钉轮胎引起的磨耗性车辙。这种车辙在我国并不常见，在比较寒冷的北欧国家比较常见。

在我国，车辙的类型基本上都属于流动性车辙。这是由于在我国路面基层基本上都是半刚性的基层，有较大的刚度，路面的变形基本都发生在路面的中层上。

（2）试验

在我国，车辙试验主要应用于检验沥青混合料的抗车辙能力。我国的《公路沥青路面施工技术规范》（JTG F40—2004）中规定：高速公路和一级公路沥青路面的上面层和中面层的沥青混凝土混合料，在应用马歇尔法进行配合比设计时，应该通过车辙试验对沥青混合料的抗车辙能力进行检验。

车辙试验是一组模拟试验，它能够充分模拟车辆在沥青路面上行驶的实际情况，在试验过程中，车辙试验还可以改变温度、试件厚度、荷载大小等，来模拟不同的实际情况，从而能丰富车辙试验的研究成果，能够了解不同条件对车辙试验的影响。在车辙试验进行时，我们可以全程观测车辙形成的过程。试件在车辙轮子反复的碾压作用下，轮子底下的沥青混合料开始下凹，形成初步车辙的轮迹，随着试验的进行，在轮子不断的反复作用下，轮迹两边的沥青混合料开始隆起，隆起的高度不断增加，轮子下面的沥青混合料下陷的深度也不断增加，直到整个车辙试验的结束。

①车辙试验原理

车辙试验是一种工程的试验方法，其试验结果是一种工程上的评价指标，而不是通常习惯的力学参数，不能用于理论的分析和计算。车辙试验结果的好处就在于它与工程实际密切相关，能够很好地反映工程实际的问题，对工程具有前瞻性的指导作用。车辙试验是用来评价沥青混合料在规定温度条件下抵抗塑性流动变形能力的方法，板状试件与轮子之间往复相对运动，试块在车轮的反复荷载作用下，产生压密、剪切、推移和流动，从而产生车辙。

②车辙试验设备及过程

试件尺寸：我国规定车辙试验的标准试件为采用轮碾机碾压成型的300mm×300mm×50mm 的板状试件，成型完毕后试件连同试模要在常温下至少养护12h 以上，然后方可供试验使用。

试验条件：成型好的板状试件在 60℃温度下保温 5h 以上，但不能超过24h。同时车辙仪内的试验箱也要保温60℃。试验时要使车轮行走的方向与试件碾压成型的方向一致。车轮行走的速度为42±1 次/min，试验时间为60min。试验过程由计算机全程控制。

③车辙试验评价指标

车辙深度：在进行完车辙试验以后，我们可以得到变形－时间的曲线，在曲线上，可以读出任意时刻的车辙深度。

动稳定度：动稳定度是评价高温抗车辙性能最主要的指标，它的定义为：产生1mm 的轮子反复加载次数。动稳定度的计算公式为：

$$DS = \frac{(60-45) \times 42}{D_1 - D_2} \quad (5-10)$$

式中　D_1——试验进行到60min 时板状试件的变形量（mm）；

　　　D_2——试验进行到45min 时板状试件的变形量（mm）。

5-3-2-2 抗车辙剂对混合料动稳定度的影响

AC-16 C 型及 AC-16F 两种类型混合料车辙试验结果（60℃）如图 5-11 和表 5-7 所示。由图 5-11 可以看出，两种类型沥青混合料动稳定度都随着抗车辙剂掺量的增加大幅提高。当混合料类型相同时添加不同掺量抗车辙剂的动稳定度增幅不同；添加相同掺量抗车辙剂时不同混合料类型的动稳定度增长趋势相同但增幅不尽相同。

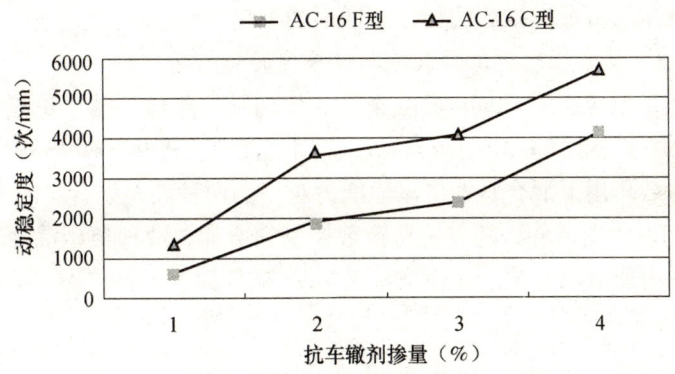

图 5-11 两种类型混合料动稳定度对比结果

表 5-7 两种类型混合料动稳定度纵向对比结果

抗车辙剂掺量（%）	AC-16 F 型动稳定度（次/mm）	增长比例（倍）	AC-16 C 型的动稳定度（次/mm）	增长比例（倍）
0	624	1.00	1381	1.00
0.2	1916	3.07	3632	2.63
0.3	2387	3.83	4055	2.94
0.4	4133	6.62	5695	4.12

由表 5-7 可以看出，当抗车辙剂掺量为 0.2% 时，两种类型混合料都表现为，动稳定度值比未添加时有很大提高，其增长比例分别为 3.07 倍和 2.63 倍（以未添加时的动稳定度为基数，下类同）；当掺量增加到 0.3% 时动稳定度有所提高但与掺量为 0.2% 时相比变化不大，其增长比例分别为 3.83 倍和 2.94 倍，基本与掺量为 0.2% 时在同一水平上；而当掺量增至 0.4% 时，动稳定度值又有大幅提高，其增长比例分别达到 6.62 倍和 4.12 倍。

通过以上分析可以认为：

（1）当添加抗车辙剂后，在混合料击实成型过程中集料颗粒对热的粒化聚合物施加了挤压力，使其发生大的变形，冷却后这些变形的聚合物交织起来，在集料骨架内搭桥形成加筋作用、填隙作用，牵制集料颗粒的移动变形。由于聚合物在高温时仍处于弹性状态，这些交织起来的加筋、填隙、牵制力同时发挥作用，约束集料移动和沥青结合料的流动，从而使沥青混合料的高温稳定性得到提高，抗车辙能力大大加强。

（2）抗车辙效果的好坏与否与抗车辙剂交织网的密度有较大的关系，即与粒化聚合物的用量有直接关系。本研究建议，制备性能良好的抗车辙沥青混凝土，从技术经济考虑推荐选择抗车辙剂的剂量为 0.3%。

5-3-2-3　抗车辙剂对试验最终车辙深度的影响

两种类型混合料的 60min 车辙深度 d 值均随抗车辙剂掺量的增加而减小。60min 车辙深度表示在一定荷载及温度作用下混合料产生的变形程度，车辙越小说明在荷载作用下混合料的抗车辙能力越好。两种类型混合料的车辙深度对比如图 5-12。由图可知，随着抗车辙剂掺量的增加，两种类型混合料的 60min 车辙深度均有所减小。AC-16 C 型从 7.5mm 降低到 1.8mm、AC-16 F 型从 3.5 降低到 1.6mm。

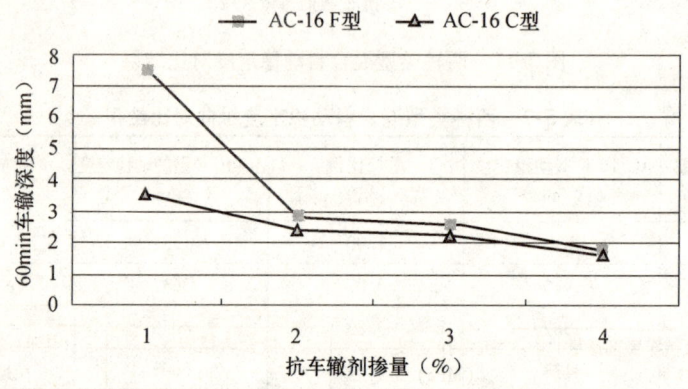

图 5-12　两种类型混合料 60min 车辙深度对比结果

5-3-2-4　抗车辙剂对两种类型混合料高温性能改善效果分析

由两种类型混合料的动稳定度横向对比结果可以看出，抗车辙剂对骨架结构的高温抗车辙能力改善较显著，对骨架密实结构混合料的抗车辙能力改善最好。如表 5-8 所示，未添加时 AC-16 F 的动稳定度（DS）为 624 次/mm，当添加抗车辙剂后动稳定度的增长比例大于此值，当掺量分别为 0.2%、0.3% 和 0.4% 时动稳定度的增长比例分别为 3.07 倍、3.83 倍和 6.62 倍；AC-16 C 未添加 PLAST.S 时的动稳定度为 AC-16 F 未掺加的 2.21 倍，当添加抗车辙剂后动稳定度的增长比例也大于此值，分别为 5.82 倍、6.50 倍和 9.13 倍。

第5章 高性能沥青面层材料

表5-8 两种类型混合料动稳定度横向对比结果

抗车辙剂掺量掺量（%）	AC-16 F型DS（次/mm）	AC-16 C型DS（次/mm）	AC-16 F型DS/AC-16F型不掺DS比值	AC-16 C型DS/AC-16F型不掺DS比值
0	624	1381	1.00	2.21
0.2	1916	3632	3.07	5.82
0.3	2387	4055	3.83	6.50
0.4	4133	5695	6.62	9.13

AC-16 C属于骨架密实结构，高温下变形的抗车辙剂颗粒缠绕着粗集料，冷却后抗车辙剂颗粒纤维牵制骨架颗粒的移动变形，使得辙槽深度值降低且降幅较大、动稳定度值增幅较大。AC-16 F为密实结构，在荷载作用下粗集料受到周围由沥青胶浆包裹的细集料的束缚力较大。AC-16 F的粗集料悬浮在细集料之中，没有骨架的支撑，所以变形的抗车辙剂颗粒的加筋、牵制作用没有力的支点，未能表现出如AC-16 C般的效果，当抗车辙剂的掺量较大时d值仍较大、动稳定度值仍较小。

AC-16 C型骨架密实结构兼有骨架空隙结构和悬浮密实结构两者的优点，骨架颗粒既受到被较多沥青胶浆所包裹的细集料的束缚力，又有粗集料石-石接触的支撑作用，所以添加抗车辙剂前、后AC-16 C型都具有较小的辙槽深度值和较大的动稳定度值。

5-3-3 抗车辙沥青混凝土低温抗裂性

采用三分点低温弯曲试验来评价沥青混合料的低温性能，试验结果见表5-9。

表5-9 两种类型混合料低温弯曲试验结果汇总表

混合料类型及抗车辙剂掺量（%）		抗弯拉强度（MPa）	最大弯拉应变（με）	弯曲劲度模量（MPa）
AC-16 F型	0	7.22	1723.80	4186.10
	0.2	7.67	1734.00	4424.45
	0.3	7.48	1662.60	4498.98
	0.4	7.85	1586.10	4947.99
AC-16 C型	0	6.95	1861.50	3734.62
	0.2	9.18	1621.80	5657.91
	0.3	9.03	1805.40	5002.77
	0.4	9.00	1825.80	6626.00

由图5-13可知：悬浮密实结构AC-16 F混合料在添加抗车辙剂前、后的抗弯拉强度基本持平、略有提高，图中表现为同色柱高度基本相同；而对于骨

架密实结构的 AC-16 C 来说，添加抗车辙剂前、后抗弯拉强度有突变，强度值增长接近 3MPa，但抗车辙剂的剂量的改变对抗弯拉强度影响不显著。

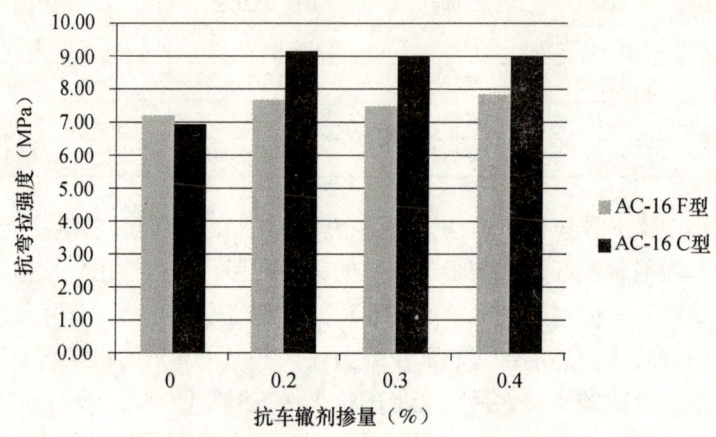

图 5-13　两种类型混合料抗弯拉强度对比结果

由图 5-14 可知：两种类型沥青混合料的最大弯拉应变在添加抗车辙剂前、后在一定范围内波动，且无规律，属于随机分布，可以判断掺加抗车辙剂对沥青混合料的低温弯曲破坏应变影响较小。

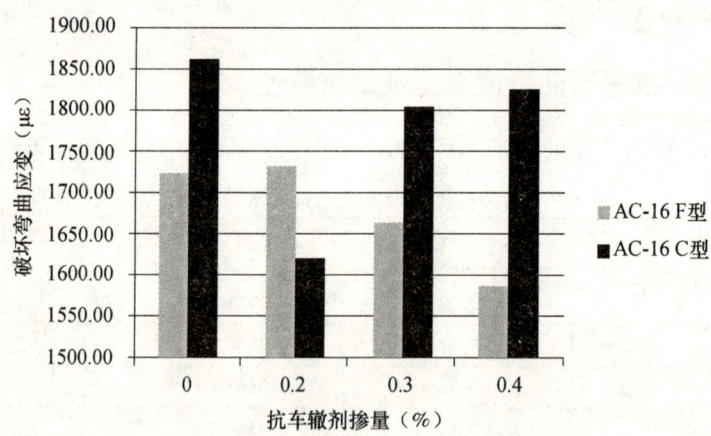

图 5-14　两种类型混合料最大弯拉应变对比结果

由以上试验结果知抗车辙剂对悬浮密实结构的 AC-16F 混合料的低温性能无显著改善，而对于骨架密实结构的 AC-16 C 在低温抗拉强度增长幅度较大，对低温变形能力增长幅度较小。

综上分析可以认为，抗车辙剂在试样成型过程中热变形，冷却后这些变形的聚合物与集料交联在一起。当交联的集料多为细集料时，抗车辙剂裹附细集料形成分散的团状,起不到牵制矿料颗粒移动的作用,而其本身在低温下的变形能力有限,故它的添加对悬浮密实结构的低温性能效果不显著;当由变形抗车辙剂纤维交联的集料为粗集料时,由于这种聚合物自身具有一定的抗拉强度,虽然在低温下变形能力较小,但其在粗集料之间形成了加筋作用,可牵制粗集料的移动,使得混合料抗拉强度提高较大,由此对骨架密实结构型混合料低温性能得到改善。

5-3-4 抗车辙沥青混凝土水稳定性

沥青混合料的水稳定性可以通过残留稳定度和冻融劈裂试验来评价,试验依据《公路工程沥青及沥青混合料试验规程》中 T0709—2000 和 T0729—2000 方法。由于冻融劈裂的试验条件较残留稳定度的试验条件更为苛刻,故本研究采用。

冻融劈裂来评价沥青混合料的水稳定性。两种类型混合料的试验结果见表 5-10 及图 5-15。

表 5-10 两种类型混合料的冻融劈裂试验结果

混合料类型及抗车辙剂掺量（%）	最佳油石比（%）	劈裂强度（MPa）	冻融劈裂强度（MPa）	冻融劈裂强度比（%）
AC-16 F	0	4.6	7.44	5.83	78.31
	0.2	4.7	8.17	6.80	83.25
	0.3	4.8	8.22	6.89	83.81
	0.4	4.8	8.21	6.97	84.98
AC-16 C	0	4.1	4.93	4.53	91.81
	0.2	4.2	5.16	5.05	97.98
	0.3	4.3	5.50	5.50	99.92
	0.4	4.3	5.39	5.43	100.86

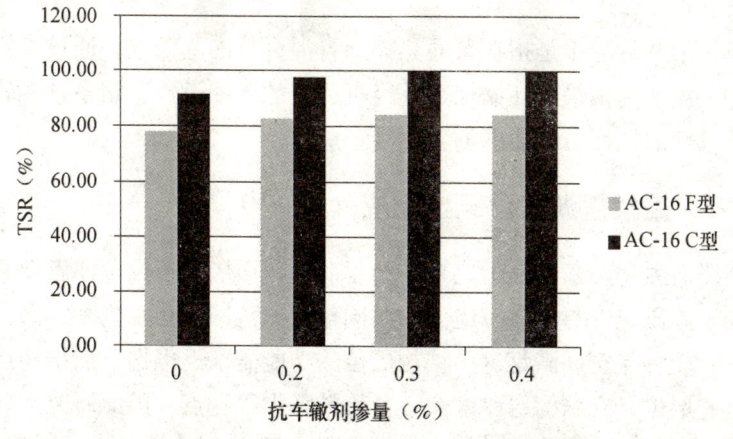

图 5-15 两种类型混合料冻融劈裂试验结果

由表 5-10 和图 5-15 可以看出，以上两种类型混合料的冻融劈裂强度比都满足规范大于 75% 的要求，冻融劈裂强度比 TSR 越大表明混合料抗水损害能力越强。

从掺量变化情况可以看出，当掺加抗车辙剂后与未掺加时相比两种类型混合料的 TSR 均有较大幅度的提高，AC-16F 从 78% 增至 83%、AC-16 C 从 91% 增至 97%。但 TSR 并未随掺量的增加有显著提高，例如：当掺量分别为 0.2%、0.3% 和 0.4% 时，AC-16F 的 TSR 分别为 83.25%、83.81% 和 84.98%；AC-16 C 的 TSR 分别为 97.98%、99.92% 和 100.86%；三种掺量的 TSR 基本保持同一水平，经过一个冻融循环前、后两种混合料的劈裂强度值均较未添加时有较为显著的提高，而当掺量增加时增长趋势不明显。

由以上结果知：抗车辙剂的添加对沥青混合料的水稳定性有一定的改善，其原因可以认为有以下几方面：

（1）抗车辙剂颗粒在施工过程中软化，然后在碾压过程中热成型，从而填充集料骨架中的空隙，使得总空隙率有所减小，水不易进入混合料中，从防水的角度提高了混合料的水稳定性。

（2）抗车辙剂的添加增加了混合料的沥青用量，使矿料表面形成较厚的沥青膜，成为较为密实的结构，从而使得水不易进入混合料中，故添加抗车辙剂后沥青混合料较未添加时具有较好的抗水损害能力。

（3）变形的抗车辙剂纤维牵制混合料中的粗集料、包裹着细集料，矿料颗粒之间通过抗车辙剂的变形纤维联结形成整体，沥青混合料的水稳定性得以提高。

5-4 高模量沥青混凝土

高模量沥青混凝土是指在普通热拌沥青混合料的基础上，通过直投式的改性工艺——添加高模量改性添加剂，经过适当的级配设计，制备具有较高动态模量以及较好的抗疲劳性能的沥青混凝土。

5-4-1 高模量沥青混凝土组成

根据路面力学的基本分析成果，沥青混合料面层偏下层位或者沥青混合料基层常处于高压应力与高弯拉应力的共同作用的范围，初步判断，高模量沥青混凝土的性能特点正好满足这些结构层位的功能需求。根据路面结构组合设计原理，这些层位具有结构层厚度大、公称粒径大等特点。因此研究主要选取了 AC-20 为主要研究对象，设计两条级配曲线，即 AC-20α 和 AC-20β，前者偏

第5章 高性能沥青面层材料

细，后者偏粗，级配设计如表5-11、表5-12以及级配曲线如图5-16所示。

表5-11 各规格集料筛分结果

筛孔尺寸（mm）	15~20mm	5~10mm	石屑	矿粉
19	99.815	100	100	100
16	83.365	100	100	100
13.2	32.025	100	100	100
9.5	1.945	99.44	99.31	100
4.75	0.6	9.58	97.755	100
2.36	0.485	0.75	60.325	100
1.18	0.45	0.675	35.23	100
0.6	0.425	0.64	19.335	100
0.3	0	0.62	13.025	99.68
0.15	0	0	9.965	98.42
0.075	0	0	7.73	93.84

表5-12 矿料合成级配

级配类型	各筛孔（mm）的通过率（%）										
	26.5	19	16	13.2	9.5	4.75	2.36	1.18	0.6	0.3	0.15	0.075
AC-20α	100	99.9	93.3	72.5	59.9	40.9	26	17.2	11.6	9.2	7.9	6.9
AC-20β	100	99.8	92.9	71.3	58.4	38.5	25	17.2	12.2	10.1	8.9	7.9

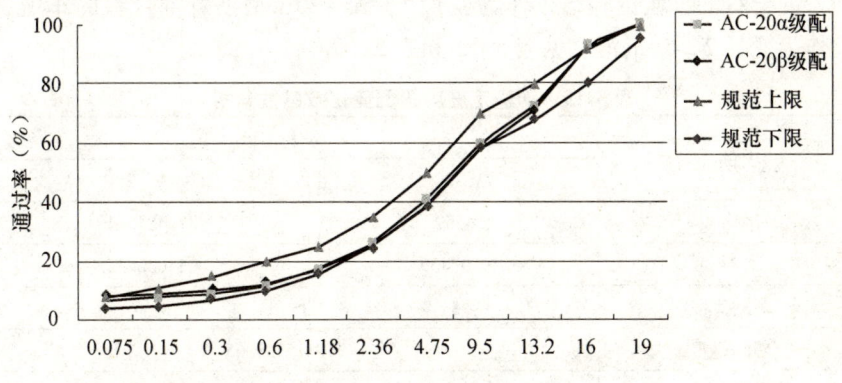

图5-16 AC-20α和AC-20β矿料级配曲线合成图

5-4-2 高模量沥青混凝土高温稳定性

5-4-2-1 车辙试验的结果

研究分别采用掺加量为0%、0.3%、0.6%、0.9%的高模量剂和SBS改性沥青对 AC-20α、AC-20β 混合料进行车辙试验试验结果见表 5-13、表 5-14。

表 5-13 AC-20α 型沥青混合料车辙试验结果

方案类型	动稳定度（次/mm）	累计变形总量（mm）
基质沥青	1156	5.265
0.3% 高模量剂	3874	2.374
0.6% 高模量剂	6629	1.293
0.9% 高模量剂	8795	1.038
SBS 改性沥青	2541	2.462

表 5-14 AC-20β 型沥青混合料车辙试验结果

方案类型	动稳定度（次/mm）	累计变形总量（mm）
基质沥青	1375	5.163
0.3% 高模量剂	4075	2.276
0.6% 高模量剂	7062	1.198
0.9% 高模量剂	9361	1.023
SBS 改性沥青	2559	2.359

5-4-2-2 车辙试验结果分析

（1）矿料级配的变化对车辙试验的影响

研究采用双样本等方差 t 检验分析，预设显著性水平 $\alpha=0.05$。将 AC-20α 型沥青混合料的车辙试验结果作为变量 1，AC-20β 型沥青混合料的车辙试验结果作为变量 2，结果汇总见表 5-15 和表 5-16。

表 5-15 动稳定度对级配变化敏感性分析

项目	动稳定度	
	AC-20α	AC-20β
平均	4559	4846.4
方差	9799439	11030832.8
观测值	5	5
合并方差	10415135.65	
假设平均差	0	
df	8	
t Stat	-0.140807019	
$P(T<=t)$ 单尾	0.445751656	
t 单尾临界	1.859548033	

第5章 高性能沥青面层材料

表5-16 累计变形量对级配变化敏感性分析

项目	累计变形量	
	AC-20α	AC-20β
平均	2.4864	2.4038
方差	2.813978	2.748022
观测值	5	5
合并方差	2.781	
假设平均差	0	
df	8	
t Stat	0.07831583	
$P(T<=t)$ 单尾	0.469750129	
t 单尾临界	1.859548033	

从表5-15、表5-16的结果中可以清楚地看出动稳定度的 P 单尾 = 0.445751656 > 0.05，累计变形量的 P 单尾 = 0.469750129 > 0.05，级配AC-20α转化为AC-20β时，对车辙试验的结果影响较小，也就是说，在两者之间转化并不能明显影响抗车辙能力。

（2）高模量剂掺加量对沥青混合料抗车辙性能的影响

①动稳定度

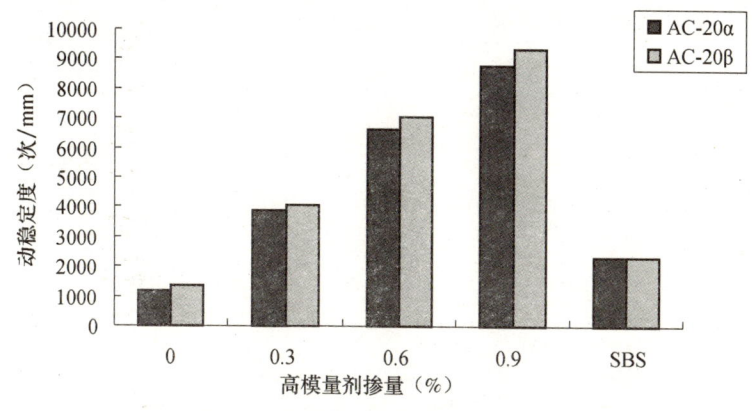

图5-17 高模量剂掺加量对动稳定度的影响

从图5-17中可以看出：

上述所有沥青混合料的动稳定度都满足国家规范的要求，并且掺加高模量剂的沥青混合料的动稳定度要比基质沥青提高很多，动稳定度随着掺加量的增加而逐渐增加。

在相同高模量剂的掺加量下，AC-20β型沥青混合料的动稳定度要大于AC-20α的，这说明AC-20β型对高模量剂的适应性更好，效果相对更加明显，抗车辙能力相对也较强。

掺加了微量高模量剂的沥青混合料的动稳定度要远大于SBS改性沥青的，而SBS改性沥青的又大于基质沥青的，所以三者动稳定度大小的顺序是：掺加高模量剂的高模量沥青＞SBS改性沥青＞基质沥青。

②累计变形量

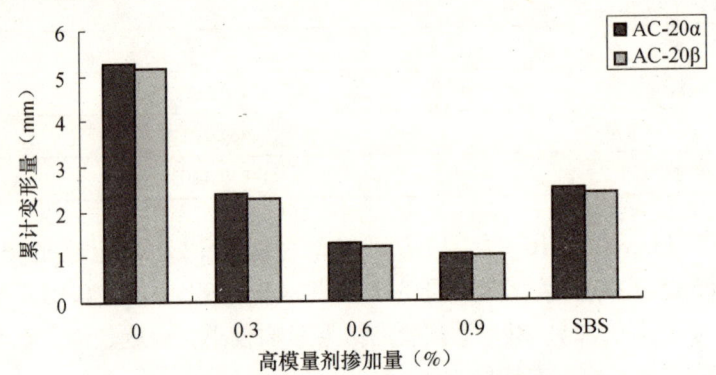

图5-18 高模量剂掺加量对累计变形量的影响

从图5-18中可以看出：

随着高模量剂掺加量的增加累计变形量在逐渐减小，与动稳定度的指标变化正好相反，这说明动稳定度越大，累计变形量越小，沥青混合料的抗车辙能力越强。

在相同高模量剂掺量下，AC-20β型沥青混合料的累计变形量要小于AC-20α的，这与动稳定度指标也是相反的，这点更加说明了AC-20β型掺加高模量剂的使用效果更好。

当掺加量小于0.6%时，累计变形量的变化显著，这说明高模量剂的作用在这个掺量范围内较为明显；当掺加量大于0.6%时，累计变化相对平缓，高模量剂在这个掺量范围内作用不是很显著。

掺加高模量剂的高模量沥青混合料的累计变形量要小于SBS改性沥青的和基质沥青的，说明高模量剂对减小车辙变形量的作用还是显著的。

5-4-3 高模量沥青混凝土水稳定性

水损害是沥青路面的主要病害之一。所说的水损害是指沥青路面在水或冻融循环的作用下，由于汽车车轮动态荷载的作用，进入路面空隙中的水不断产

第5章 高性能沥青面层材料

生动水压力或真空负压抽吸的反复循环作用，水分逐渐渗入沥青与集料的界面上，使沥青粘附性降低并逐渐丧失粘结力，沥青膜从石料表面脱落（剥离），沥青混合料掉粒、松散，继而形成沥青路面的坑槽、推挤变形等损坏现象。除了荷载及水分供给条件等外在因素外，沥青混合料的抗水损害能力是决定路面水稳定性的根本因素。

目前，国内测定的沥青混合料水稳定性的试验方法很多，主要有浸水马歇尔试验、冻融劈裂试验、浸水车辙试验等。研究采用浸水马歇尔试验和冻融劈裂试验来对高模量沥青混凝土的水稳定性进行评价。

5-4-3-1 浸水马歇尔试验结果

研究采用0%高模量剂、0.3%高模量剂、0.6%高模量剂和0.9%高模量剂的高模量剂掺量进行AC-20α和AC-20β两组马歇尔浸水试验，试验结果见表5-17。

表5-17 浸水马歇尔试验结果

沥青混合料类型	标准稳定度（kN）	浸水稳定度（kN）	残留稳定度（%）
0%（AC-20α）	8.25	7.22	87.4
0.3%（AC-20α）	9.21	8.00	86.9
0.6%（AC-20α）	9.84	8.61	87.5
0.9%（AC-20α）	10.06	8.94	88.8
SBS（AC-20α）	9.37	8.19	87.4
0%（AC-20β）	8.56	7.39	86.3
0.3%（AC-20β）	9.69	8.45	87.2
0.6%（AC-20β）	10.10	8.96	88.7
0.9%（AC-20β）	10.52	9.26	88.0
SBS（AC-20β）	9.85	8.56	86.9

5-4-3-2 浸水马歇尔试验结果分析

（1）级配类型对浸水马歇尔试验影响分析

研究采用AC-20α和AC-20β两组级配类型对浸水马歇尔残留稳定度进行双样本等方差t检验分析，结果见表5-18。

表5-18 级配类型对浸水马歇尔试验影响分析

项目	残留稳定度	
	AC-20α	AC-20β
平均	88	89.95
方差	10.00666667	7.49666667
观测值	4	4

续表

项目	残留稳定度	
	AC-20α	AC-20β
合并方差	8.751666667	
假设平均差	0	
df	6	
t Stat	-0.93218954	
$P(T<=t)$ 单尾	0.193606197	
t 单尾临界	1.943180274	

从表 5-18 可以看出：AC-20β 型级配的残留稳定度的平均值要大于 AC-20α 型级配的。残留稳定度的 P 单尾 = 0.193606197 > 0.05，从 P 值中可以得出级配类型对马歇尔残留稳定度基本没有影响。

(2) 高模量剂掺量对浸水马歇尔试验影响分析

采用双样本等方差 t 检验分析，预设显著性水平 $\alpha=0.05$。将所有掺加高模量剂的残留稳定度作为变量 1，所有不掺加高模量剂的残留稳定度作为变量 2。掺加高模量剂的沥青混合料的残留稳定度要小于不掺加高模量剂的。残留稳定度的 P 单尾 $=5.52447\times10^{-5}<0.05$，说明高模量剂对马歇尔试验残留稳定度的影响是非常显著的。

从图 5-19 中可以看出：随着高模量剂掺量的增加，马歇尔残留稳定度基本上是逐渐减小的，但都符合规范的要求（残留稳定度≥80%）。AC-20β 型沥青混合料的残留稳定度要大于 AC-20α 型的。虽然掺加高模量剂的沥青混合料的残留稳定度有所减小，但是其标准稳定度和浸水稳定度值均大于不掺加高模量剂的基质沥青的，这说明高模量剂对提高沥青混合料的强度的效果还是明显的。

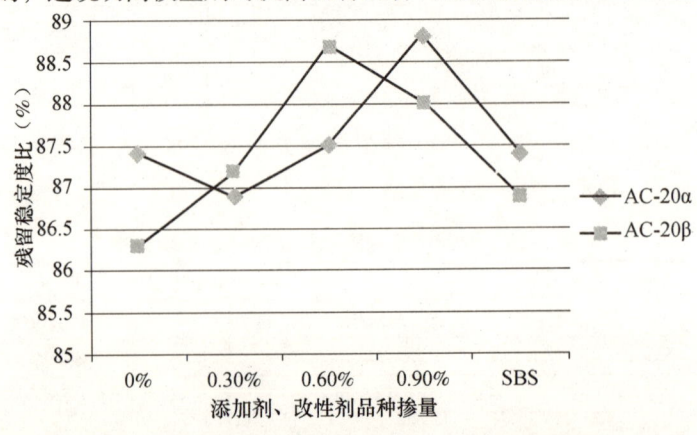

图 5-19 高模量剂的掺加量对浸水马歇尔试验影响分析

第5章 高性能沥青面层材料

5-4-3-3 冻融劈裂试验结果

研究进行 AC-20α 和 AC-20β 两组冻融劈裂试验，试验结果见表5-19。

表5-19 冻融劈裂试验结果

沥青混合料类型	冻融劈裂强度（MPa）	未冻融劈裂强度（MPa）	TSR（%）
0%（AC-20α）	0.63	0.72	87.5
0.3%（AC-20α）	0.73	0.81	90.1
0.6%（AC-20α）	0.98	1.07	91.6
0.9%（AC-20α）	1.02	1.09	93.6
SBS（AC-20α）	0.87	0.98	88.8
0%（AC-20β）	0.71	0.82	86.6
0.3%（AC-20β）	0.79	0.86	91.9
0.6%（AC-20β）	1.02	1.1	92.7
0.9%（AC-20β）	1.04	1.15	90.4
SBS（AC-20β）	0.92	1.03	89.3

5-4-3-4 冻融劈裂试验结果分析

（1）级配类型对冻融劈裂试验影响分析

研究采用 AC-20α 和 AC-20β 两组级配类型对冻融劈裂试验进行双样本等方差 t 检验分析，结果见表5-20。

表5-20 级配类型对冻融劈裂试验影响分析

项目	TSR	
	AC-20α	AC-20β
平均	90.7	90.4
方差	6.606666667	7.326666667
观测值	4	4
合并方差	6.966666667	
假设平均差	0	
df	6	
t Stat	0.160739916	
$P(T<=t)$ 单尾	0.438786854	
t 单尾临界	1.943180274	

表5-20可以看出：AC-20α 型级配的 TSR 的平均值要大于 AC-20β 型级配的。TSR 的 P 单尾 $= 0.439641061 > 0.05$，从 P 值中可以得出级配类型对 TSR

没有影响。

(2) 高模量剂掺加量对冻融劈裂试验影响分析

将所有掺加高模量剂的残留稳定度作为变量1，所有不掺加高模量剂的残留稳定度作为变量2。掺加高模量剂的沥青混合料的残留稳定度要小于不掺加高模量剂的。残留稳定度的 P 单尾 <0.05，说明高模量剂对马歇尔试验残留稳定度的影响是非常显著的。

从图 5-20 中可以看出：随着高模量剂掺加量的增加，AC-20α 型和 AC-20β 型沥青混合料的冻融劈裂强度和未冻融劈裂强度都随着增加，这说明高模量剂对沥青混合料的劈裂强度是明显影响的；当高模量剂掺加量在 0.3% 增加到 0.6% 时冻融劈裂强度和未冻融劈裂强度的增幅最大；AC-20α 型的 TSR 是呈直线增加的，AC-20β 型的 TSR 在 0.9% 时有所下降，从总体上说，高模量剂的掺入使沥青混合料的 TSR 呈增加趋势的，而且随着掺入量的增加，TSR 也随之增长。

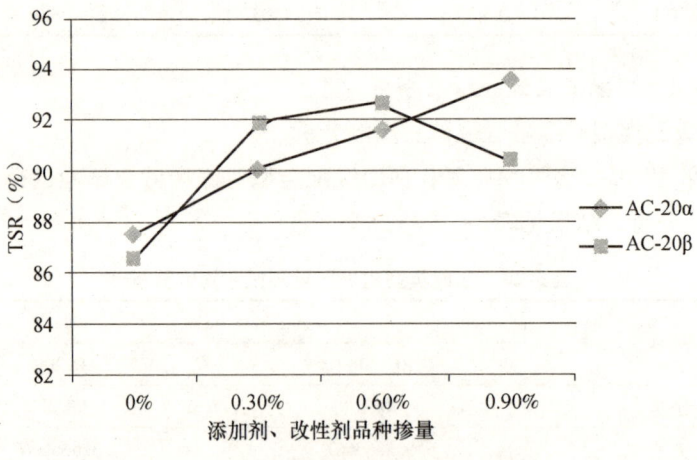

图 5-20　TSR 随高模量剂掺量变化图

5-4-4　高模量沥青混凝土的低温抗裂性

研究采用小梁低温弯曲的试验方法评价沥青混合料的低温抗裂性能。试验温度为 -10℃，加载速率为 50mm/min，试件尺寸为 250mm×30mm×35mm（由 300mm×300mm×50mm 的车辙板状试件切割而成），试验方法与沥青混合料的弯曲试验方法基本相同。采用掺加 0%、0.3%、0.6%、0.9% 的高模量沥青混合料和 SBS 改性沥青混合料进行小梁低温弯曲试验，试验结果汇总于表 5-21、表 5-22。

第5章 高性能沥青面层材料

表 5-21　AC-20α 型低温弯曲试验结果

混合料类型	AC-20α		
	弯拉强度（MPa）	最大弯拉应变（με）	弯拉劲度模量（MPa）
0%高模量剂	8.12	2021	4018
0.3%高模量剂	8.82	2175	4055
0.6%高模量剂	8.61	2368	3636
0.9%高模量剂	8.11	2216	3660
SBS 改性	8.63	2846	3032

表 5-22　AC-20β 型低温弯曲试验结果

混合料类型	AC-20β		
	弯拉强度（MPa）	最大弯拉应变（με）	弯拉劲度模量（MPa）
0%高模量剂	8.18	2011	4068
0.3%高模量剂	9.06	2186	4145
0.6%高模量剂	8.65	2342	3693
0.9%高模量剂	8.14	2195	3708
SBS 改性	8.62	2880	2993

小梁低温弯曲试验结果分析：

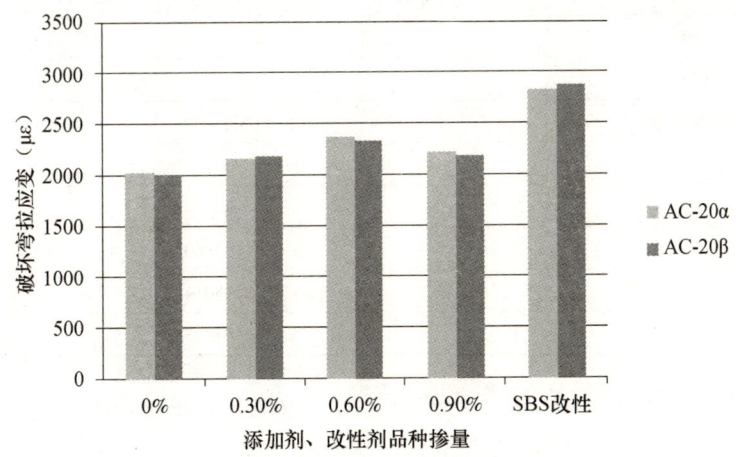

图 5-21　不同混合料类型的最大弯拉应变

从图 5-21 中可以看出：

随着高模量剂掺量的增加，最大弯拉应变先增加后减小；相对于不掺加的基质沥青，掺加高模量剂的沥青混合料的最大弯拉应变增长不大；而 SBS 改性沥青混合料相对其他混合料，其最大弯拉应变较大，说明SBS改性沥青对混合料的低温性能提高明显。

随着高模量剂掺量的增加，弯拉强度也是一个先增大后减小的过程，而且相对于最大弯拉应变更明显；掺加0.3%高模量剂和0.6%高模量剂的沥青混合料的弯拉强度相对于不掺加的基质沥青有明显的提高，但是0.9%高模量剂掺量的沥青混合料的弯拉强度基本与基质沥青的相同；掺加0.6%高模量剂与SBS改性的沥青混合料的弯拉强度基本相同。

国家规范规定采用破坏弯拉应变来评价沥青混合料的低温性能，研究也采用国家规范的方法来评定，总体上说，掺加高模量剂的沥青混合料的低温性能较基质沥青有所增加，但增长幅度很小，可以认为掺加高模量剂对沥青混合料的低温性能有一定的帮助。

（1）级配类型对小梁低温弯曲试验影响分析

研究依然采用双样本等方差 t 检验分析，AC-20α 作为变量1，AC-20β 作为变量2，分析结果见表5-23。

表5-23　级配类型对小梁低温弯曲试验影响分析

项目	最大弯拉应变	
	AC-20α	AC-20β
平均	2325.2	2322.8
方差	100021.7	110776.7
观测值	5	5
合并方差	105399.2	
假设平均差	0	
df	8	
t Stat	0.011688602	
$P(T<=t)$ 单尾	0.495480145	
t 单尾临界	1.859548033	

从表5-23可以看出：最大弯拉应变的 P 单尾=0.495480145>0.05，说明级配类型对小梁极限破坏应变没有影响。

（2）高模量剂掺量对小梁弯曲试验影响分析

将试验结果绘制成图5-22，从图中可以看出：随着高模量剂掺量的增加，最大弯拉应变有明显的先增大后减小的过程，但其增长幅度不是很大，说明高模量剂的掺入对沥青混合料的低温性能影响不是很大；在掺量达到0.6%时，最大弯拉应变也达到了最大。

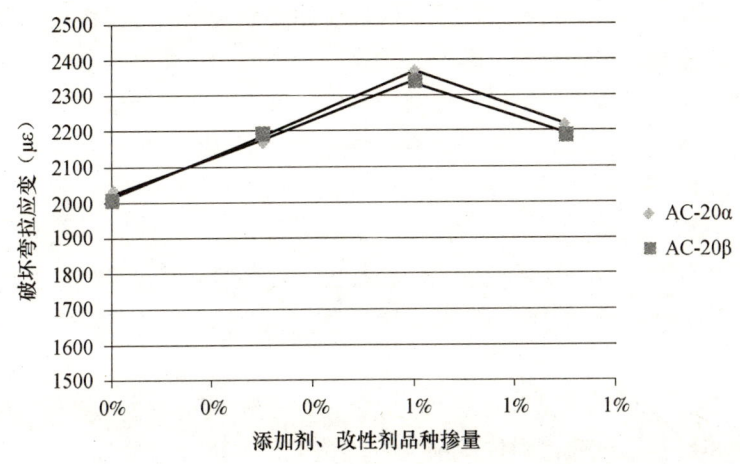

图 5-22　高模量剂掺量与最大弯拉应变关系图

5-4-5　高模量沥青混凝土静态弹性模量

为了分析路面结构在轮胎荷载作用下的力学响应、开展材料结构与一体化设计，材料力学特性参数的取值具有非常重要的价值，而通常力学分析对于材料的力学参数选取过于粗糙，因此研究根据课题试验路的需要主要采用试验方法来获得普通基质沥青混合料、SBS改性沥青混合料以及不同剂量高模量沥青混合料的弹性模量。

沥青混合料的静态模量试验是用来测量沥青混合料的静态回弹模量的。在外国，测量沥青混合料的模量基本上都采用动态模量试验，得到动态模量，然后应用动态模量进行沥青路面的设计，而在我国的规范中，仍然采用静态模量的试验方法，用静态回弹模量值作为沥青路面设计的参考数值。研究将用沥青混合料单轴压缩试验方法来测量高模量沥青混合料的抗压强度和静态回弹模量。根据《公路沥青路面设计规范》（JTGD 50—2006）的要求，研究将在15℃和20℃条件下进行试验，分别为验算沥青路面弯拉应力和计算沥青路面弯沉提供数据参考。

5-4-5-1　静态模量试验准备及过程

（1）试验准备

①采用静压法成型试验所需要的试件，试件的尺寸为：直径为100mm±2mm，高度100mm±2mm，如果试件尺寸超出上述范围，视为废件，不能在试验中使用。

②试件成型后不等试件完全冷却即可进行脱模，将试件在室温下放置24

小时，用卡尺量取各个试件不同位置的高度和直径，取平均值作为试件的计算高度和计算直径。

③按照规范的规定测量试件的密度、空隙率等各项物理指标。

④将试件放置在试验温度规定的恒温水槽中保温 2.5h 以上，同时，压板和底座也同时进行保温。

（2）抗压强度试验

将压板和底座在试验机上放置好，再将试件迅速放置试验机上，放好试件后压力机以 2mm/min 的加载速率均匀加载直至破坏，读取荷载峰值（p），准确到 100N。

（3）抗压回弹模量试验

①由抗压强度试验得到抗压强度平均值 P，大体均匀分成 10 级荷载，分别取 $0.1P$、$0.2P$、$0.3P$、……、$0.7P$ 七级（可以近似取整数）作为试验荷载。

②装好试件后，调整好试验机，然后以 2mm/min 速度加载至 $0.2P$ 进行预压保持 1min，观察千分表的增加值，使千分表的增加值读数大致接近，然后卸载，并且再预压一次。

③以 2mm/min 速度加载至第 1 级荷载（$0.1P$），立即记录千分表读数及实际荷载数，并以同样的速率卸载回零，开始启动秒表，待试件回弹变形 30s 后，再次记录千分表读数，加载与卸载两次读数之差即为此级荷载下试件的回弹变形（ΔL_1）。然后同样方法进行后面六级荷载的试验。

（4）试验计算

计算混合料的静态抗压回弹模量的公式：

$$R_c = \frac{4P}{\pi d^2} \tag{5-11}$$

$$q_i = \frac{4P_i}{\pi d^2} \tag{5-12}$$

$$E' = \frac{q_5 \times h}{\Delta L_5} \tag{5-13}$$

式中　R_c——试件的抗压强度，MPa；

　　　P——试件破坏时的最大荷载，N；

　　　D——试件的直径，mm；

　　　q_i——相应于各级试验荷载作用下的压强，MPa；

　　　P_i——施加于试件的各级荷载值，N；

　　　q_5——相应于第 5 级荷载（$0.5P$）作用时的荷载压强，MPa；

h——试件轴心高度，mm

ΔL_5——相应于第 5 级荷载（$0.5P$）时经原点修正后的回弹变形，mm。

5-4-5-2 静态模量试验的试验结果

研究采用 0% 高模量剂、0.3% 高模量剂、0.6% 高模量剂和 0.9% 高模量剂掺量进行 AC-20α 和 AC-20β 两组 15℃、20℃静态模量试验，试验结果见表 5-24。

表 5-24 静态模量试验结果

试件编号		15℃		20℃	
		抗压强度	回弹模量	抗压强度	回弹模量
AC-20α	0%	2.529	1661	2.246	1286
	0.3%	4.871	2357	2.894	1992
	0.6%	6.157	2568	3.025	2143
	0.9%	8.027	3177	4.268	2284
	SBS 改性	5.932	2271	3.451	2032
AC-20β	0%	2.685	1724	2.298	1312
	0.3%	4.935	2471	2.913	2089
	0.6%	6.217	2618	3.068	2196
	0.9%	8.153	3224	4.465	2307
	SBS 改性	6.210	2403	3.601	2149

5-4-5-3 静态模量试验结果分析

（1）级配类型对静态模量试验影响分析

研究采用 AC-20α 和 AC-20β 两组级配类型对静态模量进行双样本等方差 t 检验分析，结果见表 5-25。

表 5-25 级配类型对静态模量试验影响分析

项目	回弹模量	
	AC-20α	AC-20β
平均	2319.125	2382
方差	467374.9821	477040.5714
观测值	8	8
合并方差	472207.7768	
假设平均差	0	
df	14	
t Stat	−0.182995928	
$P(T<=t)$ 单尾	0.428712432	
t 单尾临界	1.761310115	

从表 5-25 可以看出：AC-20β 型级配的静态模量的平均值要大于 AC-20α

型级配的。回弹模量的 P 单尾 $= 0.428712432 > 0.05$，从 P 值中可以得出级配类型对沥青混合料的静态回弹模量没有影响。

（2）温度对静态模量试验影响分析

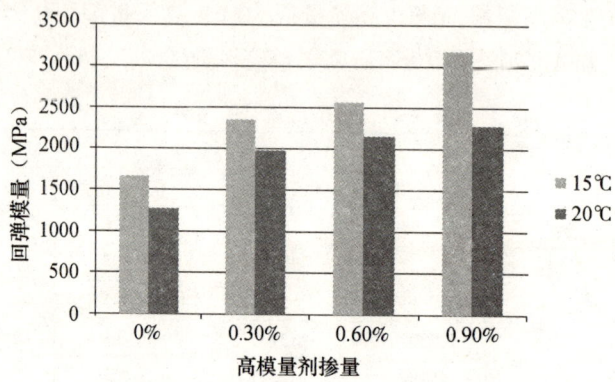

图 5-23　AC-20α 型回弹模量与温度关系图

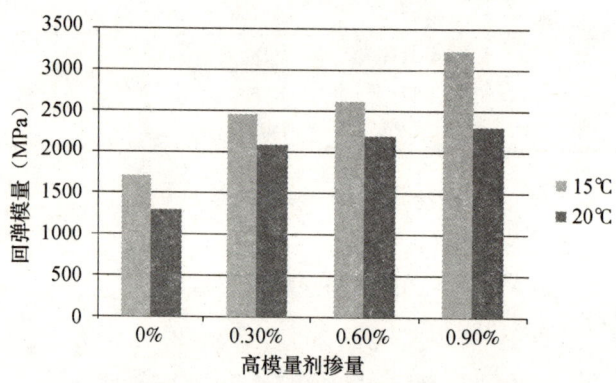

图 5-24　AC-20β 型回弹模量与温度关系图

从图 5-23 和图 5-24 中可以看出，AC-20α 和 AC-20β 型沥青混合料在相同高模量剂的掺量下 15℃的回弹模量都要高于 20℃的回弹模量，而且可以从图中看出，15℃的回弹模量增幅要高于 20℃的回弹模量的增幅；回弹模量随着温度的升高有变小的趋势，说明温度对回弹模量的影响还是比较大的，这与沥青混合料的抗剪强度有关，沥青混合料的抗剪强度随温度的升高会呈现下降的趋势，进而影响回弹模量也随温度升高而变小。AC-20α 和 AC-20β 型沥青混合料的回弹模量随高模量剂掺加量的变化趋势是相似，都是随着高模量剂掺加量的增加，回弹模量也增大，在相同的高模量剂的掺量下，AC-20β 型的沥青混合料比 AC-20α 的回弹模量大，高模量剂掺加量大于 0.3% 时回弹模量的增加速率有放缓的趋势。

第5章 高性能沥青面层材料

5-4-6 高模量沥青混凝土动态弹性模量

5-4-6-1 动态模量试验准备及过程

（1）试件尺寸：采用旋转压实仪成型直径150mm，高170mm试件，钻芯成高150mm，直径100mm的圆柱形试件。

（2）试验条件：试验采用连续无间歇的半正矢荷载波形，不施加围压，试验温度为15℃，试验频率为0.01Hz、0.1Hz、0.2Hz、0.5Hz、1Hz、2Hz、5Hz、10Hz、20Hz、25Hz等10个不同频率。试验开始后，先进行高频率的试验，然后进行低频率的试验。

（3）试验步骤

①将试件上下两端分别整平，使其能与上下加载板都接触吻合。

②将试件放置在试验加载架的加载板中心位置，为减少试件表面与上下加载板间的摩阻力，减小端部效应，可在试件与上下加载板间各放一块聚四氟乙烯薄板，应注意使试件中心与加载架的中心对齐。

③将试件放入试验机的环境箱中，设定试验温度，直至试件中部也达到试验温度，容许偏差为±0.3℃。

④当试件内外的温度达到测试温度以后，方可开始进行加载试验。施加一个大小为试验荷载5%的接触荷载对试件进行预压（试验荷载的大小是通过调节使试件的轴向应变能控制在50~150微应变之间）持续10s，使试件与上下加载板接触良好，然后调节位移传感器。

⑤对试件施加半正矢波或偏移正弦波轴向压应力试验荷载，在设定温度下从25~0.1Hz由高频至低频按重复加载次数进行试验。在试验之前，先对试件进行加载预处理。在两个频率下，试验至少间隔2min，但不应超过30min。试验采集最后5个波形的荷载及变形曲线，记录并计算试件轴向可恢复变形、动态模量及相位角。

⑥试验时设定试件尺寸、加载水平、加载方式等各种参数，最终可直接采集到各种沥青混合料试件的动态模量。

（4）试验设备：本试验采用SPT基本性能试验仪，如图5-25所示。

（5）试验计算：

动态模量（$|E^*|$）试验在规定的试验温度下以不同的频率对试件施加半正弦轴向应力，测定相应时间所施加的应力和轴向应变，并用来计算动态模量和相位角。动态模量和相位角的定义为公式（5-14）和公式（5-15）。

$$|E^*| = \frac{\sigma_0}{\varepsilon_0} \tag{5-14}$$

$$\varphi = \frac{T_i}{T_p}(360) \tag{5-15}$$

式中 $|E^*|$——动态模量；

φ——相位角；

σ_0——应力峰值；

ε_0——应变峰值；

T_i——应力和应变间的滞后时间；

T_p——施加应力的周期。

图 5-25　SPT（Simple Performance Tester）基本性能试验仪

5-4-6-2　动态模量试验的试验结果

研究采用 0% 高模量剂、0.3% 高模量剂、0.6% 高模量剂和 0.9% 高模量剂掺量进行 AC-20α 和 AC-20β 两组 15℃ 动态模量试验，试验结果见表 5-26 和表 5-27。

表 5-26　AC-20α 型动态模量试验结果

方案类型	25Hz	20Hz	10Hz	5Hz	2Hz	1Hz	0.5Hz	0.2Hz	0.1Hz	0.01Hz
基质沥青	15173	14318	12210	10573	8150	6927	5375	3948	3095	1002
0.3% 高模量剂	20876	19892	18038	17279	13510	12438	10836	8571	7395	3735
0.6% 高模量剂	21537	20510	19339	18931	16744	14830	13481	11294	9162	5381
0.9% 高模量剂	24038	23517	21529	20521	18210	17018	15193	12953	11842	6953

表 5-27　AC-20β 型动态模量试验结果

方案类型	25Hz	20Hz	10Hz	5Hz	2Hz	1Hz	0.5Hz	0.2Hz	0.1Hz	0.01Hz
基质沥青	15428	14837	12984	11201	8981	7423	5959	4236	3145	1088
0.3% 高模量剂	21289	20752	18963	18136	14825	13101	11930	9367	7943	4093
0.6% 高模量剂	22439	21906	20837	19571	17492	15301	13792	11693	9636	5872
0.9% 高模量剂	24721	24098	22605	21045	19003	17427	15685	13642	12071	7431

5-4-6-3 动态模量试验结果分析

（1）频率对动态模量的影响分析

研究将频率与动态模量的数据绘制成关系图，如图 5-26 和图 5-27 所示。

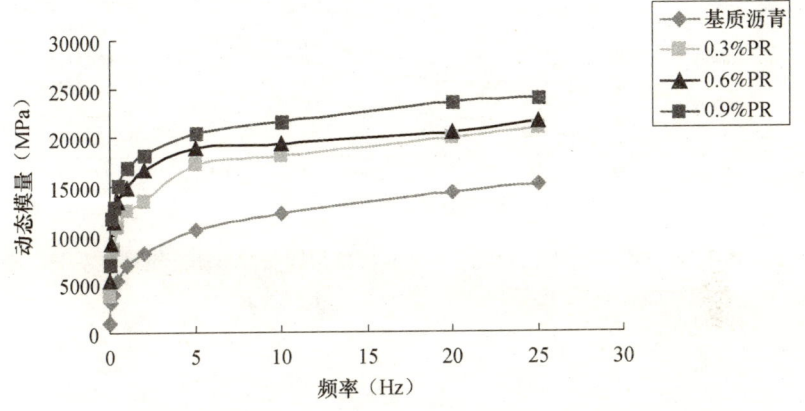

图 5-26　AC-20α 型沥青混合料的频率与动态模量关系图

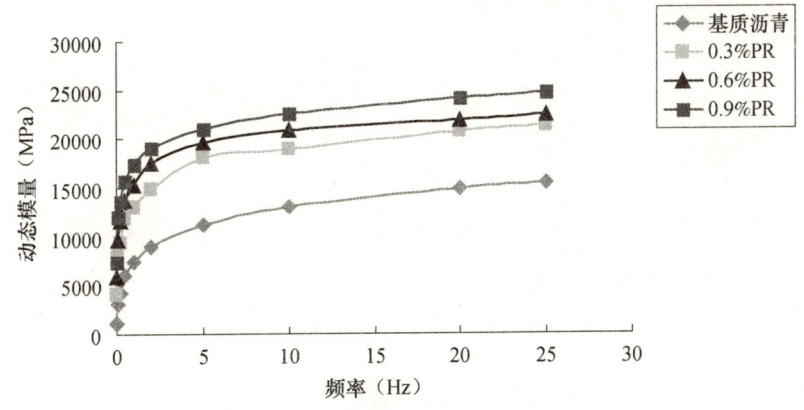

图 5-27　AC-20β 型沥青混合料的频率与动态模量关系图

从图 5-26 和图 5-27 中可以看出：不论是 AC-20α 型还是 AC-20β 型沥青混合料，随着试验频率的增加，动态模量值也随之增加，但是随着试验频率的不断增加，动态模量值的增长势头有明显放缓的趋势，到最后逐渐趋于平缓。

（2）高模量剂掺加量对动态模量的影响分析

研究将高模量剂掺加量与动态模量的数据绘制成关系图，如图 5-28 和图 5-29 所示。

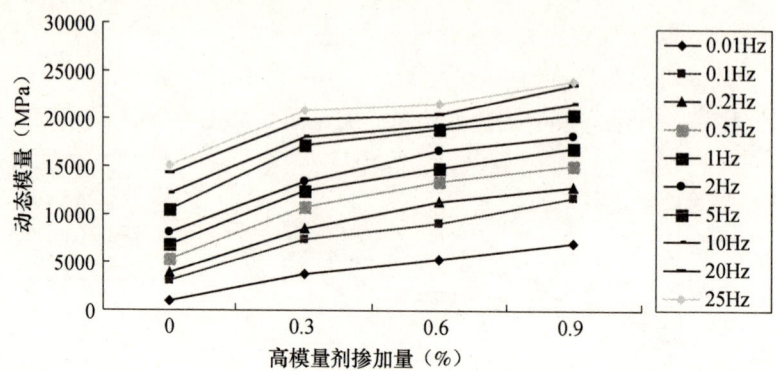

图 5-28　AC-20α 型沥青混合料的高模量剂掺加量与动态模量关系图

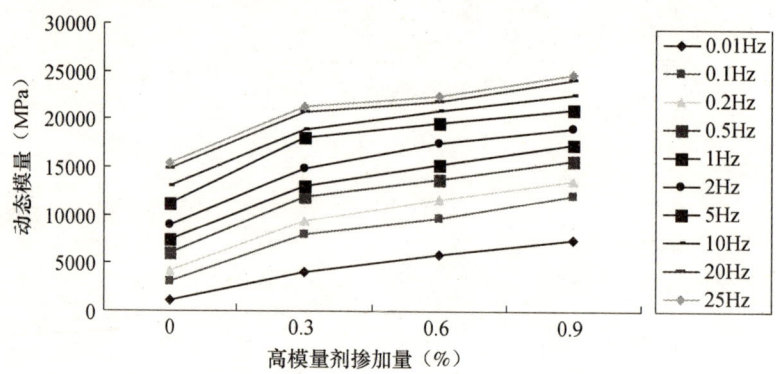

图 5-29　AC-20β 型沥青混合料的高模量剂掺加量与动态模量关系图

从图 5-28 和图 5-29 中可以看出：两种类型的 AC-20 沥青混合料，随着高模量剂掺加量的增加，各个频率的动态模量都是增加的趋势。

5-4-7　高模量沥青混凝土抗疲劳性能

根据沥青混合料抗疲劳试验方法，在 15℃ 条件下进行控制应力的疲劳试验，试验结果见表 5-28 及表 5-29 所示。

表 5-28　AC-20α 型混合料疲劳试验结果

高模量剂含量	弯拉强度（MPa）	应力值 σ(MPa)	应力比 S	疲劳寿命 N（次）	疲劳寿命回归方程	作用次数为 10^6 次的疲劳强度（MPa）
0	4.5	2.222	0.500	18545	单对数：$\lg N = 5.3929 - 2.4474 S$ $R^2 = 0.8792$ 双对数：$\lg S = 0.7511 - 0.24851 \lg N$ $R^2 = 0.9051$	0.71
		2.667	0.600	5708		
		3.111	0.700	5353		
		3.556	0.800	2901		

续表

高模量剂含量	弯拉强度（MPa）	应力值水平 σ(MPa)	应力比 S	疲劳寿命 N(次)	疲劳寿命回归方程	作用次数为 10^6 次的疲劳强度（MPa）
0.3%	5.8	2.301	0.400	28374	单对数：$\lg N = 5.5475 - 3.0724S$ $R^2 = 0.8841$ 双对数：$\lg S = 0.652 - 0.2387\lg N$ $R^2 = 0.9255$	0.87
		2.876	0.500	6555		
		3.451	0.600	4867		
		4.026	0.700	2964		

表 5-29　AC-20β 混合料疲劳试验结果

高模量剂含量	弯拉强度（MPa）	应力值水平 σ(MPa)	应力比 S	疲劳寿命 N(次)	疲劳寿命回归方程	作用次数为 10^6 次的疲劳强度（MPa）
0%	5.7	2.259	0.400	19066	单对数：$\lg N = 5.352 - 2.6101S$ $R^2 = 0.9873$ 双对数：$\lg S = 0.9184 - 0.3032\lg N$ $R^2 = 0.9632$	0.67
		2.823	0.500	11705		
		3.388	0.600	6765		
		3.953	0.700	3091		
0.3%	6.5	3.259	0.500	22873	单对数：$\lg N = 5.771 - 2.8192S$ $R^2 = 0.9994$ 双对数：$\lg S = 0.7551 - 0.2409\lg N$ $R^2 = 0.9947$	1.32
		3.911	0.600	12289		
		4.563	0.700	6116		
		5.215	0.800	3316		
0.4%	8.2	3.278	0.400	36921	单对数：$\lg N = 5.8014 - 3.3781S$ $R^2 = 0.9121$ 双对数：$\lg S = 0.6143 - 0.224\lg N$ $R^2 = 0.953$	1.45
		4.098	0.500	9970		
		4.917	0.600	4528		
		5.737	0.700	3598		

综合疲劳方程、实际路面疲劳寿命修正，推导出沥青面层材料抗拉结构系数修正方程，具体详见表 5-30：

表 5-30　半刚性基层材料抗拉结构系数修正方程

混合料类型		半刚性基层材料抗拉结构系数修正方程
AC-20α 型	高模量剂 0‰	$K_s = 0.1137 N_e^{0.2485}$
	高模量剂 3‰	$K_s = 0.3416164 N_e^{0.2387}$
AC-20β 型	高模量剂 0‰	$K_s = 0.207622 N_e^{0.3032}$
	高模量剂 3‰	$K_s = 0.270488 N_e^{0.2409}$
	高模量剂 4‰	$K_s = 0.362921 N_e^{0.244}$

（1）高模量剂量对弯拉强度的影响

由表 5-28、表 5-29 和图 5-30 知：随着高模量掺量的增加，混合料的弯拉强度逐渐增大，AC-20α 由未掺时的 4.45MPa 增至掺量为 0.3% 时的 5.8MPa；掺量为 0%、0.3% 和 0.4% 时 AC-20β 的弯拉强度分别为 5.7MPa、6.5MPa 和 8.2MPa。掺量同为 0.3%，AC-20β 的弯拉强度明显高于 AC-20α。

(2) 高模量剂对疲劳寿命的影响

当路面受到相同次数外荷载作用产生疲劳破坏时所能承受的疲劳强度值越大，说明该路面抗疲劳性能越好。当作用次数为 10^6 次时，由表 5-28 和表 5-29 知，AC-20α 混合料添加高模量剂后疲劳强度由 0.71MPa 增至 0.87MPa，说明 PLAST.S 的添加对悬浮密实结构 AC-20α 混合料疲劳性能有改善但效果不显著；AC-20β 混合料在未添加高模量剂时的疲劳强度仅为 0.67MPa，当掺量为 0.3% 和 0.4% 时其疲劳强度分别为 1.32MPa 和 1.45MPa，接近未添加时的两倍，说明高模量剂对骨架密实结构 AC-20β 混合料的疲劳性能改善效果显著，且随掺量的增加改善幅度不断增大。

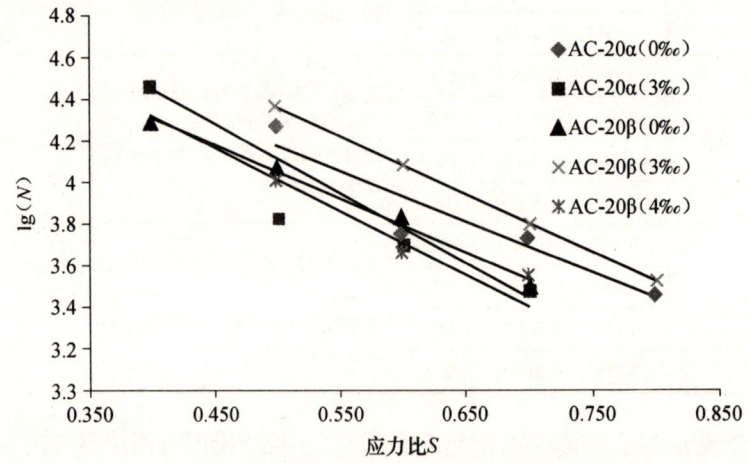

图 5-30 两种类型级配不同 PLAST.S 掺量的疲劳试验对比图

(3) 高模量剂对不同类型混合料疲劳性能改善对比分析

总体上看，骨架密实结构混合料的疲劳寿命对应力变化较悬浮密实结构略微敏感，即在增加同样外力时，骨架密实结构混合料的疲劳寿命降低幅度略大，但在相同外力作用、同为 0.3% 掺量时，骨架密实结构 AC-20β 混合料的疲劳寿命明显优于偏悬浮结构 AC-20α，说明选择偏粗结构沥青混合料的疲劳性能较偏悬浮密实结构好。

可以认为，常温下经过高温挤压变形的高模量剂颗粒变成絮状、纤维状等，可将集料交联在一起，当交联的集料多为粗集料时，高模量剂纤维将矿料骨架在沥青结合料包裹的基础上进一步加固，起到加筋作用，由于该聚合物自身具有一定的强度，可提高混合料承受外荷载的作用，进而提高混合料的疲劳寿命。当交联的集料多为细集料时，高模量剂裹附细集料形成团状分散于混合料之中，不能形成由高模量剂纤维包裹的整体，加筋作用表现的并不显著。综上所述，本研究认为高模量剂对骨架密实结构混合料的耐疲劳性能改善效果好。

5-5　关于制备高性能沥青面层材料的建议

（1）直投式改性技术制备高性能沥青路面材料具有明显的技术优势，为修建长寿命沥青路面提供了重要的技术手段。与传统的沥青路面改性技术相比，直投式具有工艺简单、无存储稳定性问题、技术性能优势突出等特点。

（2）采用直投工艺制备的抗车辙沥青混凝土，具有突出的抗车辙性能，水稳定性也有一定的改善，低温抗裂性能略优于普通沥青混合料。在使用中宜采用偏粗的悬浮密实结构或者骨架密实结构，采用这样的级配有利于发挥抗车辙剂颗粒优势。适当增加抗车辙剂在沥青混合料的投放量可明显提高混合料的路用性能，建议用量在0.3%以上。

（3）采用直投式工艺制备的高模量沥青混凝土，具有优良的抗车辙性能、良好的耐疲劳性能，较高的动态、静态模量，优良的水稳定性能，低温抗裂性略优于普通沥青混合料。在使用中宜采用偏粗的悬浮密实结构级配或骨架密实级配，采用这样的级配有利于发挥高模量剂的性能优势。适当增加高模量剂的用量，可明显提高沥青混合料各方面性能。

第6章 长寿命半刚性基层沥青路面材料与结构一体化设计

作者在长期的路面材料与结构研究设计工作中，深刻体会到要想修好一条路必须从材料与结构两方面着手，放松任何一个方面都会造成不可挽回的损失。这正体现了"材料是结构中的材料，结构是材料构成的结构"的哲学思想。在科技高度发展的今天，想要通过简单的工作就可以达到完美的目标，恐怕是绝无可能了，设计、修建长寿命路面就更是如此。因此需要从材料与结构——路面的两个基本要素展开工作，才能够向着实现长寿命路面这个远大的目标更迈近一步。

6-1 材料与结构一体化设计思路

目前，我国新建沥青路面的设计方法主要分四个步骤：第一步，结构组合设计；第二步，材料组成设计；第三步，路面厚度计算；第四步，技术经济分析。在这四个基本设计步骤中，第一步（结构组合设计）和第二步（材料组成设计）长期存在脱节的问题。具体体现在：长期以来，从事结构设计的设计人员不做材料试验、不进行材料性能的检测，只是简单地从规范中选取材料参数范围的中值作为设计参数，代入软件，通过计算即可；从事材料设计的科研检测人员只是埋头做试验、做科研，对结构的受力状态不关心，只要某项指标或几项指标有所提高就好。这对于新材料的开发与新结构的提出非常不利，对于设计、修建性能良好的长寿命路面非常不利。而材料与结构的一体化设计思想就是将材料与结构统筹考虑，能够充分发挥结构与材料的优势，实现性能需求与材料特性的和谐统一，从而实现路面长寿命的目标。

半刚性基层沥青路面结构与材料设计一体化设计具体思虑如下：

（1）根据当地交通量、气候特点等已知条件和经验提出半刚性基层沥青路面的结构设计和设计参数，提出初步设计。

（2）对廊沧高速半刚性基层沥青路面结构设计进行粘弹性层状体系应力

第6章 长寿命半刚性基层沥青路面材料与结构一体化设计

计算,分析面层内部沿路面竖向的高温剪应力、常温拉应力和低温温缩应力分布规律,确定路面面层内部的高温剪应力、常温拉应力和低温温缩应力峰值区域,最终确定路面主抗车辙区、主抗疲劳区和主抗低温缩裂区所在的沥青层位。

(3) 开展高性能半刚性基层材料研究。包括:高性能半刚性材料的配合比设计、基本物理力学参数的测定、强度特性、疲劳性能等。具体可参考第4章。

(4) 开展高性能沥青面层材料研究。包括:高性能沥青混凝土配合比设计方法研究、高性能沥青混凝土路用、力学性能与添加剂用量之间的关系,以及基本物理参数的测定、强度特性、疲劳特性等。具体见第5章。

(5) 根据层位分工论,确定各沥青结构层在材料路用性能要求指标要求,并以此为依据提出各沥青结构层结构组合设计。具体见本章内容。

对设计出的沥青路面结构,进行粘弹性层状体系应力计算,代入实测数据,分析面层内部沿路面竖向的高温剪应力、常温拉应力和低温温缩应力分布规律,判定路面主抗车辙区、主抗疲劳区和主抗低温缩裂区所在的结构层位是否发生变化,以及此时各结构层的材料特性是否与设计出的路面层位分工相适应。若此时路面的主抗车辙区、主抗疲劳区和主抗低温缩裂区所在的沥青层位没有发生变化,并且各沥青结构层的材料与设计出的沥青路面层位分工相适应,则设计结束。否则应返(1),对各沥青结构层设计以及材料组成进行调整,直到各结构层的材料与设计出的沥青面层位分工相适应为止。

6-2 半刚性基层沥青路面层位分工成果汇总

汇总第3章半刚性基层沥青路面层位分工研究成果,半刚性基层沥青路面典型结构分工情况如图6-1~图6-3所示。路面结构功能分区对于进行高性能路面材料的研究开发起到了重要的指引作用。

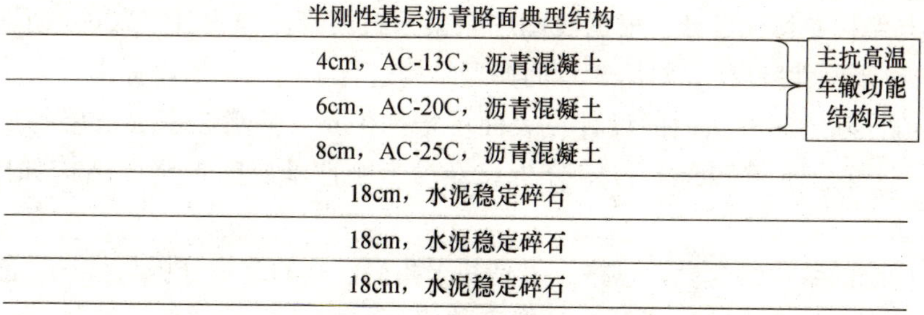

半刚性基层沥青路面典型结构	
4cm,AC-13C,沥青混凝土	主抗高温车辙功能结构层
6cm,AC-20C,沥青混凝土	
8cm,AC-25C,沥青混凝土	
18cm,水泥稳定碎石	
18cm,水泥稳定碎石	
18cm,水泥稳定碎石	

图6-1 主抗低温缩裂区示意图

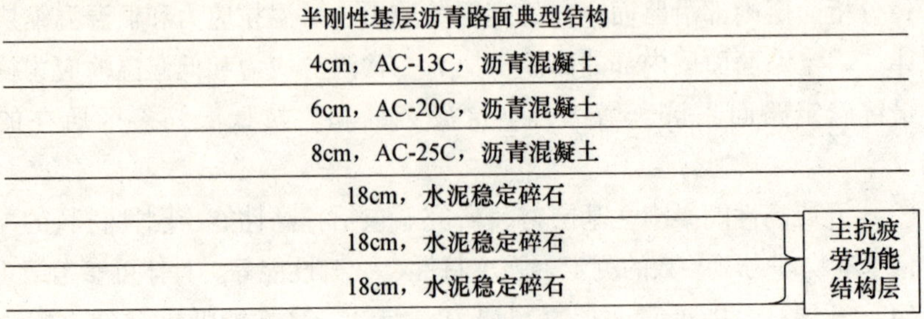

```
半刚性基层沥青路面典型结构
┌─────────────────────────────┐
│  4cm，AC-13C，沥青混凝土      │
├─────────────────────────────┤
│  6cm，AC-20C，沥青混凝土      │
├─────────────────────────────┤
│  8cm，AC-25C，沥青混凝土      │
├─────────────────────────────┤
│  18cm，水泥稳定碎石           │
├─────────────────────────────┤ ┐
│  18cm，水泥稳定碎石           │ ├ 主抗疲劳功能结构层
├─────────────────────────────┤ │
│  18cm，水泥稳定碎石           │ ┘
└─────────────────────────────┘
```

图 6-2　主抗低温缩裂区示意图

```
半刚性基层沥青路面典型结构
┌─────────────────────────────┐ ┐
│  4cm，AC-13C，沥青混凝土      │ ├ 主抗低温缩裂区
├─────────────────────────────┤ ┘
│  6cm，AC-20C，沥青混凝土      │
├─────────────────────────────┤
│  8cm，AC-25C，沥青混凝土      │
├─────────────────────────────┤
│  18cm，水泥稳定碎石           │
├─────────────────────────────┤
│  18cm，水泥稳定碎石           │
├─────────────────────────────┤
│  18cm，水泥稳定碎石           │
└─────────────────────────────┘
```

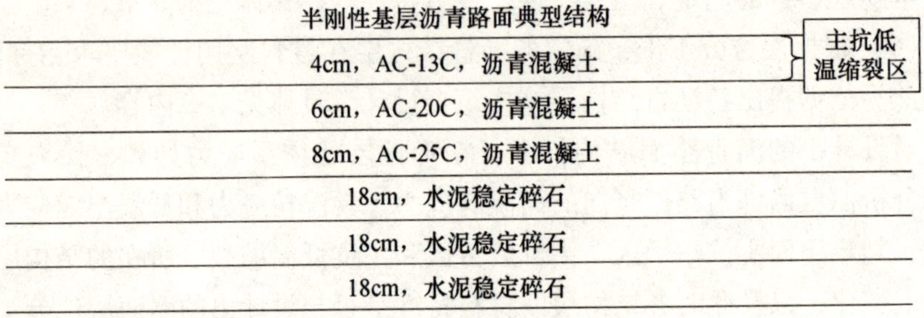

图 6-3　主抗低温缩裂区示意图

6-3　长寿命半刚性基层沥青路面一体化设计分析

为了更好的阐释路面材料与结构一体化设计的理念，下面将举例子说明。

6-3-1　路面结构设计

第3章对我国典型的半刚性基层沥青路面结构层进行了分析，其中对一种较厚结构的半刚性基层沥青路面进行了功能层位的分析，该结构沥青面层三层达到18cm、半刚性基层三层达到54cm，整体达到72cm。为了让读者全面了解材料与结构一体化设计，根据我国华东某重载沥青路面设计（20cm沥青面层+60cm半刚性基层），对第3章的典型结构进行了适当的增厚提出了一个长寿命半刚性基层沥青路面的设计：表面层增加1cm，半刚性基层三层每层增加2cm，这样总厚度79cm。拟定分析长寿命半刚性基层沥青路面结构如图6-4所示。

传统的结构组合设计思路，也是基于我们已有的结构分析与材料性能方面知识的汇总，验算通过即可。对拟定的路面结构进行粘弹性层状体系应力计算，分析路面结构内部沿路面垂直深度内的高温剪应力、常温拉应力以及低温

第6章 长寿命半刚性基层沥青路面材料与结构一体化设计

面层三层+基层三层		
表面层	5cm	细粒式沥青混凝土
中面层	6cm	中粒式沥青混凝土
底面层	8cm	粗粒式沥青混凝土
基层	20cm	半刚性基层材料
基层	20cm	半刚性基层材料
底基层	20cm	半刚性基层材料
路面结构厚度		79cm

图 6-4 长寿命沥青路面结构设计方案

温缩应力分布规律，确定路面面层内部的高温剪应力、常温拉应力和低温温缩应力峰值的区域，最终确定路面的主抗车辙功能层位、主抗疲劳功能层位以及主抗温缩区域层位。由于本书第 3 章已经非常详细的分析解释了路面结构功能层的划分方法，考虑篇幅的限制，在这里不再详细列出，仅把计算分析的结论在这里列出，如图 6-5 ~ 图 6-7 所示。

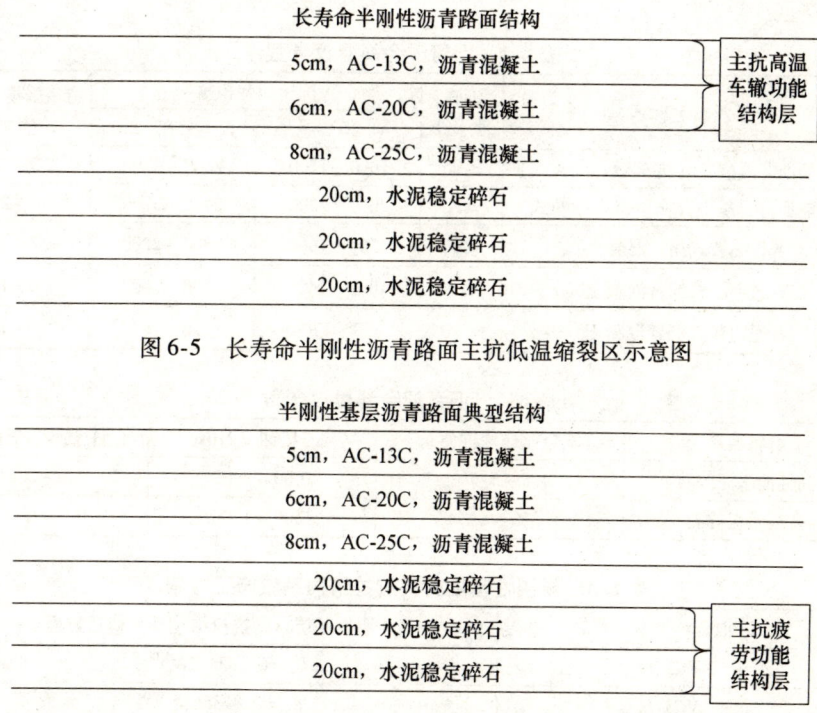

图 6-5 长寿命半刚性沥青路面主抗低温缩裂区示意图

图 6-6 长寿命半刚性沥青路面主抗低温缩裂区示意图

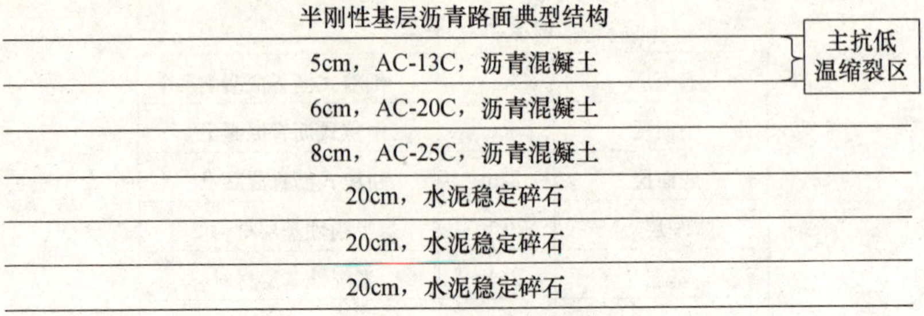

长寿命半刚性基层沥青路面设计

```
半刚性基层沥青路面典型结构
5cm，AC-13C，沥青混凝土  ⎫
6cm，AC-20C，沥青混凝土  ⎬ 主抗低温缩裂区
8cm，AC-25C，沥青混凝土  ⎭
20cm，水泥稳定碎石
20cm，水泥稳定碎石
20cm，水泥稳定碎石
```

图 6-7　长寿命半刚性沥青路面主抗低温缩裂区示意图

6-3-2　高性能沥青路面材料与高性能基层材料

根据路面结构功能需求，开展了大量高性能沥青面层材料与高性能半刚性基层材料的研究，试验测定了新材料的有关技术指标。材料模量值是表征材料刚度特性的重要指标，不同测试方法得出不同数值。常用的压缩、劈裂、弯拉试验都可作为测定材料模量和强度的一种方法。通过之前的研究及有关成果，下面列出了高性能沥青面层材料以及高性能基层材料的材料技术参数，见表 6-1 ~ 表 6-4。

表 6-1　沥青混合料建议参数

材料名称	沥青针入度	抗压回弹模量		劈裂强度 15℃（MPa）
		20℃	15℃	
高性能沥青混凝土（抗车辙、细粒式）	≤90	1600 ~ 1700	2400 ~ 2700	2.0 ~ 2.5
高性能沥青混凝土（高模量、中粒式）	≤90	2000 ~ 2200	2400 ~ 3200	1.4 ~ 2.2
普通细粒式沥青混凝土	≤90	1200 ~ 1600	1800 ~ 2200	1.2 ~ 1.6
普通中粒式沥青混凝土	≤90	1000 ~ 1400	1600 ~ 2000	0.8 ~ 1.2
普通粗粒式沥青混凝土	≤90	800 ~ 1200	1200 ~ 1600	0.6 ~ 1.0

表 6-2　沥青混合料建议参数

材料名称	配合比或规格要求	抗压模量（MPa）	劈裂强度（MPa）
高性能水泥碎石	4.5 ~ 5.5%	1600 ~ 1900	0.6 ~ 0.7
普通水泥碎石	5% ~ 6%	1300 ~ 1700	0.4 ~ 0.6

表 6-3　半刚性基层材料抗拉结构系数修正方程

混合料类型	半刚性基层材料抗拉结构系数修正方程
VC3	$K_s = 0.783112 N_e^{0.0929}$
VC5	$K_s = 0.89356 N_e^{0.0504}$
VF3	$K_s = 0.869609 N_e^{0.0628}$
VF5	$K_s = 0.713385 N_e^{0.07}$

第6章 长寿命半刚性基层沥青路面材料与结构一体化设计

表6-4 沥青混合料基层材料抗拉结构系数修正方程

混合料类型		沥青面层材料抗拉结构系数修正方程
AC-20β 型	高模量剂 0‰	$K_s = 0.207622 N_e^{0.3032}$
	高模量剂 3‰	$K_s = 0.270488 N_e^{0.2409}$
	高模量剂 4‰	$K_s = 0.362921 N_e^{0.224}$

高性能水泥稳定碎石类半刚性基层材料采用振动成型工艺进行配合比设计，其各项性能均有显著提高，沿用 $K_s = 0.35 N_e^{0.11}$ 或 $K_s = 0.45 N_e^{0.11}$，则完全不符合实际材料的应力疲劳状况。因此，综合分析各高性能基层材料结构系数修正方程，最终提出高性能基层材料一般公式：

$$K_s = 0.814916 N_e^{0.06903} \tag{6-1}$$

高性能沥青混合料通过掺加各种高性能添加剂制备而得，性质与普通热拌沥青混合料存在较大差别。综合分析各高性能沥青面层材料结构系数修正方程，根据 AC-20β 型级配的良好性能，最终取 AC-20β 型掺加3‰和4‰高模量剂的结构系数修正方程各项系数的平均值，提出高性能沥青面层材料一般公式：

$$K_s = 0.325008 N_e^{0.2349} \tag{6-2}$$

6-3-3 高性能路面材料组合设计方案

通过对高性能沥青路面材料与高性能半刚性基层材料的研究，发现抗车辙沥青混凝土材料的核心优势是在其较好的抗高温变形能力；高模量沥青混凝土则同时兼具抗高温变形能力以及良好的抗疲劳能力；高性能水泥碎石具有优良的物理力学性能。因此根据之前章节对于半刚性基层沥青路面结构功能划分的研究成果，考虑新材料的技术特性，结合原组合设计提出了如下新结构组合设计方案，如图6-8所示：

面层三层+基层三层		
表面层	5cm	AC-16C抗车辙沥青混凝土
中面层	6cm	AC-20C抗车辙沥青混凝土
底面层	8cm	AC-20C高模量沥青混凝土
基层	20cm	高性能水泥碎石
基层	20cm	高性能水泥碎石
底基层	20cm	高性能水泥碎石
路面结构厚度		79cm

图6-8 高性能路面材料组合设计方案

6-3-4 新旧结构组合设计方案分析

为了了解新设计方案的效果,分别对高温剪应力、常温水平应力以及温缩应力展开对比分析。

6-3-4-1 高温剪应力对比

原组合设计与高性能组合设计方案高温剪应力计算结果如图 6-9 和图 6-10 所示:

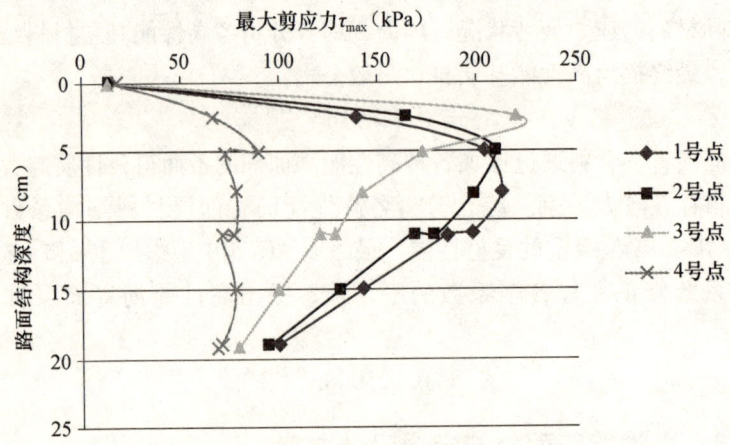

图 6-9 原设计方案高温剪应力分布图

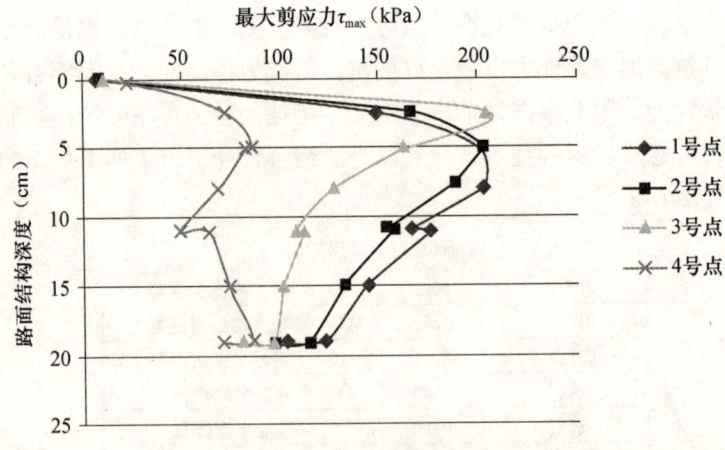

图 6-10 新设计方案高温剪应力分布图

在层间连续状态下,新旧组合设计方案应力状态基本相同,相对而言旧组合设计方案的最大剪应力最大值达到 220kPa,新方案的最大剪应力值最大达

第6章 长寿命半刚性基层沥青路面材料与结构一体化设计

到205kPa;新方案的最大剪应力在路面深度范围内分布更加均匀,旧方案在表面范围内的剪应力值较大。导致表面层最大剪应力下降的主要原因是由于在下面层上设计使用高模量沥青混凝土导致沥青层与半刚性基层的模量比增大的缘故,旧方案的模量比为0.8,新方案则增加为1.2,正是因为这样的变化使得沥青面层内部的应力更加均匀。

在夏季我国许多省份午后沥青路面表面温度可以达到50~60℃,而10cm以下的路面结构温度极少能够达到40℃,同时大量研究证明在低于38℃条件下,沥青路面很少能够产生车辙病害。由此判断,无论是新方案还是旧方案,表面层和中面层处于较为容易产生车辙的温度范围,而下面层温度较低,不易产生车辙病害。这点与许多工程的病害调查结论基本一致。

无论新旧组合设计,中面层处于车辙病害最不利的位置,最容易产生车辙病害,对于沥青面层的车辙深度的发展有着显著的影响;上面层在荷载圆内部剪应力较小,而在荷载圆边缘处剪应力较大,考虑到表面温度较高,根据时温等效原则,可以认为延长了轮胎荷载作用的时间,因此上面层具有产生永久变形所需条件。综上,通过对两种软件对剪应力计算结果的分析,得出沥青面层上面层、中面层处于容易产生车辙病害的条件下,应将上面层、中面层作为典型结构的主抗永久车辙病害功能层。

6-3-4-2 常温拉应力对比

原组合设计与高性能组合设计方案常温水平应力计算结果如图6-11~图6-12所示:

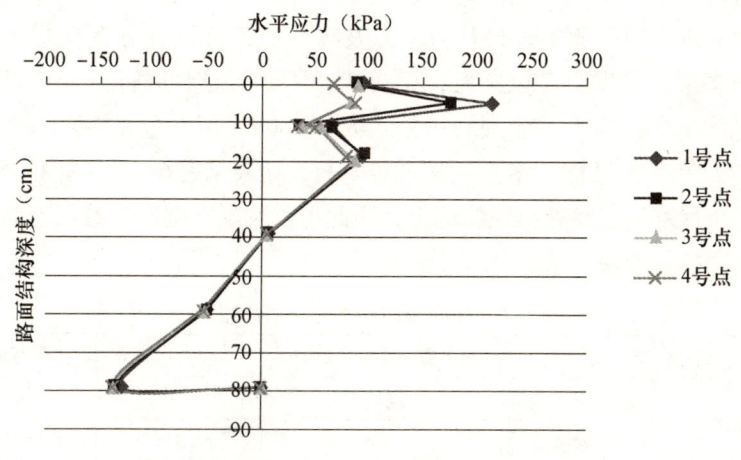

图6-11 原组合设计方案水平应力分布

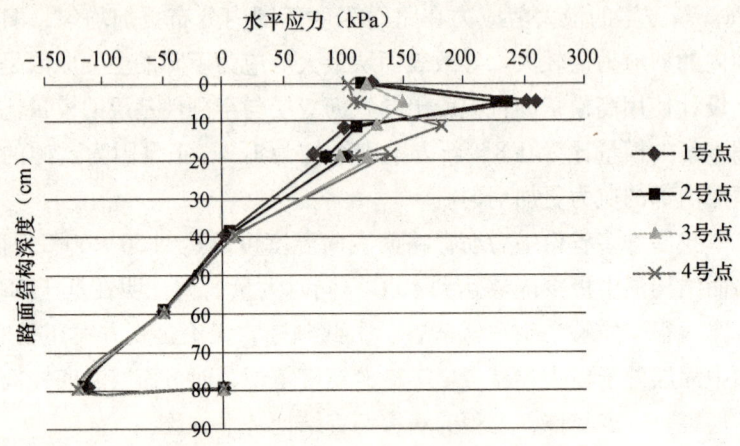

图 6-12 新组合设计方案水平应力分布

在层间连续状态下，无论是原组合设计方案，还是高性能组合设计方案，所示车轮荷载下 4 个计算点的水平应力分布在总体规律上基本一致：在水平应力峰值出现的位置相同，只是在大小上存在一定的区别；在沥青面层内部在层间连续条件下各层的水平应力基本为正值，表示沥青面层内部绝大部分处于受压状态；半刚性基层结构下部水平应力为负值，表明半刚性基层均处于受拉状态，并在 4 号计算点在基层层底出现最大拉应力，原组合设计方案为 −138kPa，高性能组合设计方案为 −124kPa。这主要是由于通过采用高模量沥青混凝土以及高性能半刚性基层材料，使得整体结构的刚度略有提高，整个路面结构的受力更加均匀。

通过分析发现，原组合设计方案以及高性能组合设计方案在层间连续状态时，沥青层未出现明显拉应力，无疲劳破坏，不需要进行疲劳计算；半刚性基层底均承受拉应力，分别利用公式 $K_s = 0.09 \cdot N_e^{0.22}$（原方案）以及 $K_s = 0.325008 N_e^{0.2349}$（高性能方案）反算疲劳寿命，结果见表 6-5。由此整个路面结构仅在半刚性基层层底处出现拉应力，因此可以判断在层间连续状态时半刚性基层属于主抗疲劳层。

表 6-5 层间滑动状态疲劳寿命预估

结构位置		水平应力峰值 (kPa)	应力比 s	疲劳寿命（次）
原组合设计	沥青下面层	未出现拉应力	—	—
	半刚性基层	−138	0.345	2.0618E+09
高性能组合设计	沥青下面层	未出现拉应力	—	—
	半刚性基层	−124	0.191	1.2773E+11

第6章 长寿命半刚性基层沥青路面材料与结构一体化设计

若将原组合设计方案的疲劳寿命设置为1,则高性能组合设计方案的疲劳寿命则为62。换句话说,也就是通过采用高性能的结构组合设计可以使路面结构寿命提高了61倍,凸显采用高性能路面材料的效果。这主要与高性能半刚性基层材料的使用密切相关,不但半刚性材料的弯拉强度提高,而且材料的疲劳寿命方程也有很大的改善。疲劳性能是左右长寿命路面结构寿命的核心技术指标,是保证结构安全的重要性能,通过采用高性能结构组合设计方案可使路面结构使用寿命大大提高,对于实现长寿命目标具有重要意义。

6-3-4-3 温缩应力对比

原组合设计与高性能组合设计方案高温剪应力计算结果如图6-13所示:

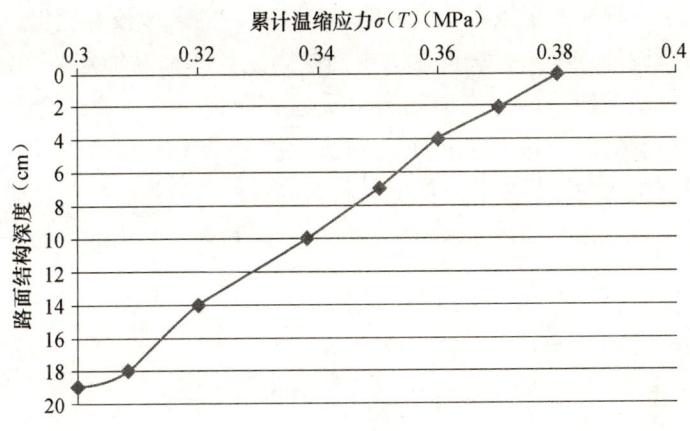

图6-13 累计温缩应力分布情况

由于新旧组合设计方案在材料组成上基本一致,因此无论从温缩系数还是导热系数都十分接近,因此原组合设计方案与高性能设计方案的累计温缩应力曲线完全重合。从图中可以看出,在沥青路面层顶的累计低温温缩应力最大;且在沥青面层中部越靠近表面层顶面处的最低有效温度 $T_{d(min)}$ 越低,累计低温温缩应力越大,越容易产生低温收缩裂缝。因此,沥青路面的累计低温温缩应力峰值分布区域为靠近沥青面层顶面的面层上部区域。由前几节的研究结果可以知道,不论沥青面层与半刚性基层之间的接触状况如何,沥青路面面层内部低温温缩应力的峰值分布区域,都为靠近沥青面层顶面的面层上部区域。上面层厚度为40mm,也和华北地区某地几种典型沥青路面的面层低温温缩应力极值区域(靠近面层顶面的面层上部区域)相符合,可以使上面层抗低温缩裂的主要功能发挥到最佳状态,因此可以将此上面层做为主抗低温缩裂区。

6-3-5 新结构组合设计及其功能再分析

在以前，工程上若要使用新材料、新技术，一般会根据其特点，选择一个层位进行变更替换原组合设计方案，通过结构验算即可，究竟新材料的功效有多少并不清晰，十分不严谨。而一体化设计思路非常强调要重新进行结构的分析与功能的划分的再分析，目的是充分发挥新材料的技术优势。

针对新的结构组合设计方案，进行粘弹性层状体系应力计算，分析路面结构内部沿路面垂直深度内的高温剪应力、常温拉应力以及低温温缩应力分布规律，确定路面面层内部的高温剪应力、常温拉应力和低温温缩应力峰值的区域，分析结果发现应力值虽有不同，但是峰值所在的区域没有变化。因此采用新的结构组合设计方案后，表面层、中面层为主抗车辙功能层，半刚性基层、底基层为主抗疲劳层、沥青表面层为主抗温缩开裂层。与原组合设计方案对比，发现功能层的划分并未发生明显变化，说明新的结构组合设计方案并未改变原有路面结构的功能层划分，因此新材料的特性与所处层位的功能需求相匹配，实现了材料特性与结构需求的和谐统一，达到物尽其用的目的。

参考文献

[1] 邓学钧，黄晓明. 路面设计原理与方法 [M]. 北京：人民交通出版社，2006.

[2] 李立寒，张南鹭. 道路建筑材料 [M]. 北京：人民交通出版社，2004.

[3] JTJ 052—2000，公路工程沥青及沥青混合料试验规程 [S]. 北京：人民交通出版社，2000.

[4] 杨挺青. 粘弹性力学 [M]. 武汉：华中理工大学出版社，1990.

[5] 沈金安. 沥青及沥青混合料路用性能 [M]. 北京：人民交通出版社，2001.

[6] 沙庆林. 高速公路沥青路面早期破坏现象及预防 [M]. 北京：人民交通出版社，2001.

[7] 杨永顺等. 高速公路沥青路面早期损坏原因分析及对策 [A]. 沥青硅路面使用情况与病害分析研讨会（C），2003.

[8] JTGE42—2005，公路工程集料试验规程 [M]. 北京：人民交通出版社，2005.

[9] M. M. J. Jacobs. Crack Growth in Asphaltic Mixes [D]. Delft University of Technology, Delft, 1995.

[10] Huang Y H. Pavement Analysis and Design [M]. Prentice haii, Inc., 1993.

[11] Nolan K. Lee, etc. Low Temperature Fracture of Polyethylene-Modified Asphalt Binders and Asphalt Concrete Mixes [C]. AAPT, 1995.

[12] Corte, J. Development and Uses of Hard-Grade Asphalt and of High-Modulus Asphalt Mixes in Franee. Transportation Research Circular No. 503.. Transportation Research Board, Washington, D. C., 2001.

[13] 肖庆一，杨维涛，田稳苓等. 高模量沥青混凝土路用性能试验研究 [M]. 中国港湾建设，2011（3）.

[14] 辛德刚，王哲人，周晓龙. 高速公路沥青路面材料与结构 [M]. 北京：人民交通出版社，2004

[15] 吕伟民. 沥青混合料设计原理与方法 [M]. 上海：同济大学出版社，2000.

[16] 朱浩然，杨军. 硬质沥青抗车辙性能的比较分析 [J]. 中外公路，2006（6）.

[17] 孙立军. 沥青路面结构行为理论 [M]. 北京：人民交通出版社，2005.

[18] 苏凯，孙立军. 沥青路面车辙产生机理 [J]. 石油沥青，2006，20：2~7.

[19] 周克力，路凯冀. 国外硬质沥青及高模量沥青混凝土研究现状 [J]. 公路交通技，2005，5：Vol22. No. 5：83~87.

[20] 袁万杰. 多级嵌挤密实级配设计方法与路用性能研究 [D]. 西安：长安大学，2004.

[21] 肖庆一，丙少权，王航，等．添加 PR PLASTS 抗车辙剂沥青混合料试验研究［J］．武汉理工大学学报（自然科学版），2006，28（7）：36~39．

[22] 曹卫东，周海生，吕伟民．废橡胶颗粒改性沥青混合料的设计与性能［J］．建筑材料学报，2007，10（1）：110~114．

[23] 夏选朋，张若楠，付宏伟．高模量沥青混合料的特性和新发展［J］．中外公路，2005，4．

[24] 胡建福．掺 PR PLAST.S 沥青混合料性能试验研究［J］．公路交通科技（应用技术版），2006，8：174~176．

[25] 白琦峰，王静陈，荣生．长效性沥青路面结构设计［J］．中外公路，2005．

[26] 沈金安．高速公路沥青路面早期损坏分析与防治措施［M]．北京：人民交通出版社，2004．

[27] 韩萍，姚来义．沥青路面采用改性沥青的必要性［J］．山西交通科技，2001，2（l44）：27~31．

[28] Ransportationg Reserarch Cireula. Perpetual Bituminous Pavements TRB Committee on General Issues in Asphalt Technology［J］. Number 503, December2001.

[29] 李峰，陈立山．沥青路面结构参数变化对结构特性的影响分析［J］．中外公路，2005，（8）．

[30] Corté, J-F., Y. Brosseaud, J-P. Kerzreho, ahd A, Spemol. Study of Rutting on Wearing Courses of the LCPC Test Track［C］, Vol. 2. 8th International Conference on Asphalt Pavemengts, Seattle, Wash, Aug. 10 ~14, 1997：1555~1568.

[31] 张登良，李俊．高等级道路沥青路面车辙研究［J］．中国公路学报，1995，8（1）．

[32] 张毅．陕西省高速公路沥青路面车辙成因及对策研究［D］．长安大学，2004．

[33] RANSPORTATI ON RESERARCH Cl RCULAR. Perpetual Bituminous Pavements TRB Committee on General Issues in Asphalt Technology（A2D05）. Number503, December2001：12~31.

[34] J-P. Serfass, P. Pellevoisin. Properties and New Developments of High Module Asphalt Concrete［J］. the Lecture series of Eighth International Conference on Asphalt Pavements. Washington, Seattle. 1997.

[35] 曹江．AH-50 硬质沥青路面材料性能研究［D］．西安，长安大学：2006．

[36] 胡玉祥，张肖宁，王绍怀，迟凤霞．高模量沥青混合料添加剂性能的试验研究［J］．石油沥青，2006，6．

[37] 刘云全．高模量沥青混凝土应用技术研究［R］．辽宁省交通科学研究院，2007．

[38] 张肖宁．沥青与沥青混合料的粘弹性力学原理及应用［M］．北京：人民交通出版社，2006．

[39] 沙爱民．高模量沥青混凝土路面应用研究［R］．长安大学，2008．

[40] 彭玉华．PR PLASTS 外加剂应用研究［J］．公路交通科技（应用技术版），2008，48（12）：73~77．

参考文献

[41] JTG F40—2004. 公路沥青路面施工技术规范 [S]. 北京：人民交通出版社，2004.

[42] JTG D50—2006. 公路沥青路面设计规范 [S]. 北京：人民交通出版社，2006.

[43] G. W. Maupin, Brink. Diefenderfer. Design of a High- Binder- High- Modulus Asphalt Mixture. Virginia Trans-portation Research Council, 2006, 12

[44] 长安大学高模量沥青混凝土研究课题组. 高模量沥青混凝土路面应用研究 [R]. 西安，长安大学，2008.

[47] 刘红瑛，林立，任伟等. 沥青混合料高温车辙评价指标的研究 [J]. 石油沥青，2003，17（4）：56.

[48] Bhasin A, Button J W, Chowdhury A. Evaluation of simpleb performance tests on HMA mixtures from the south central [R]. Washington D C, Federal Highway Administration, 2003

[49] Capitao, Silvino Dias, Picado-Santos, Luis. Assessing Permanent Deformation Resistance of High Modulus Asphalt Mixtures. Journal of Transportation Engineer- ing, Vol（132），5. 2006.

[50] 张登良. 沥青路面工程手册 [M]. 北京：人民交通出版，2003. 4.

[51] 中交公路规划设计院有限公司，同济大学. 沥青路面设计参数和参数研究专题报告——沥青混合料和沥青面层抗永久变形预估 [R]，2007，12：33~43.

[52] 刘玉柱，韩萍. 采用PR沥青混合料提高沥青路面整体抗车辙能力 [J]. 山西交通科技，2002，1（1）：10~12.

[53] 陈小庭，孙立军，李峰. 长寿命沥青混凝土路面结构特点与设计研究 [J]. 公路，2005，8.

[54] 万军. 沥青混凝土路面车辙发展规律探讨 [D]. 东南大学，2006.

[55] 雷静芸. 中面层沥青混合料级配参数优化研究 [D]. 西安：长安大学，2008.

[56] Hesp, S. A. M, etc. Effect of the Filler Particle size on the Low and High Temperature Performance of Asphalt Mastic and Conerete. Journal of the Association of Asphalt Paving Technologists, 2001.

[57] 曾宇彤. 美国永久性路面结构 [J]. 中外公路，2003.

[58] 沈金安. 国外沥青路面设计方法总汇 [M]. 北京：人民交通出版社，2004.

[59] Zheng Jianlong. A research on the dissipated energy densityn of bituminous mixtures and overlay [Z]. 3rd international conference on road & airfield pavement technology. Beijing, 1998.

[60] 刘文清. 实验设计 [M]. 北京：清华大学出版社，2005.

[61] 柳自道. 潮湿区沥青混凝土路面早期水损害结构分析及对策设计研究 [J]. 公路，2008，（12）：45~49.

[62] 美国沥青协会. 高性能沥青路面（SuPerpave）基础参考手册 [M]. 北京：人民交通出版社，2005.

China Building Materials Press

我们提供

图书出版、图书广告宣传、企业/个人定向出版、设计业务、企业内刊等外包、代选代购图书、团体用书、会议、培训、其他深度合作等优质高效服务。

编辑部	图书广告	出版咨询	图书销售	设计业务
010-88376511	010-68361706	010-68343948	010-68001605	010-88376510转1008

邮箱：jccbs-zbs@163.com　　网址：www.jccbs.com.cn

发展出版传媒　服务经济建设
传播科技进步　满足社会需求

(版权专有，盗版必究。未经出版者预先书面许可，不得以任何方式复制或抄袭本书的任何部分。举报电话：010-68343948)